国家社科基金重点项目（17ATJ002）
国家社科基金重大项目（18ZDA123）

世界经济

真实规模测度方法

Methods for Measuring the Real Size of the World Economy

张迎春◎著

人民出版社

前　言

世界各国经济规模不仅影响着本国国际地位、本国经济和政治策略，也影响着世界格局、世界经济和政治形势。因此，客观评价与比较各国经济规模，尤为重要。世界银行组织实施的国际比较项目（International Comparison Program，ICP），致力于比较各国真实的经济规模，目前已成为全球最大的经济统计活动，参与比较的经济体有199个，影响力空前。不仅为联合国、世界银行、经济合作与发展组织等提供决策参考，也为国家、企业和个人提供决策依据。

本书聚焦于国际比较项目测度各国真实经济规模使用的方法研究，本着背景清晰、方法正确、基础数据准确的追求，将内容分为三个部分。第一部分是“世界经济真实规模测度概况”，侧重测度背景、理论基础和测度框架分析，从总体上把握世界经济真实规模测度的重要性、测度结果影响的广泛性等。第二部分是“世界经济真实规模测度方法理论与改进”，在把握测度方法国际前沿的基础上，侧重方法的深度剖析，分解为方法理论基础分析、计算过程分解、计算示例演练，探讨测度方法机理与改进可能。第三部分是“世界经济真实规模测度方法的中国试算”，在世界银行推荐各国进行本国区域经济比较的背景下，将测度方法用于中国省际层面真实经济规模的试算与应用分析，争取为中国区域发展提供策略参考。

综上，本书旨在把握世界经济真实规模测度方法发展前沿基础上，深入剖析方法机理，尝试作出方法改进，并运用实际数据进行方法试算及应用分析。力争为世界经济真实规模测度方法研究的深入贡献力量，力争为中国在国际比较项目领域国际话语权的提升提供参考。

一、本书的主要内容

本书的三个部分——“世界经济真实规模测度概况”“世界经济真实规模测度方法理论与改进”和“世界经济真实规模测度方法的中国试算”,分别承担方法背景、方法剖析、方法应用的任务。

(一)方法背景:世界经济真实规模测度概况

本部分的目的是提供研究背景,共分三章内容。第一章是“世界经济真实规模测度的用途”,阐释世界经济真实规模测度的由来、使用者和应用领域;第二章是“世界经济真实规模测度的理论基础”,具体分解为国民经济核算理论、购买力平价理论和指数理论;第三章是“世界经济真实规模测度框架”,具体分解为国民账户框架、分类和数据。

第一章从第二次世界大战债务分摊形成国际经济比较萌芽开始,到国际比较项目设立及发展后的影响力逐步扩大,使得越来越多的国际机构、各国政府、企业或个人,依赖于其结果数据进行政治或经济决策。目前使用世界经济真实规模测度结果的国际机构包括联合国及其子部门、世界银行、国际货币基金组织、欧洲联盟、经济合作与发展组织等。国际机构、政策制定者、学术机构或私人部门,使用真实规模测度结果数据的路径较为相似,可以归纳为七个主题:产出、生产率和生活标准;生活成本与工资;全球贫困与收入不平等;教育与医疗;能源与环境;贸易竞争力;投资率。

第二章根据国际比较项目拆分国内生产总值(Gross Domestic Product,GDP)进行数据收集及结果计算的做法进行理论基础归纳。国际比较项目通过将 GDP 逐级拆分至具体产品,收集特定产品价格数据和 GDP 支出数据,汇总得到反映一国货币购买能力的购买力平价(Purchasing Power Parity,PPP)因子,用于调整各国 GDP,实现国际经济实力比较。由此,国际比较项目理论基础可归纳为国民经济核算理论、购买力平价理论和指数理论。

第三章对测度真实经济规模的国民账户框架、涉及的主要分类和数据进行分析。参与国际比较的国家,需要将 GDP 所含商品和服务的最终消费支出分为5个层级，由上至下包括总类（Main Aggregations）、大类（Categories）、中类（Groups）、小类（Classes）、基本类（Basic Headings）；都需要遵守已制定的国际分类和编码系统，主要包括支出分类、区域分类和其他分类三个部分；国际比较中PPP的计算需要商品或服务的价格数据、GDP各层级的支出权重数据和一些数量数据（比如住宅、学生或患者数量）等。

（二）方法剖析：世界经济真实规模测度方法理论与改进

这部分是本书的重点内容，包含四个章节的内容。第四章是“基尼—艾特托—克维斯—斯祖克（GEKS）法理论与改进”，分别对原始GEKS法、考虑代表性的GEKS*法和考虑交叉代表性的GEKS-S法进行探讨。第五章是“国家产品虚设法理论与改进”，分别对原始CPD法、考虑代表性的CPRD法、考虑重要性的CPD-W法及考虑空间效应的SCPD法进行研究。第六章为“最优路径法的理论与改进”，分别对总路径最短的最小间隔树（MST）法和两两路径最短的最短距离法（SPM）进行分析。第七章是“国家平均价格的计算方法及改进”，对欧盟方法、世界银行方法及空间统计技术基础上的平均方法进行探索。

1. 官方关注度最高的GEKS法

第四章聚焦GEKS法，作为世界银行官方使用的经济规模测度方法，因其可实现传递性的良好特性，受关注度极高。原始GEKS法、GEKS*法和GEKS-S法三个版本，理论特性逐渐更优，三类方法对产品集的要求、使用优势各有不同。实践中由于统计能力差异、国情差异等多方面原因，三类方法的使用并未因理论上更优而使用范围更大。目前，世界银行将GEKS法用于汇总PPP的计算，欧盟将GEKS*法和GEKS-S法用于基本类PPP的计算。

原始GEKS法最突出的优势是实现传递性、计算方便，劣势在于受数据是否完整的影响较大。在实践中，GEKS法用于基本类PPP计算时，受制于数据缺失，很难取得较有说服力的结果，限制了其在该层面的使用；GEKS法用于汇总PPP计算更有优势。GEKS*法最大的贡献在于，引入产品代表性，使用产品代表性数据信息进行计算，更加接近各国实际情况，理论上更优。但其只能用于基本类 PPP 的计算，受制于数据完整性。GEKS-S 法最大的贡献在于，引入平等对待两国的思想，即等权重设计，不仅使产品更加接近各国实际情况，更同等对待这些产品，理论上更优。与 GEKS* 法类似，其也只能用于基本类 PPP 的计算，且受制于数据完整性。

2. 官方关注度次高的 CPD 法

第五章研究 CPD 法，作为世界银行官方使用的基本类 PPP 的测度方法，CPD 法的受关注度也非常高。最大优势是有效地解决了国家价格数据缺失的问题，不会发生数据信息损失的情况，能够全面使用各国收集到的数据信息。同时该方法也能保证 PPP 结果的基准国不变性、可传递性和无偏性等特征。同时，CPD 法提供估算 PPP 的标准误差和残差估计，便于分析数据质量的潜在问题。

CPD 法与 GEKS 法最大的区别是，CPD 法不依赖于价格比率进行基本类 PPP 的推导计算，受价格数据缺失的影响较小。原始 CPD 法解决了价格收集中数据缺失的问题，可用于填补缺失数据。CPRD 法在原始 CPD 法的基础上又增加了代表性因素。CPRD 法的理论优势是将产品代表性引入 CPD 法，与此类似，CPD-W 法将产品"重要性"作为权重因素引入 CPD 法，其目的与代表性的引入相似，都是为了更加贴近国家真实。区别在于 CPRD 法将代表性作为一个解释变量引入 CPD 模型，采用最小二乘回归方法计算结果；而 CPD-W 法未改动 CPD 模型，而是在回归计算时，将产品的"重要性"以权重形式引入，使用加权最小二乘的方式进行回归。

作为随机方法，CPD 法首先可能受到某些国家经济或消费结构的影响，比如会偏向价格数据更全面的国家，而这些国家很可能为经济更发达的国家。其次在用 CPD 法填补缺失数据时，隐藏的假设是：同一基本类中的不同产品，在不同国家的价格比率相近，所以在出现极端值缺失时，会出现较大偏差。CPRD 法中代表性和 CPD-W 法中重要性难以有统一的度量标准。在 ICP 中 CPRD 法使用效果并不好，是因为代表性概念过于模糊和主观。产品是否具有代表性在实践中很难确定。

SCPD 法作为空间国家产品虚拟法，是正在研究中的一种方法，尚未由官方使用。SCPD 法的最大贡献是突破了 CPD 法、CPRD 法、CPD-W 法都使用的最小二乘估计的一个假设，即随机扰动项均值为 0，同方差且不相关。经济意义表现为有些国家有些产品的价格与其他国家（比如相邻国家）的这些产品价格存在相关性。SCPD 法尚需更多研究。

3. 关注度较高但官方未使用的最优路径法

第六章分析最优路径法，这类方法并未在世界银行官方使用，但理论界对其有一定研究，关注度较高。最优路径法最大的优势在于将较为相似的国家进行比较，增加 PPP 结果值的准确性。截至目前，最优路径法分为最小间隔树法和最短距离法。最小间隔树法是较早出现的最优路径法，目的是使参与比较的国家或地区的总路径最优。最短距离法的最大优势是寻求两两国家之间的最短路径，由该方法所确定的比较路径可使得链接邻国有着最为相似的消费模式和价格结构，最大程度保留双边比较的特征性，由此更为可靠地得到反映国家间真实经济水平的购买力平价结果。

最优路径法的优势较为明显，可以将最为相似的地区进行比较，也可以将事先的定性判断引入路径确定方法中，且受第三方国家或地区的影响较小。方法的劣势主要表现在相异性指标的确定尚存在不足、最短路径可能不唯一。综上，该类方法尚未完全成熟，在路径确定等方面存在提升空间。

4. 关注度不高但影响甚大的国家平均价格计算方法

第七章探索国家平均价格计算方法，它的关注度不高，但却直接影响国际比较结果的准确性。产品国家平均价格的计算方法不统一，是世界经济真实规模测度中存在的一个极大隐患。有些较为发达、统计能力较强的国家采用加权平均方法，有些欠发达、统计能力较弱的国家使用简单平均方法。无论何种方法，都是将时间维度价格指数的构造方法移植到空间价格指数构造上，于“理论”不合，于“实践”不合。

欧盟方法和世界银行方法皆是时间维度的处理方法。《欧盟比较项目购买力平价方法手册（2012）》中 5.8 节对国家平均价格进行了讨论,关注了产品价格的季节变动的处理方式和由主要城市推导国家平均价格的空间调整因子法。该方法适合统计能力比较高且较为相似的国家。《世界银行国际比较项目手册(2013)》对产品国家平均价格推算方法的说明,内容不足两页,完全是指导性的,建议各国在计算产品国家平均价格时使用加权平均的方法,但并未说明使用什么指标或如何进行加权。

本书在对比分析欧盟和世界银行方法的基础上,尝试将空间统计技术引入,基本做法是:在检验产品价格空间异质性基础上,利用空间统计模型识别出影响规格品价格的主要因素,拟将这些因素设定或转化为产品价格特征,进行新的模型设定,寻找真实的国家平均价格。当然,国家平均价格计算方法领域尚存较大提升空间。

(三)方法应用:世界经济真实规模测度方法的中国试算

这部分也是本书的重点内容,包含四个章节的内容。第八章为"GEKS 法中国试算与应用分析",包括基本类购买力平价试算、汇总购买力平价试算和购买力平价应用分析。第九章为"国家产品虚设法中国试算与应用分析",包括数据缺失对 CPD 法的影响、购买力平价试算与购买力平价应用分析。第十章为"最优路径法中国试算与应用分析",包括基本类 PPP 计算、最优路径分析、汇总 PPP 计算和购买力平价应用分析。第十一章为"国家平均价格中国试算与分析",包括基于欧盟方法的中国试算与分析、基于世界银行方法的中国试算与分析和基于引入空间统计技术的中国试算与分析。

GEKS 法的最大优势是实现传递性,既可用于基本类 PPP 计算,也可用于汇总 PPP 计算。GEKS 法有原始 GEKS 法、GEKS* 法和 GEKS-S 法三种版本,理论上进行了优化。但实践中受多种因素的影响,目前使用范围最广的仍然是原始 GEKS 法。第八章侧重讨论因方法差异引起的真实经济规模、物价水平、消费水平、收入水平、贫困线的变动情况。

CPD 法主要用于基本类 PPP 计算,发展至 CPD-W 版本后也可用于汇总 PPP 计算,但尚不成熟。GEKS 法有原始 CPD 法、CPRD 法和 CPD-W 法三种版本,理论上进行了优化。但实践中受多种因素的影响,目前使用范围最广的仍然是原始CPD法。第九章侧重讨论数据缺失对CPD法的影响,以及因方法差异引起的真实经济规模、物价水平、消费水平、收入水平、贫困线的变动情况。

最优路径法最大的优势是在所有参与比较的国家中,将最为相似的国家遴选出来进行比较,更能反映各国真实情况。最优路径法包含的最小间隔树法和最短距离法都是利用基本类PPP和支出权重进行结果计算,二者非常相似,利用同样的基本类PPP、同样的支出权重、同样的汇总方法,唯一区别在于最优路径的选择不同。有鉴于此,第十章将两种方法结合在一起进行实证分析。在最优路径确定时进行对比分析,之后对结果进行对比分析。

国家平均价格测度的试算方面,第十一章的结论较为清晰。欧盟国家的国家平均价格测算方法,采用空间调整因子可以对地区间的价格差异进行调整,且调整后得到的国家平均价格低于调整前的价格。世界银行推荐的加权平均法,权重选择对结果影响较大,发现城镇居民可支配收入和城镇居民个人消费支出加权得到的价格相近,以常住人口和人均GDP为权重得到的价格更低。将空间权重引入后,国家平均价格数据发生变化。(1)考虑价格空间效应的加权GEKS法得到的国家平均价格数值更高。不仅高于原空间调整因子修正得到的价格,也高于简单算术平均的价格,与城镇居民个人消费支出加权的价格更加接近。(2)以空间加权得到的国家平均价格大于以重要性加权得到的价格,以经济距离加权和地理经济距离加权的国家平均价格大于以地理距离加权的价格。

二、本书的学术价值和应用价值

本书追求背景清晰、方法正确、基础数据准确的目标,为得到准确合理的真实国际比较结果服务。学术价值主要体现在对世界经济真实规模测度方法研究的系统性、前沿性和发展性,力争为把握方法前沿、争取国际话语权服务。应用价值主要体现在中国国内购买力平价构建上,可为宏观经济政策服务;同时,对基础数据的讨论,可以为中国向世界银行提供更加准确的基础数据，为国际组织或其他国家客观评价中国实力服务。

（一）学术价值

1. 系统把握世界经济真实规模测度方法的国际前沿

在世界经济真实规模测度方法的研究上，本书关注了国际比较项目的最新前沿性研究，并尝试进行改进分析。在深入剖析 GEKS 法、CPD 法、最优路径等方法的同时，关注并剖析基础数据——国家平均价格的计算，以实现从源头到最终结果各类方法的透明化。不仅服务于系统把握国际比较测度方法研究，也服务于方法差异引致的结果差异研究，为在测度方法上争取国际话语权提供学术参考。

2. 深入剖析世界经济真实规模测度方法的实践适用性和改进可能性

需密切注意的客观事实是世界经济规模测度方法不一，不同方法优势不同，于实践的适用性不同。在国际比较不同环节使用相适应的方法，无可厚非；但不同国家在相同环节使用不同方法，则需慎重对待。本书尤其侧重深入剖析不同测度方法、同一测度方法不同版本的实践适用性，发现存在诸多的差异和问题，在一定程度上进行了改进性分析。可为相关研究人员或工作人员提供学术参考。

（二）应用价值

1. 得到更准确的国内购买力平价数据，为宏观经济政策服务

方法正确、基础数据准确，是本书的两个主攻方向。通过识别（或改进）适合中国使用的基本类及以上层级购买力平价测度方法，通过探索基本类以下层级——国家平均价格的计算方法，有可能得到准确的中国国内购买力平价数据，以便客观评价各区域经济均衡性、生活水平等，为制定宏观经济政策服务。

2. 向世界银行提供更准确的基础数据——产品国家平均价格，为国际组织或其他国家客观评价中国实力服务

将世界银行推荐的国家平均价格计算方法具体化，是本书的主要工作之一。除可以为中国国内购买力平价测度提供良好的基础数据之外，也可以向世界银行国际比较项目提交更符合其要求、更加准确的基础数据，为国际组织或其他国家客观评价中国实力服务。

感谢周子堰、袁媛、胡琴芝、刘茜、张亚平、陈枫对本书的辛苦付出。另，书中难免存在疏漏甚或错误之处，敬请读者不吝赐教。

张迎春

2019年5月

目　录

第一篇　世界经济真实规模测度概况

第二篇　世界经济真实规模测度方法理论与改进

第三篇　世界经济真实规模测度方法的中国试算

第一篇

世界经济真实规模测度概况

第一章　世界经济真实规模测度的用途

世界经济真实规模测度，即世界银行组织实施的国际比较项目（International Comparison Program，ICP），由来已久，经历了较为迅速的发展，参与国家（或经济体）的数量已达到199个，成为世界上最大的经济统计活动。越来越多的国际机构、各国政府、企业或个人，依赖于ICP数据进行政治或经济决策。

第一节　测度世界经济真实规模的由来

一、早期测度不同国家经济规模的缘起及特点

早期测度国家经济规模缘起于国际机构分摊国际债务的需要，研究主要针对少数国家，卓著的贡献是引入"购买力等值（Purchasing Power Equivalents）"进行国际比较，而非当时流行的"汇率"。

（一）缘起于国际机构的决策需要

第二次世界大战后，联合国（United Nations，UN）、经济合作与发展组织（Organization for Economic Cooperation and Development，OECD）、世界银行（World Bank，WB）等国际组织在世界性事务中所起的作用和地位明显增强，它们制定的政治、经济政策对世界各国会产生重大影响，比如分配国际援助和分摊国际债务/负担。各国国内生产总值（Gross Domestic Product，GDP）是国际组织主要决策依据之一，所以，如何正确合理地比较各国GDP成为一个亟须解决的新课题。受此影响，一些专家学者开始寻求比较各国经济实力与综合发展水平的国际比较方法。这一时期的特色在于：研究分散、涉及国家数量少、比较方法不成熟，是个别专家小范围内的双边比较。

（二）少数国家的经济实力比较研究

最早在国际比较领域作出开创性研究、对国际比较项目产生重大影响、作出重大贡献的是宾夕法尼亚大学（University of Pennsylvania）著名的经济学家克拉维斯（Irving B.Kravis）教授。1954年，克拉维斯全面分析了以汇率为基础的国际比较存在的不足，并以购买力平价对欧洲英、法、德、意四国与美国之间的经济总量进行了双边比较。① 之后，部分学者对部分国家做了国际比较研究，比较有影响力的包括：1958年，吉尔伯特（M.Gilbert）等人在欧洲经济合作组织（OEEC）的支持下，对西欧和美国进行了国际比较。② 1959年，佩奇（D.Paige）和邦巴赫（G.Bombach）对美国与英国进行了比较。③

（三）研究的核心贡献是引入了购买力等值

这一时期研究的主要贡献有两点：一是对GDP及其构成的比较都没有使用当时流行的汇率，而使用了“购买力等值”，即现在的购买力平价（Purchasing Power Parity，PPP），这于经济规模比较来说，是一种新思路，贡献卓著。二是利用支出方数据进行国际比较成为主流。当时国际比较采用了两种数据：第一种是支出方主要价格数据，第二种是生产方主要物量数据。研究发现，从支出方进行国际比较所需数据较少，只需要最终货物与服务的价格；而从生产方，不仅需要产出的价格数据，也需要中间投入的价格。因此，利用支出方数据进行国际比较成为主流。当然，也有一小部分研究者仍然使用生产方数据进行国际对比。④

---

① Irving B.Kravis, *An International Comparison of National Products and the Purchasing Power of Currencies: A Study of the United States, the United Kingdom, France, Germany and Italy*, OEEC, Paris, 1954.

② M.Gilbert and Associates, *Comparative National Products and Price Levels: A Study of Western Europe and the United States*, OEEC, Paris, 1958.

③ D.Paige and G.Bombach, *A Comparison of National Output and Productivity of the United Kingdom and the United States*, OEEC, Paris, 1959.

④ 比如：“Prices, Quantities and Productivity in Industry: A Study of Transition Economies in a Comparative Perspective”, B. Van Ark, E. Monnikhof and M. Trimmer, International and Interarea Comparisons of Income, Output and Prices, edited by A. Heston and R. Lipsey, National Bureau of Economic Research, Studies in Income and Wealth, Vol.61, Chicago University Press, 1999。

二、联合国设立"国际比较项目"测度各国经济规模

为了寻求一条能准确评价和比较各国经济规模和水平的途径，1968年，联合国统计委员会专门设立了"国际比较项目"，并聘请该领域的专家对国际比较方法进行专门研究。

（一）国际比较项目设立之初的双边比较

在联合国的支持下，美国宾夕法尼亚大学的克拉维斯教授与赫斯顿（Alan W.Heston）、萨默斯（Robert Summers）共同主持完成了ICP的前三轮国际比较（1970年、1973年、1975年），国际比较项目的方法基础在这一时期基本形成。三位专家也因在国际比较领域作出的突出贡献，后来分别获得"美国经济学联合会杰出人物奖"①。

前两轮国际比较的思路是，收集各国基本类商品的价格和支出资料，计算基本类内单个商品与参照国（即美国）同一商品的价格比率，经过几何平均得到基本类商品的价格比率，即基本类平价，然后根据拉氏、帕氏或费雪公式进行汇总，得到一国相对于参照国的购买力平价，由此对实际GDP进行比较。可见，每一个国家都需要与参照国进行比较，这种国际比较方法称为双边国际比较方法。前两轮ICP都属于双边国际比较方法的开发与试验阶段，都以美国为参照国（reference country），美元为基准货币（numeraire）。克拉维斯、赫斯顿与萨默斯等于1975年、1978年先后两次探讨了双边国际比较方法②，标志着双边国际比较方法的成熟。

（二）多边比较方法的出现

随着国家数量的增加，与参照国之间进行两两比较已不能满足需要，多个国家之间进行比较的要求更加迫切。针对多边比较的需要，克拉维

---

① 克拉维斯于1991年、赫斯顿与萨默斯于1998年分别获得此奖项。

② Irving B. Kravis, Z. Kenessey, A. Heston and R. Summers, *A System of International Comparisons of Gross Product and Purchasing Power*, The John Hopkins University Press, Baltimore, 1975; I.Kravis, A.Heston and R.Summers, *International Comparisons of Real Product and Purchasing Power*, The John Hopkins University Press, Baltimore, 1978.

斯、赫斯顿与萨默斯在原有研究的基础上,创建了多边国际比较方法。[①]国际比较方法由双边到多边是ICP发展的第一次飞跃,为ICP后续几轮国际比较吸收更多国家奠定了理论基础。

多边国际比较方法采用了平均价格的思路,即确定每一种最终产品的国际平均价格,由此得到一国的购买力平价,之后以国际价格重新估算各国的GDP,从而进行国际比较。该多边方法的实现可分为两个步骤。一是确定商品分类及其价格。国际比较的起点就是对国民产品进行标准化分类,收集各类别代表性商品和劳务的价格资料,计算出基本类的平均价格。赫斯顿与萨默斯将GDP分成3大类、150个基本类,此阶段,各国需提供150个基本类按本国货币表示的平均价格数据和支出额比重数据。二是计算世界平均价格和购买力平价。赫斯顿与萨默斯采用了GK法[②],通过所有参加国的购买力平价与各个基本类商品平均价格的联立方程来计算。

(三)国际比较项目的区域化

经过第三轮国际比较,ICP区域化问题已不可回避。首先,随着参加国数量的增加,高度集中的组织管理方式已不再适合,尤其缺乏负责统一管理全球比较活动的组织。其次,同一区域国家的经济发展程度有可能更加相似,而且将地理位置接近的国家分为一组,工作起来很方便。最后,欧盟国家根据自身需要,采用了不同的比较商品和不同的汇总方法,结果表明,这对ICP全局没有影响,沿用一致的基本方法和分类体系,得到的价格与支出数据仍可用于国际比较。

因此,针对区域化问题,联合国统计局设立了相应的区域协调管理机构,即欧洲经济委员会(United Nations Economic Commission for Europe, UNECE)、拉丁美洲与加勒比海经济委员会(Economic Commission for Latin America and Caribbean, ECLAC)、亚太经社会(Economic and Social Commission for Asia and the Pacific, ESCAP)和西亚经社会(Economic and

---

① Irving B. Kravis, A. Heston and R. Summers, *World Product and Income, International Comparisons of Real Product and Purchasing Power*, The John Hopkins University Press, Baltimore, 1982.

② 此方法由Geary(1958)和Khamis(1972)分别提出,所以命名为“GK”。

Social Commission for Western Asia, ESCWA)。因此,原本联合国统计局全权负责的组织管理工作,被分派到了各区域机构中,“中央首脑”UNSD 可以只负责各区域比较的协调,以及将各区域比较结果“链接(link)”为全球比较结果。国际比较的区域化,给 ICP 的发展带来了又一次质的飞跃。“区域化”可以吸收更多的国家参加比较,为 ICP 下一阶段的蓬勃发展奠定了组织管理基础。

三、世界银行对“国际比较项目”发展的推动

1968 年设立国际比较项目以来,联合国组织实施了六轮国际比较①。自第七轮(2005 年为基准年份)开始,交由世界银行组织实施,已经完成了第七轮和第八轮(2011 年为基准年份)国际比较,第九轮(2017 年为基准年份)正在进行中。

(一)ICP 组织管理方式的改进

从第七轮国际比较开始,ICP 在组织管理方面作出了极大改进,设立了新的管理机构。本着有效组织管理与资源合理分配的原则,将管理机构具体分为三级。三级管理机构分工明确、责任清晰,是国际比较取得良好结果数据的必要条件。

第一级是世界银行牵头的全球性国际比较项目执行委员会、全球办公室和技术咨询小组。负责全球性工作的进程、经费使用、计划、技术方法指导等工作。第二级是区域性协调组织。参加 ICP 的区域,除了欧盟与 OECD 区域之外,还有非洲、东南亚、独联体、西亚、拉美与加勒比海 5 个区域,ICP 在每一区域建立了相应的国际比较项目区域性组织,负责印发工作手册、确定本区域代表产品目录、技术咨询和援助、检查区域工作进展等。第三级是各国国家统计局。具体负责数据的收集工作。其中,区域协调组织是全球办公室与各国统计机构联系的桥梁。

(二)逐渐将“国际比较项目”推进为参加国的常规统计项目

世界银行在总结前几轮国际比较经验的基础上,为了使第七轮国际

① 六轮国际比较的基准年份分别为 1970 年、1973 年、1975 年、1980 年、1985 年、1993 年。

比较项目顺利成功进行，进一步明确了国际比较的目标，更加强调国际比较对各国统计能力建设的作用。使得各国对国际比较的认识更为深刻，激发了各国参与国际比较项目的积极性。参与第七轮国际比较项目的经济体有153个，第八轮和第九轮有199个，从侧面证明世界银行对国际比较项目目标的设定是正确的。

从长远来看，世界第七轮国际比较项目活动的目标是建立一个在资金上和组织上有充分保障、长期运行的框架体系；从短期来看，其目标是进行各国GDP和人均GDP的国际比较，将国际比较项目数据收集尽可能地纳入国家日常统计工作中①，以此推动和改善发展中国家价格统计和国民核算统计数据的收集和使用，增强国家统计能力。

第二节　世界经济真实规模测度结果的使用者

国际比较项目作为测度世界经济真实规模的经济统计活动，由世界银行向公众进行推介，涉及国际比较结果（购买力平价，即PPP）的使用者和主要用途。笼统来说，使用者包括国际机构、政策制定者、学术机构和私人部门，它们将PPP用于指标监测、行政管理决策、学术研究等。

使用世界经济真实规模测度结果的国际机构包括联合国（United Nations，UN）及其子部门、世界银行（World Bank，WB）、国际货币基金组织（International Monetary Fund，IMF）、欧洲联盟（European Union，EU）、经济合作与发展组织（Organization for Economic Cooperation and Development，OECD）等。

一、联合国及其子部门

（一）联合国的“可持续发展目标”

联合国“可持续发展目标”（Sustainable Development Goals，SDGs）对PPP的使用，是其最重要的用途之一。SDGs是一系列新的发展目标，在

① 中国于2017年将国际比较项目相关工作纳入国家常规统计工作。

联合国千年发展目标到期(2015年)之后继续指导2015—2030年的全球发展工作,以综合方式彻底解决社会、经济和环境三个维度的发展问题,转向可持续发展道路。共设计17个目标,包括与贫困、不平等、气候、环境退化、繁荣以及和平与正义有关的挑战。与PPP直接相关的目标有四个,分别是第1、3、7、9个目标。

目标1是"无贫穷",在全世界范围内消除各类贫穷。其中,在测度国际贫困线以下的人口比例时,需要按照PPP进行测算。目标3是"良好健康与福祉",确保健康的生活方式,促进各年龄段人群的福祉。其中估计孕产妇死亡率指标使用的人均GDP,需要按照PPP进行测算。目标7是"经济适用的清洁能源",确保人人获得负担得起、可靠和可持续的现代能源,其中需要依据PPP计算能源强度。目标9是"产业、创新和基础设施",基础设施投资对实现可持续发展至关重要。其中有两个指标需要依据PPP进行计算,即每单位GDP的CO_2排放量和GDP中的研发支出比例。

(二)联合国子部门对PPP的使用

联合国下设的子部门对PPP的使用也非常广泛,联合国开发计划署(The United Nations Development Programme, UNDP)的人类发展指数(Human Development Index, HDI)、经不平等调整的人类发展指数(Inequality Adjusted Human Development Index, IAHDI)、性别发展指数(Gender Development Index, GDI)都依据PPP进行计算。联合国教育、科学及文化组织(United Nations Educational, Scientific and Cultural Organization, UNESCO)按照PPP计算各国政府在教育上的投入,比如单个学生的政府实际支出。联合国儿童基金会(United Nations International Children's Emergency Fund, UNICEF)在很多指标中使用PPP,比如国际/国家贫困线以下儿童的数量。

二、世界银行及其他机构

(一)世界银行对PPP的使用

世界银行对PPP的使用也非常广泛,在世界发展指标(World

Development Indicators)报告与数据库、贫困与共同繁荣报告中的重要指标都依据 PPP 进行计算。比如,经济规模(Size of the Economy)、价格水平(Price Level)、贫困率与国际贫困线(Poverty Rates and International Poverty Line)、共同繁荣(Shared Prosperity)、医疗卫生系统(Health Systems)、能源依赖、效率和二氧化碳排放(Energy Dependency, Efficency and Carbon Dioxide Emissions)。

(二)国际货币基金组织对 PPP 的使用

国际货币基金组织在其《世界经济展望报告》与数据库中,成员方产出与增长率都需要经过 PPP 进行衡量。在成员方会费缴纳额度分配、成员方金融责任、成员方选举权及获得国际货币基金组织融资时,该组织都会使用 PPP 进行计算。比如该组织的会费份额计算需经过市场汇率、PPP、开放度、经济波动和国际储备多项加权处理。

(三)其他部分国际机构

欧盟与国际货币基金组织相似,也将 PPP 用于行政管理。比如欧盟结构与凝聚力基金(European Union Structural and Cohesion Funds)在评价各成员方就业与投资增长时,使用 PPP 缩减各经济体之间的人均 GDP 和人均国民总收入。经济合作与发展组织将 PPP 广泛用于各成员方真实 GDP 及其主要构成项目规模的推导,从而判断各经济体的宏观经济形势,进行政策制定。

三、其他使用者

除了国际机构对 PPP 的使用,政策制定者、学术机构和私人部门也大量使用 PPP,比如他们进行政策制定、投资决策或研究往往涉及两两、区域或全球层面的国家经济实力比较。

第三节 世界经济真实规模测度结果的应用领域

世界经济真实规模测度结果的使用者较多,国际机构、政策制定者、学术机构或私人部门,使用结果数据——PPP 的路径都较为相似,可以归纳为七个主题：产出、生产率和生活标准；生活成本与工资；全球贫困与收入不平等；教育与医疗；能源与环境；贸易竞争力；投资率。

一、经济规模、生活成本、贫困真实水平评价

（一）产出、生产率和生活标准真实水平评价

PPP 的使用者为制定相关决策，往往需要比较世界各国的经济规模、生产效率和生活水平等，需要对比分析各国 GDP 及结构、全要素生产率、人均 GDP、人均消费支出等相关指标。以本币表示的这些指标的数值包含纯物价因素差异，需要予以剔除，以反映各国的实际指标值，这可以通过使用 PPP 进行调整得到。

（二）生活成本与工资真实水平评价

生活成本直接关系到人民美好生活程度的高低，与大众生活息息相关。各国生活成本一般由综合价格水平、价格结构、工资水平来反映，通过 PPP 将这些指标转换为同样可比指标，可以对各国的生活成本进行综合评价。

（三）全球贫困与收入不平等真实水平评价

贫困问题是世界各国面临的重大问题，也是国际机构通力合作需要解决的关键问题。联合国“千年发展目标”中曾将消除全球贫困的一半作为奋斗目标，更在其“可持续发展目标”中将目标设定为消除全球各种形式的贫困。在衡量贫困程度时，需要使用 PPP 进行真实贫困水平考察。

与贫困相关程度较高的是收入分配问题，也是各国政策制定的重要参考，考察各国经 PPP 调整的、真实的收入分配不公平程度，有助于实现对各国脱贫程度的客观评价。同时也可客观分析收入分配不公平对社会政治稳定的冲击、对移民和地理政治趋势进行原因与影响分析。

二、教育与医疗真实成本水平评价

教育与医疗是审视一个国家福利与社会进步程度的两个重要领域。PPP 用于考察两个领域各部门的真实成本与支出情况，这直接影响对各

国居民贫困、公平、福利、经济可持续增长的评价。

（一）教育真实成本水平评价

各国教育制度差异较大，有些国家以市场化教育为主，有些国家以国家公立教育为主，因此，教育价格水平差异较大，各国居民因为教育引起的支出成本差异也十分巨大。接受良好的教育，是各国居民应该享有的福利，以居民教育支出衡量教育成本，并判断居民承担的难易程度，是各国及国际比较的重要问题。教育成本需经过 PPP 调整，才能在国家间进行比较。

（二）医疗真实成本水平评价

与教育相比，医疗对居民福利的影响更广泛。各国医疗制度差异较大，有些国家以市场化医疗为主，有些国家以国家公立医疗为主，因此，医疗价格水平差异较大，各国居民因为医疗引起的支出成本差异十分巨大。门诊、住院、药品三者的价格，由于各国制度差异，如是否有补贴影响居民选择就医的方式，对医疗支出成本影响较大。显然，医疗成本需经过 PPP 调整，才能在国家间进行比较。

三、能源与环境真实效率及影响评价

（一）能源效率真实水平评价

PPP 可用于调整能源利用效率。该指标是一个体系（国家、地区、企业或单项耗能设备等）有效利用的能量与实际消耗能量的比率，反映能源消耗水平和利用效果。PPP 用于调整相关的经济产出指标，得到真实的能源强度相关指标。联合国大会（UN General Assembly）和 G20 国家都通过 PPP 调整能源效率指标，据此制定较为合理的环境政策，以使社会经济与环境受益。

（二）环境成本与影响真实水平评价

除了能源效率，PPP 也可用于调整评价环境成本、环境影响的指标，得到真实的环境成本和环境影响指标数据，有利于能源使用效率提升、生产率提升、产品性能提升等，有利于财富创造与社会进步。

四、贸易竞争力与投资真实成本水平评价

（一）贸易竞争力真实水平评价

不同国家间贸易与竞争力，反映了不同国家工业产品等主要产品的生产效率与竞争能力，对于政府机构和政策制定者来说，需要了解真实的贸易竞争力，这可通过 PPP 调整贸易额指标得到。

当可贸易商品在不同国家存在相对价格差时，也可使用 PPP 进行调整，反映真实的价格差异，检验贸易壁垒的真实作用。

（二）投资成本真实水平评价

企业投资时需要考虑投资成本，比如劳动力成本、原材料成本等，由此评价投资项目的可行性或潜在利润。大多数企业在进行投资成本考察时，通过 PPP 进行调整，寻找真实的投资成本，以有利于后续投资效益分析。

第二章　世界经济真实规模测度的理论基础

世界经济真实规模测度的载体是世界银行组织实施的一项全球最大的经济统计活动——国际比较项目，它通过将 GDP 逐级拆分至具体产品，收集特定产品价格数据和 GDP 支出数据，汇总得到反映一国货币购买能力的购买力平价（PPP）因子，用于调整各国 GDP，实现国际经济实力比较。可归纳出，国际比较项目的理论基础涉及国民经济核算理论、购买力平价理论和指数理论。

第一节　国民经济核算理论

一、国民经济核算概述

（一）国民经济核算是一套国际标准

国民经济核算是以国民经济总体为对象所进行的全面核算，其目的是通过一系列指标和平衡表，对一个国家发展的整体情况进行较为系统的定量描述，进而为监测国民经济运行情况、分析及预测宏观经济趋势提供丰富的数据支持。国民经济核算体系[1]（The System of National Accounts，SNA）是对国民经济核算理论和方法的高度概括，是一套标准化国际国民经济核算体系。

---

① 国民经济核算体系也称为“国民账户体系”。

（二）国际比较使用国民经济核算框架

SNA 能够以一种国际标准向世界报告国民经济核算数据，该数据可较为广泛地用于 GDP 或人均 GDP 等总量层级的国际比较。SNA（2008）说明了国民账户对于国际比较项目的重要意义："国民经济账户的一致性对于获得可供国际比较的测算值来说是很关键的，所以 SNA 在基于购买力平价的比较中起了很重要的作用，它为获得 GDP 及其主要总量的一致测算值提供了框架。"①

二、国际上国民经济核算体系的发展

（一）不同版本的国民经济核算体系

国民经济核算源于国民收入统计，可追溯至 1947 年，理查·斯通（Richard Stone）受国际联盟情报局局长邀请，撰写了一篇主题关于统计国民收入的报告，题目为 *Measurement of National Income and the Construction of Social Accounts*，该篇报告为 1953 年《国民账户体系及辅助表》的形成奠定了坚实的基础，即著名的 SNA（1953），标志现代国民核算体系的正式建立。SNA（1953）区别于之前的国民收入报告，它是一个较为系统且完整描述国家宏观经济运行情况的国民收入和生产核算体系。随着经济社会的飞速发展与形式的不断改变，为了更加符合现实社会的需求，SNA 也分别于 1960 年、1964 年、1968 年、1993 年、2008 年进行了完善。其中，最具有标志性的几次系统修订分别为 SNA（1968）、SNA（1993）、SNA（2008）。

（二）标志性版本的修订特点

1968 年修订的 SNA 相比之前在内容上有了较多扩展，主要将新发展的国民经济核算方法和经验整合在内，补充内容主要包括：引入投入产出表和资产负债表；引入国际收支统计；使国民账户体系 SNA 向物质产品平衡体系 MPS 更加贴近等。SNA（1993）体现了国民核算的一项重大进展，相比之前，该版本主要的贡献在于四个方面，一是对结合国际发展变

① 国际比较项目中使用的具体国民经济核算框架内容，请参考本书第三章第一节。

化的实际情况,对国民经济核算原理、方法等方面进行更新;二是对统计单位、部门与子部门、金融工具、估价等方面的改进及澄清;三是对在不同制度或各种情况的核算方法给予阐述,来便利及简化国民核算人员的工作内容,并提高其准确性;四是使 SNA 与其他国际统计体系协调一致。SNA(2008)相比之前版本,内容上同样没有太多实质性的改变,主要在核算内容和方法上进行相应扩充,在内容编排上进行了优化,能够更好地贴合当前的经济背景。

三、中国的国民经济核算体系的发展

(一)国民经济核算体系(2016)之前的发展情况

中国国民经济核算体系的建立主要经历三个阶段:1956—1980 年年初,物质产品平衡表体系(System of Materal Product Balance,MPS)的建立及发展阶段;1980 年年初—1992 年,由 MPS 体系向 SNA 体系过渡,二者并存阶段;1993 年至今,摒弃 MPS 体系,将 SNA 作为我国的国民经济核算体系。为了加强我国对外交流与合作,同时提升我国统计能力,我国自 1993 年开始实施标准化国际国民核算体系——SNA,并于同年首次参与由联合国统计司发起的国际比较项目。

随着中国综合国力的提升,中国国民账户数据受到世界多国的强烈关注,这促使中国国民经济核算体系的进一步完善。鉴于此,中国按照 SNA(1993)中的国际标准,并结合近年来的核算经验,设计出符合我国实际情况、具有中国特色的国民经济核算体系——CSNA(2002)(The Chinese System of National Accounts,CSNA),并于 2003 年官方发布。几年后,伴随着 SNA(2008)的发布,国民经济核算的国际标准进行了较大修订。中国经历了十余年的发展之后,社会、经济等多方面再次发生较大变化,国家统计局基于 CSNA(2002)的内容,对中国国民经济核算体系再次进行修订,于 2017 年发布最新版本的核算体系,即 CSNA(2016)。

(二)国民经济核算体系(2016)的重要变化

在 2002 年核算体系的基础上,2016 年核算体系主要在基本框架、基本概念和核算范围、基本类、基本核算指标以及基本核算方法五个方面进行了系统修订。根据这个标准核算的一整套国民经济核算数据，相互联系、协调一致，是经济分析的重要依据，是推进国家治理体系和治理能力现代化的重要基础。

一是调整了基本框架。2016 年核算体系分为基本核算和扩展核算两大部分，为适应经济发展和经济管理需求，对两大部分核算内容都进行了调整、丰富和完善。在基本核算部分，调整了资产负债表的结构，重新设置了与 SNA(2008)基本一致的表式；增加了资产负债交易变化表和其他变化表；专门设立价格统计和不变价核算一章，反映货物和服务价格变化以及 GDP 和国民总收入的实际变化；调整了国际收支平衡表和国际投资头寸表的内容，与《国际收支和国际投资头寸手册(第六版)》进行了衔接；不再单独设置国民经济账户。在扩展核算部分，充实和调整了核算内容，将自然资源实物量核算表延伸到资源环境核算，调整了人口和劳动力核算，增加了卫生核算、旅游核算和新兴经济核算。

二是更新了基本概念和核算范围。针对经济发展出现的新情况、新变化和 SNA(2008)的建议，2016 年核算体系引入了一些新的概念，拓展了部分核算范围。引入了"经济所有权"概念，改变了相关交易的记录方式；引入了"知识产权产品"概念，取消了原有的"无形生产资产"概念；引入了"雇员股票期权"概念，将其作为雇员报酬；引入了"实际最终消费"概念，以客观反映我国居民的真实消费水平和我国政府在改善民生方面发挥的作用；扩展了生产范围，将自给性知识载体产品生产纳入生产范围；扩展了资产范围，将知识产权产品等纳入非金融资产的核算范围，将金融衍生品和雇员股票期权等纳入金融资产的核算范围。

三是细化了基本类。参照 SNA(2008)，结合我国分类标准的发展变化，2016 年核算体系调整和细化了一些基本类。在机构部门分类中，单独设置了"为住户服务的非营利机构"部门，反映我国非营利组织的发展变化情况；增加了产品分类，将《统计用产品分类目录》作为国民经济核算的基本类；细化了 GDP 支出项目分类，使其更加详细完整；调整细化了非金融资产分类，引入了知识产权产品等类别；修订了金融资产分类，引入了金融衍生工具和雇员股票期权等类别。

四是修订了基本核算指标。根据SNA(2008),结合我国社会主义市场经济发展出现的新情况和新变化,2016年核算体系修订了一些重要的国民经济核算指标的定义和口径范围。修订了“总产出”指标,按SNA(2008)定义的“生产者价格”计算总产出;修订了“劳动者报酬”指标,将雇员股票期权纳入劳动者报酬;修订了“生产税净额”指标,进一步明确了我国生产税和生产补贴的核算范围;修订了“资本形成总额”指标,包含了研究和开发、娱乐文学艺术品原件等知识产权产品;修订了“财产收入”指标,将非上市公司的红利、准公司的收入提取、养老金权益的应付投资收入等纳入财产收入;修订了“社会保险缴费”和“社会保险福利”指标。

五是改进了基本核算方法。2016年核算体系采用了与SNA(2008)基本一致的核算方法,使得核算结果能够更加客观地反映我国有关经济活动的成果,提高国际可比性。调整了研究与开发支出的处理方法,能为所有者带来经济利益的研究与开发支出不再作为中间投入,而是作为固定资本形成计入国内生产总值;改进了城镇居民自有住房服务产出的计算方法,采用了市场租金法计算城镇居民自有住房服务产出;改进了间接计算的金融中介服务产出的核算方法,采用了参考利率法;改进了中央银行产出的计算方法,依据服务性质区分为市场服务和非市场服务分别计算;改进了非寿险服务产出的核算方法,对巨灾后的实际索赔进行了平滑处理。

第二节　购买力平价理论

购买力平价理论,最早由瑞典学者古斯塔夫·卡塞尔(Gustav Cassel)在其1922年出版的《一九一四年以后的货币与外汇》(*Money and Foreign Exchange After 1914*)一书中明确系统地提出。购买力平价是两种(或多种)货币对一定数量的商品和服务的购买能力之比,即两种货币在购买相同数量和相同质量的某商品时支付价格的比值。例如,购买相同数量和质量的某商品,在甲国用了80单位本国货币,在乙国用了10单位本国货币,则该商品在两国的购买力平价是8∶1。

一、购买力平价形成时期的理论基础:一价定律

(一)"一价定律"的基本思想

一价定律(the Law of Price)是由诺贝尔经济学奖、货币学派代表人物米尔顿·弗里德曼(Milton Friedman)提出的,是购买力平价理论的基础。该定律可表述为:在自由贸易条件下,同一种商品在不同国家用不同货币表示的价格经折算后应该一致。

可见,"一价定律"的主要思想是指,在自由贸易条件下,同一商品在世界各地的价格是一致的。即同一商品在各国以不同货币标示的价格经换算后应是一致的,否则会产生国际间的商品套利行为,而商品的国际流动最终会消除同一商品在各国间的价格差别。通俗点说,同是一个土豆、一件衬衫、一辆汽车……任一同质商品,它在中国、在美国、在日本……在任何一个国家用不同货币表示的价格,转换为同一种货币后价格相同。同一商品,同一价格。

(二)"一价定律"成立的前提条件

一价定律的形成前提可总结为三点:(1)商品具有可贸易性。在定义一国内部商品的性质时,可将其分为两类,一类是区域间的价格差异可通过套利活动进行消除,被称为可贸易商品;另一类是由于商品具有某些不可流通的性质,或是交易成本无限高,使得不同区间的价格差异通过套利活动无法消除,此种商品为不可贸易商品。(2)商品具有同质性。即要求不同地区的同一商品不存在关于质量或其他方面的任何差别。(3)商品价格具有弹性。该定律还要求可贸易商品的价格能够灵敏的反映市场变化,不存在"价格粘性"等问题。

(三)"一价定律"与各国国情差异

世界各国的社会经济发展水平、生产和消费水平、消费习惯、宗教和气候等存在较大差异,所以,各国消费模式的差异很大。因此,对发展中国家、发达国家进行经济比较,尤其是发展中国家和发达国家直接进行对比时,所选产品的可比性和代表性往往会出现矛盾,甚至会因为比较国家之间商品质量和结构差异过大,难以准确调整代表产品,给国际比较带来

巨大困难。同时考虑到关税和非关税壁垒、运输成本、交易成本等,"一价定律"在国际比较中的使用受限。

二、绝对购买力平价理论

(一)绝对购买力平价的定义

绝对购买力平价是指本国货币与外国货币之间的均衡汇率等于本国与外国货币购买力或物价水平之间的比率。一国货币的价值及对它的需求是由单位货币在国内所能买到的商品和劳务的量决定的,即由它的购买力决定的,因此两国货币之间的汇率可以表示为两国货币的购买力之比。

(二)绝对购买力平价的计算公式

根据绝对购买力平价的定义,可以从两个角度衡量其数值大小。一个是可贸易商品的价格水平,一个是综合价格水平。对于第一个角度来说,两国由可贸易商品所构成的价格水平存在如公式(2-1)的等式关系。在公式(2-1)中, a_i 和 p_i 表示本国的第 i 种可贸易商品的消费权重与本币价格, e 表示两国汇率; a_i^* 和 p_i^* 表示外国的第 i 种可贸易商品的消费权重与本币价格。

$$\sum a_i p_i = e \sum a_i^* p_i^* \tag{2-1}$$

对于第二个角度来说,若将两国的综合价格水平表示为 p 和 p^* ,则有 $p = ep^*$ 。通过将该式变形得到公式(2-2)。一般情况下,将公式(2-2)视为绝对购买力平价理论的表达形式,反映汇率与两国价格水平之间的关系。

$$e = p / p^* \tag{2-2}$$

另外,绝对购买力通常描述的是某一时间点上汇率的决定过程,并不能说明汇率发生变动的原因。

(三)绝对购买力平价与"一价定律"

绝对购买力平价较为严格的遵循"一价定律",但也存在区别,主要体现在:(1)一价定律成立的条件更为严苛,且适用于单个商品;而绝对购买力平价以一价定律为前提和基础,适用于商品篮子中所有产品的综合价格水平。(2)若一价定律对于所有商品均成立,只要不同国家的篮子商品相同,绝对购买力平价则成立。(3)无论一价定律是否对所有产品均成立,绝对购买力平价所表示的汇率与综合价格水平的关系仍然成立。另外,绝对购买力平价定理成立的前提条件为:对于所有可贸易的产品,一价定律均成立;两国物价指数的编制方法相同,且贸易篮子中的产品具有一致性,且消费比重也相应相等,即使不相等,各种商品之间的权重偏差也可相互抵消。

三、相对购买力平价理论

(一)相对购买力平价的定义

相对购买力平价是指不同国家的货币购买力之间的相对变化,是汇率变动的决定因素。认为汇率变动的主要因素是不同国家之间货币购买力或物价的相对变化。同汇率处于均衡的时期相比,当两国购买力比率发生变化,则两国货币之间的汇率就必须调整。

(二)相对购买力平价的计算公式

相对购买力平价根据两国购买力平价/物价变化比例确定,如公式(2-3)所示。其中,e_t、e_{t+1} 分别表示基期与对比期的本币汇率,π、π^* 分别表示本国和外国的通货膨胀率。与绝对购买力平价不同,相对购买力平价则用来描述汇率的变动归类,从而进行动态分析,其意味着汇率的上升与下降是由两国的通货膨胀率差异来决定的。

$$(e_{t+1} - e_t) / e_t = \pi - \pi^* \tag{2-3}$$

(三)相对购买力平价对"一价定律"的突破

相对购买力平价突破了"一价定律"的要求。在现实中,由于诸多因素的限制,例如,市场不是完全竞争市场,关税、贸易壁垒、交易成本等因素也加大了这种偏离;不同国家的商品存在巨大的差异性,不能满足同质性要求;各国同一商品的消费权重存在差异;等等,均会使得一价定律不能成立,绝对购买力平价定理同样难以满足,故出现了相对购买力平价定理。

如果绝对购买力平价成立,相对购买力平价一定成立,因为物价指数就是两个时点物价绝对水平之比;反过来,如果相对购买力平价成立,绝对购买力平价不一定成立。例如,基期和报告期的汇率都等于绝对购买力平价的 1/2,这时相对购买力平价成立,但是绝对购买力平价不成立。

第三节 指数理论

一、国际比较综合指数的重要特性

在国际比较项目中,世界银行在各国所收集的价格及 GDP 支出数据基础上,首先计算各基本类层面的基本平价,在这一层级只需要价格数据。其次应用各分类支出的权重数据,应用双边指数公式及相关方法进行汇总,得到各国相对基准国的购买力平价。最后将该结果作为货币转换系数,来调整各国 GDP。在理想的情况下,所测算得到的购买力平价应满足传递性、基国不变性、特征性、可加性等优良性质;但到目前为止,尚未出现某种汇总方法可以满足上述所有性质,这也说明测算方法上仍有较大的改进空间。

(一)传递性

在国际比较项目中,传递性(Transitivity)是购买力平价最重要,也是最应具备的性质。该性质要求,对于直接比较的两个国家的购买力平价,应与以任何中间国作为桥梁而进行间接比较的结果相同,且不会因中间国的改变而变化,即满足 $PPP_{(A/B)}=PPP_{(A/C)}\cdot PPP_{(C/B)}$。在多边比较中,当求得的购买力平价满足传递性时,则在最终计算得到的 PPP 矩阵中,我们只需知道其中一行或者一列的数据即可推得两两国家或地区的购买力平价结果。

(二)基国不变性

基国不变性(Base-country Invariance)要求每个国家被同等对待,在多边比较中,无论选择哪一个国家或地区作为基准,所得到的比较结果将唯一确定,且不影响排序。

（三）特征性

特征性（Characteristicity）要求在计算购买力平价时所用到的各支出权重，可以代表各国的消费结构。在进行双边比较时，需要将两个对比地区的 GDP 支出结构作为权重，满足特征性的要求；而在进行多边比较时，两国间的比较结果不仅取决于二者本身，还受到其他国家的价格数据和权重的影响，故根据特征性的要求，需要选择恰当的公式进行调整，来尽可能与双边比较结果相一致。

（四）可加性

可加性（Additivity），又称为结构一致性，要求购买力平价具备该性质是为了保证国民账户汇总类的可加性。在衡量各国的实际经济规模时，一般采用购买力平价作为货币转换因子来调整各国 GDP。GDP 作为最高的汇总级别，它包括多项支出分类，经购买力平价调整后的 GDP 和各分类的实际物量值分别表示为 Q_{GDP} 和 Q_i ，故可加性可以表示为 $Q_{GDP}=\sum_{i=1}^{n}Q_i$ ，该性质可以保证各国实际 GDP 内部结构的一致性，从而便于对各国内部经济结构进行对比。

（五）国家反转性检验

国家反转性检验（the Country Reversal Test）一般作为双边指数的性质，若某指数能够通过国家反转检验，则意味着当基准国和对比国的比较情况发生转换时，则转换后的购买力平价与转换前互为倒数，表示为 $PPP_{jk}=1/PPP_{kj}$ 。

二、国际比较中的主要指数形式

双边指数作为多边比较的基础，在获得各国的产品价格数据和相应基本类的权重信息后，需要将各基本类向上一层面进行汇总，此时将涉及利用适当的指数公式来对两个对比地区的消费结构进行加权。

（一）拉氏指数

拉氏指数（Laspeyres Index）是以基准地区的支出结构为基础，来计算各基本类购买力平价的调和平均，其权重为基准地区各基本类的消费比重，如公式(2-4)所示，其中B为基准地区，A为对比地区，w_{Bj} 为基准地区B的各基本类的支出权重。

$$P_{(A/B)}^{Laspeyres} = \sum_{j=1}^{n} [P_{(A/B)_j} w_{Bj}] \tag{2-4}$$

（二）帕氏指数

相比拉氏指数，帕氏指数(Paasche Index)是以对比地区的支出结构作为出发点，其权重为对比地区各基本类的消费比重，如公式(2-5)所示，其中，B为基准地区，A为对比地区，w_{Aj} 为对比地区A的各基本类的支出权重。

$$P_{(A/B)}^{Paasche} = \frac{1}{\sum_{j=1}^{n} [P_{(B/A)_j} w_{Aj}]} \tag{2-5}$$

（三）费雪指数

费雪指数(Fisher Index)表示为拉氏指数和帕氏指数的简单几何平均数，如公式(2-6)所示。由于拉氏指数和帕氏指数分别存在"上偏"和"下偏"的问题，为了对其进行调和，则选择用费雪指数进行平均。费雪指数旨在平等地对待对比两国，即认为两国的消费支出比重同等重要，来消除拉氏指数和帕氏指数的误偏问题。另外，拉氏指数和帕氏指数均不能满足国家反转性质，而费雪指数可以通过该检验。

$$P_{(A/B)}^{Fisher} = [P_{(A/B)}^{Laspeyres} P_{(A/B)}^{Paasche}]^{1/2} \tag{2-6}$$

第三章　世界经济真实规模测度框架

第一节　世界经济真实规模测度的国民账户框架

SNA 在国际比较项目中具有极其重要的地位，为其提供了理论框架。国民账户数据是国际比较的核心，是国家层面不同类别支出的唯一来源，其作用是为各参与国提供具有代表性和可比性的产品价格和支出权重数据，以计算购买力平价。

一、GDP 拆分至五个层级

用于世界经济真实规模测度的 ICP，其直接目的是采用购买力平价（PPP）方法比较各参加国的实际 GDP 和人均 GDP，要求各参加国提供十分详细的 GDP 支出分类数据，作为测算购买力平价的权数。GDP 支出分类是 ICP 工作的起点，是确定产品规格表的依据，它是 ICP 活动中的一个重要组成部分。

（一）GDP 五个层级概况

参与国际比较的国家，需要将 GDP 进行拆分，得到不同类别的支出数据。在 ICP 调查中，将 GDP 所含商品和服务的最终消费支出分为五个层级（见表 3－1），由上至下包括总类（Main Aggregations）、大类（Categories）、中类（Groups）、小类（Classes）、基本类（Basic Headings）。

表 3-1 GDP 的五个层级 （单位：个）

分 类	名 称	数 量
第一层级	总类(Main Aggregations)	7
第二层级	大类(Categories)	26
第一层级	中类(Groups)	61
第二层级	小类(Classes)	126
第一层级	基本类(Basic Headings)	155

资料来源：世界银行：《测度世界经济的真实规模——国际比较项目的框架、方法和结果》，2013 年。

在这些类别中，各类别数量不尽相同（见表 3-2）。基本类是可以收集支出数据的最低层级，再细分则到达具体产品层，单个产品将无法收集相应的支出数据。在 ICP 调查目录中，共有 155 个基本类，各国需要收集各基本类权重数据，并逐步汇总至 GDP 层面。

表 3-2 GDP 支出分类数目构成 （单位：个）

支出类别	类别数目	组	大 类	基本类
GDP	26	61	126	155
11. 00 住户消费支出	13	43	90	110
—. 01 食品及非酒精饮料		2	11	29
—. 02 含酒精饮料、烟草、麻醉剂		3	5	5
—. 03 服装和鞋类		2	5	5
—. 04 房屋、水、电、燃气以及其他燃料		4	7	7
—. 05 家具、家庭用品与维修		6	12	13
—. 06 卫生		3	7	7
—. 07 交通		3	13	13
—. 08 通信		3	3	3
—. 09 文化娱乐		6	13	13
—. 10 教育		1	1	1
—. 11 饭店、旅馆		2	2	2
—. 12 其他货物与服务		7	10	10
—. 13 国外净购买		1	1	2
12. 00 为住房服务的非营利机构消费支出	1	1	1	1

续表

支出类别	类别数目	组	大　类	基本类
13.00 政府为居民服务的消费支出	5	7	16	21
—.01 住房		1	1	1
—.02 卫生		2	7	12
—.03 文化娱乐		1	1	1
—.04 教育		2	6	6
—.05 社会保障		1	1	1
14.00 政府公共消费支出	1	1	5	5
15.00 固定资本形成总额	3	6	11	12
—.01 器械设备		2	7	8
—.02 建筑		3	3	3
—.03 其他产品		1	1	1
16.00 库存变化以及贵重物品的获得减处置	2	2	2	4
—.01 存货变化		1	1	2
—.02 贵重物品的获得减处置		1	1	2
17.00 进出口差额	1	1	1	2

资料来源:世界银行:《测度世界经济的真实规模——国际比较项目的框架、方法和结果》,2013年。

(二)GDP 总类层级的内容

GDP 在总类层级设立七个并行内容,分别是住户消费支出、为住户服务的非营利机构消费支出、为居民服务的政府消费支出和政府公共消费支出、固定资本形成总额、库存变化以及贵重物品的获得减处置、进出口差额。

1.住户消费支出

住户消费支出包括两部分:居民实际消费支出,如食品、服装、交通、房租和服务等。虚拟消费支出(如自有住宅的虚拟房租),自产自用的食品和其他物品,实物性收入;间接计算的金融中介服务(FISIM)。依据"按用途划分的个人消费分类(CIOCOP)"可将住户消费支出细分为90个大类,每一大类都与CIOCOP中5位数字组成的代码相匹配。90大类之下又细分为110个基本类,因为超出了CIOCOP分类范围,所以没有

CIOCOP代码与住户消费支出中的基本类相匹配，对这部分基本类需编制新的代码。

2. 为住户服务的非营利机构消费支出

为住户服务的非营利机构消费支出是一个基本类。NPISHs的经费主要来源于住户个人资助或有关机构的赞助，不以营利为目的提供服务。为住户服务的非营利机构通常分为两类：一是由若干人发起并为其成员提供服务的机构，如党政、商会、体育协会、文娱俱乐部和宗教团体等；二是以慈善为目的机构，如福利院、敬老院、救济和救援机构等。

3. 政府为居民服务的消费支出

政府消费支出包括政府为居民服务的消费支出和政府公共消费支出两部分。其中，政府为居民服务的消费支出主要包括：住房补贴、医疗卫生、文化娱乐、教育和社会保障，政府提供的廉价住房，筹建体育设施、博物馆、剧院、公园等公共设施，开办学校、医院，为无家可归者提供住宿和救助站等。

4. 政府公共消费支出

政府公共消费支出包括政府国防开支、公共秩序、公众服务、环境保护等。政府的消费支出可细分为21个基本类，每一基本类都与“政府功能分类（COFOG）”中5位数字组成的代码相匹配。政府的消费支出首先根据目的进行分类：住房、卫生、文化娱乐、教育、社会保障。其中，将卫生和教育支出分别划分为两类，一类是从其他生产者那里购买卫生与教育服务，另一类是政府自己生产卫生与教育服务，将后者根据使用的原材料（投入价格）细分为相应的基本类支出。政府公共消费支出与COFOG中的一个5位数字组成的代码相匹配，之后根据使用的原材料细分为5个基本类。

可见，“按用途划分的住户消费分类（CIOCOP）”“为住户服务的非营利机构的目的分类（COPNI）”“政府功能分类（COFOG）”的目的是一致的，都是为了将住户、NPISHs、政府为居民服务的消费支出加总得到住户实际消费。

5. 固定资本形成总额

固定资本形成总额根据“固定资本形成总额的主产品分类（CPC）”

可分为12个基本类,其中“器械设备”包含8个基本类、“建筑”包含3个基本类、“其他产品”为1个基本类,“ 其他产品”包括土地改良支出(如装栅栏、灌溉、排水、土地平整)、矿藏开采、娱乐、文学与艺术原件。

6. 库存变化以及贵重物品的获得减处置

库存变化变动包括两类:年初存货价值与年底存货价值。贵重物品的获得减处置包括贵重物品的获得与贵重物品的处置两部分。

7. 进出口差额

进出口差额也分为两个基本类:进口货物与服务和出口货物与服务。

(三)基本类

基本类(Basic Heading)是GDP拆分的最末端分类,是ICP及研究中出现频率非常高的术语,它是分类和具体产品的分水岭,组成基本类的是性质特征较为接近的一系列产品。同时,基本类也是购买力平价测度方法使用的分水岭,基本类使用的测度方法与基本类以上层级使用的测度方法有很大不同,一般区分为基本类购买力平价测度方法和汇总购买力平价测度方法。

世界银行ICP在基本类层级使用国家产品虚设法(Country Product Dummy,CPD),在基本类以上层级使用基尼—艾特托—克维斯—斯祖克法,即Gini-Elteto-Koves-Szulc(GEKS)法。除了上述两种方法外,基本类购买力平价和汇总购买力平价还有其他测度方法,比如最短距离法(Shorted Path Method,SPM)、Geary-Khamis(GK)法等。

二、GDP拆分的潜在数据源

GDP拆分为五个层级,需要获得各层级的份额数据,作为相应层级的GDP支出份额数据,用于汇总购买力平价因子的计算。GDP层级不同,其数据源及数据收集方式也存在显著差异。另外,各国分散式或集中式的统计制度差异,也影响着GDP各层级支出的数据源与数据收集方式。

(一)GDP总类层级的备用数据源

各国的统计制度决定了各国国民经济核算账号编制的主要数据源,

有的侧重行政数据，有的侧重调查数据。比如，中国实行中国国家统计局统一管理下的“集中式”的自上而下的统计制度，数据由各级统计单位层层管理及上报；美国则实行“分散式”的平行独立的统计制度，不在国家层面设立“美国国家统计局”，而是将统计数据整理与收集分散在美国商务部、劳工部等关系国家经济运行的主要部门中。

综合来看，每个经济体用于编制国民经济核算的数据来源都有着显著的不同。在ICP中，用于GDP总类层级的数据来源大约有6种：住户支出调查、特别调查、政府财政统计、经济调查、进口统计、国际收支平衡表，单个总类和数据源的关系如表3-3所示。

表3-3 GDP总类与相应备用数据源

总　类	数据源
住户消费支出	住户支出调查
为住户服务的非营利机构消费支出	特别调查
政府为居民服务的消费支出	政府财政统计 住户支出调查
政府公共消费支出	政府财政统计
固定资本形成总额	经济调查 进口统计
库存变化以及贵重物品的获得减处置	经济调查
进出口差额	国际收支平衡表

资料来源：世界银行：《测度世界经济的真实规模——操作指南与步骤：2011年国际比较项目》，2015年。

对于住户个人消费支出及其下的大多数基本类，主要数据源为住户支出调查。例如，对于大米基本类，可通过住户支出调查、零售普查/调查、农业普查/调查、粮食平衡表（粮农组织）、产品税数据（如增值税）、人口数据（人口普查或劳动力调查）、信用卡交易数据、扫描数据和消费者价格指数（CPI）的权重来估算GDP支出。对于固定资本形成总额的基本类，如机动车、拖车和半拖车，世界银行推荐的数据源是农业普查/调查、经济普查/调查、资本支出调查、所得税数据（个人或企业）和海关贸易统计。对于货物和服务的出口与进口，可使用海关贸易统计、国际旅行者调查和国际收支平衡表数据。

（二）GDP 基本类层级的数据源

鉴于155个基本类之间的差异较大，各国统计调查制度差异较大，基本类层级的数据源也十分繁杂。总体上看，世界银行推荐的数据源包括25种：住户支出调查、零售普查/调查、农业普查/调查、粮食平衡表（粮农组织）、服务业普查/调查、一般经济普查/调查、资本支出调查、产品税（如增值税）、所得税（个人或企业）、政府财政统计、人口（人口普查或劳动力调查）、信用卡交易、扫描数据、消费税、监管机构、其他行政工作、公用设施或运输公司记录、永续盘存法、等价租金、使用者成本、海关/贸易统计、国际旅客调查、贸易支付差额、消费价格指数权重、生产者价格指数权重。各国需依据本国情况进行数据源确定。

三、GDP 拆分的五种方法

GDP 拆分方法的主要问题集中在基本类层级上，一旦基本类层级支出得到，通过逐层汇总就容易得到其上各层级的支出份额。世界银行 ICP 全球办公室也将焦点锁定在基本类层级 GDP 支出份额的获得上，推荐了五种方法（见表 3-4）：直接估算法、使用本国信息外推法、借用别国基本类信息外推法、借用别国结构信息外推法、专家意见法。

表 3-4　GDP 拆分的五种方法说明表

<table>
<tr><th>方　法</th><th colspan="2">说　明</th></tr>
<tr><td>直接估算法</td><td colspan="2">若数据来源存在，则首推此法</td></tr>
<tr><td>使用本国信息外推法</td><td colspan="2">使用人口增长、价格变动等更新较早的支出明细</td></tr>
<tr><td>借用别国基本类信息外推法</td><td rowspan="2">需对经济体的基本类或小类做聚类分析</td><td>用“借用经济体”人均数量或物量乘该国人口数量再乘两个经济体之间的价格指数</td></tr>
<tr><td>借用别国结构信息外推法</td><td>以两个经济体之间的价格指数为向量，调整“借用”结构</td></tr>
<tr><td>专家意见法</td><td colspan="2">咨询零售商、制造商、营销专家、商会和其他来源</td></tr>
</table>

资料来源：世界银行：《测度世界经济的真实规模——操作指南与步骤：2011年国际比较项目》，2015年。

（一）直接估算法

直接估算法是世界银行建议首选的方法，是最能满足国际比较条件的方法，是理想中的完美方法，即直接估算155个基本类的支出，汇总所有基本类支出则可得到GDP总支出额。这种方法一般用于基准年份，对应相关数据来源较为齐全的情况。

为了能够尽量使用直接估算法，世界银行开发了一种支出统计示范报告模型（简称MORES）的方法，推荐各国使用。多数情况下，各经济体无法直接估算基本类支出信息，所以，衍生了多种外推法和专家意见法。

（二）三种外推法

外推法皆为间接法，从概念角度来看，是次优的选择；但在数据源不完整时，比平均分配等一些简单方法更优。所以，外推法有较强的使用价值。外推法共包括三种：使用本国信息外推法、借用别国基本类信息外推法、借用别国结构信息外推法。

1. 使用本国信息外推法

使用本国信息外推法，适用于不能直接提供基本类支出份额信息的国家，这些国家往往能够提供中类或小类层级的支出数据，这时，需将这些支出数据与其他指标数据信息结合，推导基本类层级的支出份额，比如人口增长、价格变动方面的指标信息。国际比较项目的最终消费支出的许多组成部分与CPI的非常相似，可以选择使用CPI的权重信息来估算最终消费支出及其组成部分（包括基本类）的支出权重。

显然，上述做法并不严密，科学性、可行性论证不足，但对于获得基本类支出份额数据来说，至少优于平均分配或随意分配的效果。

2. 借用别国基本类信息外推法

在一个国家的基本类支出份额信息缺失时，也可以参考别国同一基本类信息进行推导。一般情况下，使用同一区域内经济发展程度较为相似的国家的信息。相似国家的识别一般通过对该区域基本类或小类进行聚类分析获得结果。推导时，一般使用相似国家在该基本类上的人均数量或物量指标，这类指标需经过两国价格指数的调整，即基本类支出份额为"借用经济体"人均数量或物量乘该国人口再乘两个经济体间价格指数。

3. 借用别国结构信息外推法

在数据信息更匮乏的情况下，也可以借用别国的基本类、小类、中类或大类的结构信息。与借用别国基本类信息相似，在借用之前，需要对处于同一区域的国家进行聚类分析，找出相似国家。借用相似国家的结构信息时，仍然需要使用价格指数进行调整。一般情况下，需要使用更高层级的价格指数进行调整。

（三）专家意见法

专家意见法是根据专家意见将小类、中类或大类的数量或物量细分至基本类层级，这种方法适用于几乎没有相关数据信息的情形。专家有根据的猜测，即使是粗略的猜测，也比简单地平均拆分更好。这里的专家是指熟悉某类产品的人员，包括零售商、制造商、营销专家、商会和其他政府部门的人员等。如果从专家处获得的是物量或数量信息，与相应的价格数据相乘，即可得到支出份额数据。

第二节　世界经济真实规模测度使用的分类

测度世界经济真实规模的国际比较项目，是目前世界上最大的经济统计活动，涉及国家众多，数据信息繁杂，需要统一的分类和编码，需要遵守已制定的国际分类和编码系统。几经修订，2012 年世界银行完善了国际比较项目分类及编码，主要包括支出分类、区域分类和其他分类三个部分。

一、世界经济真实规模测度使用的支出分类

测度世界经济真实规模，采用了国际分类标准。其中，GDP 最终支出的国际比较项目分类遵循联合国编制的“按目的划分的支出分类（Classifications of Expenditure According to Purpose, CEAP）”以及欧盟统计局编制的“按活动划分的产品分类（Classification of Products by Activity, CPA）”。

（一）按目的划分的支出分类

“按目的划分的支出分类”包括1999年联合国统计委员会批准的四个小的分类。国际比较项目分类采用这四个小分类中的三个：按目的划分的个人消费分类（Classification of Individual Consumption According to Purpose，COICOP），为住户服务的非营利机构目的分类（Classification of the Purposes of Non-Profit Institutions Serving Households，COPNI）以及政府职能分类（Classification of the Functions of Government，COFOG）。

世界银行提供了GDP基本类分类层级与国际标准分类的一一对应关系表，每一个基本类都有可以依赖的国际标准分类，并同时说明了该基本类是被归类为一件商品还是一项服务，为基本类购买力平价的数据收集及计算提供服务。

（二）按活动划分的产品分类[①]

对于固定资本形成总额的分类，国际比较项目遵循欧盟统计局编制的“按活动划分的产品分类”。该分类衍生自联合国产品总分类（United Nations Central Product Classification，CPC），CPC的目的是对一国生产的所有货物和服务进行分类，分类依据是产品的物理性质和固有性质。CPC中各类别产品是互相排斥的，每种产品在该分类中对应一种且只能对应一种分类。

1. CPA的主要特征

2017年欧盟统计局对“按活动划分的产品分类”进行了更新。更新分类的目的是为欧盟和其成员方的经济管理服务，新分类可以更好地进行产品（货物与服务）比较，主要特征如下。

（1）产品分类将具有共同特征的产品分类。它们是收集和计算这些产品的生产、分销、消费、国际贸易和运输统计数据的基础。

（2）CPA产品类别与欧盟经济活动统计分类（Economic Activities in the European Community）定义的活动相关。每个CPA产品都被分配到一

① 资料来源：https://publications.europa.eu/en/publication-detail/-/publication/050e8d7c-59e6-11e8-ab41-01aa75ed71a1/language-en/format-HTML/source-95303762。

个给定的 NACE 活动中,这就意味着 CPA 的结构在所有级别上都与 NACE 的结构一致。

(3)CPA 与联合国的产品和服务分类——产品总分类(CPC)一致。这有利于不同国家和不同领域的相关统计数据比较。

2. CPA 的基本结构

CPA 被分为六个层级,每个层级对应特定代码。第一层级包括 21 部门(sections),用字母代码表示,例如 A:农业、林业和渔业产品。第二层级包括 88 类(divisions),由两位数字代码表示,例如 01:农产品、狩猎和相关服务。第三层级包括 262 组(groups),由三位数字代码表示,例如 01. 1:非多年生作物。第四层级包括 576 级(classes),由四位数字代码表示,例如 01. 11:谷类(水稻除外)、豆科作物和油料种子。第五层级包括 1357 目(categories),由五位数字代码表示,例如 01. 11. 1:小麦。第六层级包括 3218 子目(subcategories),由六位数字代码表示,例如 01. 11. 11:硬粒小麦和 01. 11. 12:小麦,硬粒小麦除外。

二、世界经济真实规模测度使用的区域产品分类

参与世界经济真实规模测度的经济体有 199 个,分布于世界各地,经济发展程度、消费习惯、要素禀赋等差异巨大。本着有效组织管理与资源合理分配的原则,世界银行设立了三级管理机构。

(一)三级管理机构概述

为了加强全球协调和管理,世界银行国际比较项目建立了全球、区域和国家三级管理协调机构。第一级是全球层面,担任 ICP 工作“宏观管理者”的角色。包括世界银行牵头的全球国际比较项目执行委员会、全球办公室和技术咨询小组,负责全球性工作的进程、经费使用、计划、技术方法指导等工作。第二级是区域层面,负责 ICP 工作的上传下达,是重要的管理枢纽,是全球办公室与各国统计机构联系的桥梁。除了欧盟与 OECD 区域之外,还有非洲、东南亚、独联体、西亚、拉美与加勒比海五个区域,在 2011 年为基准年的国际比较中调整为七个区域,在 2017 年为基准年的国际比较中调整为八个区域。在每一区域建立了相应的国际比较

项目区域性组织,负责印发工作手册、确定本区域代表产品目录、技术咨询和援助、检查区域工作进展等。第三级是国家层面,负责提交正确的高质量数据。各国设有国际比较项目办事处,具体负责数据的收集工作。

(二)区域划分及产品分类

国际比较项目分类也对应区域分类,因为项目是在区域基础上组织的。参与 2011 年国际比较项目的七个地理区域分别是非洲、亚洲和太平洋地区、独立国家联合体(CIS)、拉丁美洲、加勒比地区、西亚和太平洋岛屿。第八个地区包括参与欧盟统计局—经济合作与发展组织(OECD)购买力平价项目的经济体。自以 2005 年为基准年的国际比较起,非洲一直使用本区域的分类,包括 220 个基本类,进行本区域内部国际比较,在进行全球比较时则遵循其他区域都遵循的 ICP 的 155 个基本类。欧盟统计局—经济合作与发展组织购买力平价项目独立于世界银行,其区域产品分类包含 222 个基本类。

三、世界经济真实规模测度使用的其他分类

除了上述分类之外,国际比较的一些特殊领域使用了专门的分类,比如政府岗位和私立教育涉及的分类等。

(一)国际职业标准分类

国际比较对政府岗位的分类参照了联合国的国际职业标准分类(International Standard Classification of Occupations, ISCO),涉及两个版本,ISCO-88 由国际劳工组织(ILO)于 1988 年制定和批准使用。之后进行重大修订,更新版本于 2008 年获得批准(ISCO-08)。2005 年 ICP 遵循 ISCO-88 收集了 44 种职业的信息,2011 年 ICP 遵循修订版的 ISCO-08 代码。

在世界银行(2013)手册中说明了 ICP 政府岗位、2005 年 ICP、2011 年 ICP 和国际职业标准分类(ISCO)之间的对应关系。ICP 列出 37 种职业,2011 年 ICP 要求四个层次的雇员报酬数据,分别为无工作经验、工作 5 年、工作 10 年和工作 20 年,共有 148 个职业(37×4)。

（二）私立教育分类

表 3-5 为 2011 年国际比较项目教育项目，通过比较 2011 年国际比较项目和国际教育标准分类项目（International Standard Classification of Education，ISCED）之间的对应，可以看出二专并非一一对应。2011 年国际比较项目全球核心列表包括私立教育基本类下的七种产品。除了“其他教育课程”，教育的国际比较项目分类遵循联合国教科文组织（United Nations Educational Scientific and Cultural Organization，UNESCO）于 1997 年制定的 ISCED。2011 年 10 月，ISCED 修订建议提交至联合国教科文组织一般会议请求批准，获正式采纳，并于 2014 年首次用于数据收集。

表 3-5　2011 年国际比较项目教育产品及代码

国际比较项目		国际教育标准分类项目	
国际比较项目代码	国际比较项目条款名	国际教育标准分类项目代码级	国际教育标准分类项目条款名
111011.11	初等教育（小学）	0	学前教育
111011.12	中等教育（初中）	1	初等教育（基础教育第一阶段）
111011.13	中等教育（高中）	2	初中教育（基础教育第二阶段）
111011.14	高等教育（计算机科学等级）	3	（高级）中等教育
111011.15	高等教育（人文学科或社会科学等级）	4	非第三级高等教育
111011.16	其他教育课程（外语课程）	5	高等教育第一阶段（不直接进入高级研究资格）
111011.17	其他教育课程（学时外的数学课程）	6	高等教育第二阶段（进入高级研究资格）

资料来源：世界银行：《测度世界经济的真实规模——操作指南与步骤：2011 年国际比较项目》，2015 年。

（三）经济体与货币代码

为了便于管理、数据提交等，国际比较项目对各经济体及其使用的货币进行了编码，限于篇幅不再列出具体编码。

第三节 世界经济真实规模测度使用的数据

国际比较项目最终的目的是得到以统一价值衡量、具有可比性的GDP,即通过购买力平价将各国GDP调整至同一价格水平,比较各国相对经济规模。计算购买力平价需两部分数据,分别为商品或服务的价格数据及155个基本类的支出权重数据。此外,在一些非市场服务领域间接PPP的估算中会用到一些数量数据,比如住宅、学生或患者数量等。

一、产品价格数据

为了实现世界经济真实规模测度,世界银行给出了核心产品列表,各国需要收集相应产品的价格数据。

(一)对产品价格数据的要求

为了使最终测算的购买力平价有意义,各国需要在进行数据调查前明确对数据的要求,即一致性、同质可比性、代表性和重要性。

1. 一致性

一致性要求用于测算购买力平价的商品或服务的价格应与GDP支出的基础价格保持一致。该原则是为了保证最终求得的购买力平价能够真实反映各国的价格水平,使得在比较各国GDP时,能够消除价格因素的影响,从而反映国家的真实经济规模。

2. 同质可比性

在国际比较项目中,"同质可比性"是在进行数据调查时最为重要的原则,只有保持商品规格的高度一致,其价格才能反映国家的实际消费水平,否则测得结果将毫无意义。商品的可比性往往具有两大标准,一是商品间需要具有相同的经济特性与物理性质;二是消费者认为没有差异的商品或服务。为保证各国所采集到的篮子商品具有上述特质,采价时需要统一采价时间,并尽量使用一致的数据来源及统计口径,以此保证数据质量。

在现实中,产品的销售条件、居民的消费偏好、各国的经济水平高低等多方面因素为各国采集具有“可比性”的产品价格设置了多重阻碍，加大了ICP调查人员的工作难度。为了减轻其工作难度，并确保各国最终所提交的价格数据具有可比性，2005年ICP引入了结构化产品描述（Structured Product Description，SPD），用于标准化不同产品的规格参数，来提高各国所收集产品的一致性和准确性。

3. 代表性

“代表性”作为“同质可比性”的前提条件，是产品的选择与采价环节中最需要保证的原则。它要求各国所采集的商品或服务的价格，以及支出权重数据能够代表本国的消费水平及价格结构。在国际比较项目中，为了凸显各国产品的代表性，2011年ICP开始实施全球产品核心目录（Global Core List）和区域产品目录（Regional List），将具有各国代表性的产品置于区域目录中。而具有代表性的产品一般标志为：在全国各地广泛销售、在日常生活中较为常见，一般包含于CPI目录中。例如，印度的咖喱、中国的大米等。国际比较项目在设计产品目录时，已尽可能地将CPI产品目录中的产品包含其中，以保证各国产品的代表性。

4. 重要性

重要性与代表性含义相近，均要求进行国际比较的产品可以代表各国的消费支出情况。重要性是产品相对基本类内部而言的，一般在所属基本类中占有较高的消费比重。然而由于基本类是可以收集到支出权重的最低层级，故确定产品的重要与否一般是通过咨询专家、生产商、消费者等渠道来获得的。在2011年ICP中，区域产品清单应用了产品重要性的概念，在实践中需要对重要产品与非重要产品进行标注。

（二）产品价格数据的计算

一般情况下，各国均需收集核心列表所有产品的价格数据，单个产品需在多个采价点进行价格数据收集，需要对多个价格数据进行平均计算得到全国平均价格数据。

1. 简单平均法

为获得单个产品的全国平均价格，世界银行推荐的方法之一为简单平均法，即由各采价点价格数据加总除以采价点数量得到。该方法使用的前提是采价点带有自加权效果。

2. 加权平均法

世界银行推荐的另一种做法是加权平均法，最理想的权重为产品销售额，但该指标数据不易获得，可以使用其他指标作为权重选择，但世界银行未推荐具体指标，各国需根据本国情况进行权重调整。

二、GDP 支出份额数据

在获得单个产品的全国平均价格后，可计算 GDP 基本类 PPP，基本类 PPP 则需汇总至小类、中类、大类、总类至 GDP 层级的 PPP，这类汇总计算需依据 GDP 支出份额数据进行。

参加 2011 年国际比较项目的经济体要求对其国内生产总值（GDP）的最终支出类别提供非常详细的分类。在第三章第一节中，国际比较项目的支出分类定义了五个层级，涉及 155 个支出基本类，计算 PPP 需提供各层级 GDP 支出份额数据。

事实上，各国国民经济核算能够提供 GDP 较高层级的支出份额数据，在基本类层级的 GDP 份额数据需要由更高层级的 GDP 份额拆分得到，世界银行推荐了五种拆分方法（参考第三章第一节内容）。

三、特殊领域的数量数据

对于住房、教育、医疗等非市场服务类特殊领域，进行国际比较需要收集一些数量数据，比如，住宅、学生或患者数量，由此进行相应领域 PPP 数据的估算。

住房购买力平价可以通过直接估计住宅服务的相对数量的方法进行计算。PPPs 可通过比较成交量与支出数据间接推算得到。住房购买力平价数量方法一般采用定量和定性数据构建物量指数。定量数据是指住宅使用面积、房间数量和住宅数量等数量指标，可选择其中的一个视为量化指数。定性数据是指具有配套设施的住宅的百分比，这类住宅装配有如电力、内部供水、内部厕所、空调或集中供热等。可以把带有这些设施的住宅的百分比取平均数生成一个质量指数。

第 二 篇

世界经济真实规模测度
方法理论与改进

第四章　基尼—艾特托—克维斯—斯祖克法理论与改进

基尼—艾特托—克维斯—斯祖克法(Gini-Elteto-Koves-Szulc,GEKS①)是测度世界经济规模使用的最重要的方法,出现频率极高,方法的最大贡献是:将不具有可传递性的双边 PPP 指数调整为具有可传递性的多边 PPP 指数。该方法由意大利统计与社会学家基尼(Gini)、匈牙利统计学家艾特托(Elteto)和克维斯(Koves)以及波兰统计学家斯祖克(Szulc)分别独立提出,故称为 GEKS 法,目前有原始 GEKS 法、GEKS* 法和 GEKS-S 法三个版本。虽然三个版本在理论层面存在清晰的发展脉络,后两者更优;但在世界经济规模测度的实践面前,不分伯仲,比如世界银行采用的是原始 GEKS 法,欧盟采用的是 GEKS* 法和 GEKS-S 法。所以,三个版本的 GEKS 法的理论及在实践中的应用仍然都非常值得研究。

第一节　原始基尼—艾特托—克维斯—斯祖克法及评价

GEKS 法的核心是实现指数的可传递性,因该良好特性 GEKS 法的应用非常广泛。原始 GEKS 法作为最早提出时的方法版本,目前仍然是世界银行使用的重要方法。

① 该方法最初以 EKS 法被大家熟知,是由 Eleto、Koves 和 Szulc 于 1964 年提出的,在 2005 年为基期的世界经济规模测度之后,学者发现早在 1924 年 Gini 就已提出过类似的方法,并于 1931 年所出版的书中再次提到了该方法,所以 EKS 法更名为 GEKS 法。

一、可传递性——理解 GEKS 法的关键

（一）可传递性

可传递性是多边比较中的关键，多边 PPPs 对可传递性的要求相当高。可传递意味着每一个多边 PPP 不能只取决于进行直接比较的两个国家的价格和数量，而是或多或少地取决于 ICP 项目中包含的所有国家的价格与数量。不管使用哪一种方法，两个国家间可传递性多边 PPP 取决于其所属组的所有国家。若有新的国家加入该组，或者原有国家从该组去除，PPP 都会改变。

可传递性即两国间的直接 PPP 等于两国分别与第三国的 PPP 推导得到。假设有三个国家 j、k 和 x。用 PPP_{jk} 表示 k 国对 j 国的直接双边 PPP，用 ${}_{x}PPP_{jk}$ 表示 k 国通过 x 国对 j 国的间接 PPP，则公式(4-1)成立。

$$ {}_{x}PPP_{jk} \equiv PPP_{jk}/PPP_{kx} \tag{4-1}$$

公式(4-1)成立意味着 j 国与 k 国的间接 PPP 是由 j 国对 x 国、k 国对 x 国的直接 PPP 推导得出的。可传递性要求间接指数 ${}_{x}PPP_{jk}$ 与直接指数 PPP_{jk} 相等。换句话说，如果指数具有可传递性，每对国家都有公式(4-2)成立。

$$ {}_{x}PPP_{jk} = PPP_{jk} \tag{4-2}$$

大部分双边指数，包括费雪（Fisher）、唐克维斯特（Tronqvist）之类的最佳指数在内，都不具有可传递性。这是因为进行直接对比的每对国家之间篮子商品是不同的，根源是消费模式的不同。多边比较中，一般所有参加国都使用相同的篮子商品，忽略了参加国消费模式的不同，所以计算得到的 PPP 具有可传递性。正因如此，直接双边 PPP 的代表性相对更强，而多边 PPP 代表性弱。如果计算每对国家的双边费雪指数，必须将它们调整转换为具有可传递性的指数。这正是 GEKS 法要做的工作。

（二）可传递性与代表性之间可能存在矛盾

多边国际比较时，PPP 的可传递性与代表性之间可能存在矛盾。如果 PPP 只是依赖于两个国家篮子商品的价格与数量，那么两国间的 PPP

具有完全的代表性。如果两国处于多边比较的情形下,考虑到客观存在的国情差异,只依赖于这两国篮子商品得到的、在两国间有完全代表性的PPP,显然不具有可传递性。同样,依赖于多国使用相同篮子商品得到的可传递的多边PPP,会因为多国产品价格与数量等数据的加入,代表性变弱。随着组内国家数目的增加、国情差异的增大,可传递性多边PPP的代表性会越来越弱。最极端的情况是,相比较的多个国家之间差异极大,以至于找不到比较用的篮子商品,那么,强制得到的可传递性PPP根本就不具有代表性。

世界经济真实规模测度的实践中,世界各国按区域进行了分组,代表性的概念也可用于各区域。当区域内的可传递性PPP仅仅取决于该区域内各国商品与服务的价格与数量时,该PPP就能最大程度上说明该区域的情况,即具有最强的区域代表性。如果组成该区域的国家与其他区域的国家组成一个更大的组时,在大组中该区域的PPP代表性就会变弱。最极端的情况是,将组扩大到全世界范围,将所有区域的所有国家作为一个组来进行计算。那么直接计算出来的全球层次上可传递的全球PPP,就无法很好地说明各区域的状况,也就是说,此可传递性全球PPP对各个区域的代表性极差。由此可以看出,代表性随着参与PPP计算的区域数的增多而减弱。

二、原始GEKS法的核心思想与基本公式

(一)原始GEKS法的几何平均思想

原始GEKS法的应用非常广泛,是基于其说服力很强的核心思想,即通过对多个指数做几何平均,实现多指数间的可传递性。与算术平均的几何意义相似,几何平均的意义在于对多个边的平均,比如两个线段长度分别为a和b,算术平均是两个线段加总作为一个线段,再取其一半;几何平均则是通过做一个正方形,使其面积等于以a、b为长宽的矩形,则该正方形的边长即为a、b的几何平均数。

原始GEKS法实现了“多边形的平均”,在测度世界经济规模时,若将各个国家视为“点”,每两个国家之间就会形成一条线段,将若干条线

段进行几何平均,就可以得出“世界平均水平线段”,各线段都可以与这条平均线段进行比较,即可实现同价值水平下各国经济规模评价,从而实现国际比较。

(二)原始GEKS法的基本公式

GEKS法的核心思想,是对涉及参与国的所有双边比较指数进行几何平均,得到具有传递性的购买力平价结果,相应的其基本公式可表示为公式(4-3),其中,PPP_{jk}表示每两个国家的双边比较指数,常用费雪指数来表示,C为比较国家的个数。

$$PPP_{GEKS}^{jk}=\left(\prod_{l-1}^{C}\frac{PPP^{jl}}{PPP^{kl}}\right)^{\frac{1}{C}}=\left\{\prod_{l=1}^{C}lPPP^{jk}\right\}^{\frac{1}{C}} \tag{4-3}$$

在GEKS法的计算公式中,选取费雪指数作为两两地区间的购买力平价,可避免拉氏指数或帕氏指数的有偏性,不存在高估或低估的问题,较符合特征性的要求,且该方法还满足基国不变性和传递性等优良性质,缺点是不满足可加性。

三、原始GEKS法基本类PPP的计算步骤与示例

GEKS法的核心思想是对多个指数进行几何平均,该思想可用于基本类层级,得到基本类PPP;也可用于基本类以上层级,得到各层级汇总PPP,即将基本类PPP汇总至小类PPP、中类PPP、大类PPP、总类PPP和GDP层级PPP。虽然基本思想一样,但由于基本类层级以下为具体产品,没有支出权重数据,GEKS法基本类PPP的计算较为简单,基本类以上层级因涉及支出权重数据,汇总PPP的计算较为复杂。

(一)原始GEKS法用于基本类PPP的计算步骤

1. 取得产品的平均价格

要计算GEKS法基本类PPP,首先要取得基本类中各产品的平均价格,假设国家总数量为$C(k=1,2,\cdots,C)$,基本类产品总数量为$n(i=1,2,\cdots,n)$,P_i^k为国家k产品i的价格。计算基本类PPP使用的价格一般是国家j在产品i上的全国平均价格,全国平均价格的计算也涉及具体方法,在实践中也存在较多问题,具体讨论可参考本书第七章“国

家平均价格的计算方法及改进”和第十一章“国家平均价格中国试算与分析”。

2. 计算单个产品 PPP

单个产品在两国的直接 PPP 计算公式为 $PPP_{jk}=\frac{P_i^k}{P_i^j}$。其中 P_i^k 代表第 i 种商品在国家 k 的平均价格，P_i^j 代表第 i 种商品在国家 j 的平均价格，那么同种商品在两国的价格之比 PPP_{jk} 代表国家 j 和国家 k 关于商品 i 的购买力平价。

在单个产品层面，直接 PPP 满足传递性。用 PPP_{jk}^l 代表通过第三方国 l 国计算的国家 j 和国家 k 的间接购买力平价，计算公式为 $PPP_{jk}^l=\frac{PPP_{jl}}{PPP_{kl}}$。对于单一产品来说 $PPP_{jk}=\frac{P_i^k}{P_i^j}=\frac{P_i^l}{P_i^j}\times\frac{P_i^k}{P_i^l}=PPP_{jk}^l$，即 $PPP_{jk}=PPP_{jk}^l$，国家 j 和国家 k 间的购买力平价具有可传递性。

3. 计算双边基本类 PPP

根据 GEKS 法基本公式(4-3)计算双边基本类 PPP。国家 k 与国家 j 的双边基本类 PPP 的计算公式可表示为公式(4-4)，将第一步取得的数据带入该公式，即可得到相应的双边基本类 PPP，如公式(4-5)所示：

$$PPP_{jk}=\left(\prod_{i=1}^{n}\frac{p_i^k}{p_i^j}\right)^{\frac{1}{n}} \tag{4-4}$$

$$\begin{bmatrix} PPP_{11} & PPP_{12} & \cdots & PPP_{1C} \\ PPP_{21} & PPP_{22} & \cdots & PPP_{2C} \\ \cdots & \cdots & \cdots & \cdots \\ PPP_{C1} & PPP_{C2} & \cdots & PPP_{CC} \end{bmatrix} \tag{4-5}$$

公式(4-4)也被称为未加权 Jevons 指数。根据相关的指数理论，如果计算该指数的产品相同，则未加权 Jevons 指数具有可传递性。但如果计算用的产品因时间或地域的不同而有差异，或者有些产品数据无法得到，计算得到的未加权 Jevons 指数不具有可传递性。所以，GEKS 法基本类 PPP 需要所有参加国使用的基本类产品严格一致，才能保证得到的双边 PPP 具有可传递性。显然，对于国情差异客观存在的现实来说，这一要求过高了，这限制了 GEKS 法在基本类层面的应用。

4. 计算多边基本类 PPP

得到双边基本类 PPP 之后，可直接根据 GEKS 法基本公式（4-3）计算多边基本类 PPP，实现可传递性。公式表示：对第三方国 l 取遍全部参与国（包括 $l=j$ 和 $l=k$）的 j、k 两国间接 PPP 的几何平均。当公式中的 PPP 满足国家逆转性检验，即 $PPP_{jk}=\frac{1}{PPP_{kj}}$ 时，GEKS 法 PPP 可看作国家 j 和国家 k 的直接 PPP 的平方与另外 C-2 个国家 j 和国家 k 的间接 PPP 的几何平均值，GEKS 法调整公式可以表述为公式（4-6）的形式，其中 $l \neq j$、k：

$$PPP_{GEKS}^{jk}=\left[\prod_{l=1}^{C} PPP_{jk}^{2}\times {}^{l}PPP_{jk}\right]^{\frac{1}{C}} \tag{4-6}$$

（二）原始 GEKS 法用于基本类 PPP 的计算示例

现举例说明 GEKS 法调整后的 PPP 具有可传递性。假设有 4 个国家 j、k、l、m，根据基础数据可以计算得到双边 PPP 矩阵，矩阵形式如公式（4-7）所示：

$$\begin{bmatrix} PPP_{jj} & PPP_{jk} & PPP_{jl} & PPP_{jm} \\ PPP_{kj} & PPP_{kk} & PPP_{kl} & PPP_{km} \\ PPP_{lj} & PPP_{lk} & PPP_{ll} & PPP_{lm} \\ PPP_{mj} & PPP_{mk} & PPP_{ml} & PPP_{mm} \end{bmatrix} \tag{4-7}$$

双边 PPP 矩阵可以根据 GEKS 法基本公式推算多边 PPP。为了检验传递性，需要验证三个国家的多边 PPP，即其中两国之间的直接 PPP 是否等于两国通过第三国得到的间接 PPP 的乘积。现选择比较 j 和 k 国的直接 PPP 与 j 和 k 经 l 国得到的间接 PPP 的乘积，如公式（4-8）、（4-9）、（4-10）所示：

$$PPP_{GEKS}^{jk}=\left[\frac{PPP_{jj}}{PPP_{kj}}\times\frac{PPP_{jk}}{PPP_{kk}}\times\frac{PPP_{jl}}{PPP_{kl}}\times\frac{PPP_{jm}}{PPP_{km}}\right]^{\frac{1}{4}} \tag{4-8}$$

$$PPP_{GEKS}^{jl} = \left[\frac{PPP_{jj}}{PPP_{lj}} \times \frac{PPP_{jk}}{PPP_{lk}} \times \frac{PPP_{jl}}{PPP_{ll}} \times \frac{PPP_{jm}}{PPP_{lm}}\right]^{\frac{1}{4}} \tag{4-9}$$

$$PPP_{GEKS}^{kl} = \left[\frac{PPP_{kj}}{PPP_{lj}} \times \frac{PPP_{kk}}{PPP_{lk}} \times \frac{PPP_{kl}}{PPP_{ll}} \times \frac{PPP_{km}}{PPP_{lm}}\right]^{\frac{1}{4}} \tag{4-10}$$

j 和 k、j 和 l、k 和 l 之间的直接 PPP 的计算如上所示。j 和 k 通过 l 连接的间接 PPP 如公式(4-11)所示。可看出 $PPP_{GEKS}^{jk} = {}^{l}PPP_{GEKS}^{jk}$，同理可证，对于任意被 GEKS 法调整后的双边矩阵中的 PPP 皆满足可传递性公式，因此 GEKS 法调整后的 PPP 满足可传递性。

$$\begin{aligned} {}^{l}PPP_{GEKS}^{jk} &= \frac{PPP_{GEKS}^{jl}}{PPP_{GEKS}^{kl}} \\ &= \left[\frac{PPP_{jj}}{PPP_{lj}} \times \frac{PPP_{jk}}{PPP_{lk}} \times \frac{PPP_{jl}}{PPP_{ll}} \times \frac{PPP_{jm}}{PPP_{lm}}\right]^{\frac{1}{4}} \div \\ &\quad \left[\frac{PPP_{kj}}{PPP_{lj}} \times \frac{PPP_{kk}}{PPP_{lk}} \times \frac{PPP_{kl}}{PPP_{ll}} \times \frac{PPP_{km}}{PPP_{lm}}\right]^{\frac{1}{4}} \\ &= \left[\frac{PPP_{jj}}{PPP_{kj}} \times \frac{PPP_{jk}}{PPP_{kk}} \times \frac{PPP_{jl}}{PPP_{kl}} \times \frac{PPP_{jm}}{PPP_{km}}\right]^{\frac{1}{4}} \end{aligned} \tag{4-11}$$

四、原始 GEKS 法汇总 PPP 的计算步骤与示例

(一)原始 GEKS 法用于汇总 PPP 的计算步骤

GEKS 法最大的优势体现在汇总 PPP 计算上，在获得基本类 PPP 之后，使用 GEKS 法将 PPP 逐级向上汇总，由基本类至小类、中类、大类、总类及 GDP 层级。由低层级向高层级汇总的 GEKS 法相同，具体计算步骤如下。

1. 取得计算层级的基础数据：PPP 和支出权重

某一层级汇总 PPP 的计算需要前一层级的 PPP 和该层级的支出份额权重数据。比如，计算小类层级的汇总 PPP，需基本类 PPP 和基本类支出权重；计算中类层级的汇总 PPP，需小类 PPP 和小类支出权重，以此类推，直至 GDP 层级。

2. 计算拉氏 PPP 指数

拉氏指数是由德国经济学家拉斯贝尔(Laspeyre)于 1864 年首先提出的,他主张无论是数量指标指数还是质量指标指数,都采用基期同度量因素(权数)的指数。GEKS 法借鉴其思想,按照基准国的支出权重,需要将已经得到的前一层级的 PPP 指数,以基准国该层级支出份额为权重,计算国家两两之间的拉氏 PPP 指数。因为需要同等对待每一个国家,需依次将其他国家视为基准国,按照其支出份额计算拉氏 PPP 指数。在所有国家依次为基准国,计算其他国家以基准国支出份额为权重的拉氏 PPP 指数之后,可以得到拉氏 PPP 指数矩阵,如公式(4-12)所示:

$$\text{拉氏 PPP 指数矩阵} = \begin{bmatrix} P_{11}^{L} & P_{12}^{L} & \cdots & P_{1C}^{L} \\ P_{21}^{L} & P_{22}^{L} & \cdots & P_{2C}^{L} \\ \cdots & \cdots & \cdots & \cdots \\ P_{C1}^{L} & P_{C2}^{L} & \cdots & P_{CC}^{L} \end{bmatrix} \tag{4-12}$$

3. 计算帕氏 PPP 指数

帕氏指数是 1874 年由德国学者帕舍(Paasche)提出的一种指数计算方法。它是在计算一组项目的综合指数时,把作为权数的变量固定在报告期。GEKS 法借鉴其思想,按照对比国的支出权重,需要将已经得到的前一层级的 PPP 指数,以对比国该层级支出份额为权重,计算国家两两之间的帕氏 PPP 指数。因为需要同等对待任何一个国家,需依次将其他国家视为对比国,按照其支出份额计算拉氏 PPP 指数。在所有国家依次为对比国,计算其他国家以对比国支出份额为权重的帕氏 PPP 指数之后,可以得到帕氏 PPP 指数矩阵,如公式(4-13)所示:

$$\text{帕氏 PPP 指数矩阵} = \begin{bmatrix} P_{11}^{P} & P_{12}^{P} & \cdots & P_{1C}^{P} \\ P_{21}^{P} & P_{22}^{P} & \cdots & P_{2C}^{P} \\ \cdots & \cdots & \cdots & \cdots \\ P_{C1}^{P} & P_{C2}^{P} & \cdots & P_{CC}^{P} \end{bmatrix} \tag{4-13}$$

4. 计算费雪 PPP 指数

费雪指数是由美国统计学家欧文·费雪(Irving Fisher)于 1911 年提出的。费雪指数是指拉氏指数和帕氏指数的几何平均数,主要用于对指数公式的测验,以及调和拉氏与帕氏两种指数的矛盾,又被称为"费雪理想指数"。GEKS 法借鉴其思想,用于调和拉氏 PPP 指数和帕氏 PPP 指数,这两类指数均不满足国家反转检验,所以拉氏指数和帕氏指数矩阵均为对角线为 1 的非对称矩阵。另外,根据价格指数的偏误理论可知,拉氏指数和帕氏指数通常为"实际指数值"的上限和下限,只有对比两国间的消费支出规模相近时,拉氏指数和帕氏指数才近似相等,否则二者将会相差过大。因此,为了对二者进行调和,需将二者相乘后开方,以得到费雪 PPP 指数矩阵,如公式(4-14)所示。目的是尽量平等地对待对比两国,即认为两国的消费支出比重同等重要,消除拉氏指数和帕氏指数的误偏问题。另外,费雪指数满足国家反转检验,可以使得连接每两地区的边为无向边。

$$\text{费雪 PPP 指数} = \begin{bmatrix} F_{11} & F_{12} & \cdots & F_{1C} \\ F_{21} & F_{22} & \cdots & F_{2C} \\ \cdots & \cdots & \cdots & \cdots \\ F_{C1} & F_{C2} & \cdots & F_{CC} \end{bmatrix} \tag{4-14}$$

5. 使用 GEKS 法基本公式得到汇总 PPP

根据 GEKS 法基本公式(4-3),计算两两国家之间的汇总 PPP,得到满足传递性要求的汇总 PPP。

(二)原始 GEKS 法用于汇总 PPP 的计算示例

获得基本类 PPP 的方法,除了 GEKS 法以外,还有国家产品虚设法(Country Product Dummy method,CPD)等。无论何种方法获得的基本类 PPP,都可以经过 GEKS 法逐级汇总至小类、中类、大类、总类及 GDP 层级。下面通过一个数字示例对基本类以上的汇总过程进行说明,各汇总层级的名称如表 4-1 所示。

表 4-1 GDP 各汇总层级名称表

各层级名称	层 级
GDP	GDP
居民个人消费支出	总类
食品和饮料	大类
食品	中类
面食	小类
米饭	基本类
面包	基本类
意大利面	基本类
肉类	小类
略	略
饮料	中类
略	略
衣着	大类
略	略
政府个人消费支出	总类
略	略

1. 面食小类汇总 PPP 的计算

根据假设面食小类包括米饭、面包、意大利面三个基本类，三个基本类在国家 A、B、C、D 的支出权重已知（见表 4-2）。另外，三个基本类 PPP 已通过相关数据计算得到，分别如表 4-3、表 4-4、表 4-5 所示。

表 4-2 米饭、面包、意大利面基本类的支出份额表 （单位：%）

基本类	国家 A 支出份额	国家 B 支出份额	国家 C 支出份额	国家 D 支出份额
米饭	33.4	38.5	34.9	35.4
面包	30.5	29.4	39.2	20.7
意大利面	36.1	32.1	25.9	43.9

表 4-3　米饭基本类 PPP 矩阵表

米饭 基本类 PPP	国家 A	国家 B	国家 C	国家 D
国家 A	1	0.951	0.903	0.939
国家 B	1.051	1	0.949	0.987
国家 C	1.108	1.054	1	1.040
国家 D	1.065	1.013	0.961	1

表 4-4　面包基本类 PPP 矩阵表

面包 基本类 PPP	国家 A	国家 B	国家 C	国家 D
国家 A	1	0.594	0.899	0.778
国家 B	1.682	1	1.512	1.309
国家 C	1.112	0.661	1	0.865
国家 D	1.285	0.764	1.156	1

表 4-5　意大利面基本类 PPP 矩阵表

意大利面 基本类 PPP	国家 A	国家 B	国家 C	国家 D
国家 A	1	1.023	0.906	0.802
国家 B	0.977	1	0.885	0.784
国家 C	1.104	1.130	1	0.886
国家 D	1.247	1.276	1.129	1

现需将三个基本类汇总至其面食小类,计算面食小类汇总 PPP 的步骤如下。

步骤 1:计算面食小类拉氏 PPP 指数

拉氏指数以基准国家的支出结构为基础,计算各基本类购买力平价的加权平均数,其权重为基准国家各基本类的消费比重,如公式(4-15)所示。其中,A 为基准国家,B 为对比国家, w_{Aj} 为基准国家的各基本类支出权重,n 为基本类个数。

$$P_{(B/A)}^{Laspeyres} = \sum_{j=1}^{n} [P_{(B/A)_j} w_{Aj}] \quad (4-15)$$

首先将基准国定为 A，则 B、C、D 国相对于 A 国的拉氏 PPP 指数计算过程如下：

$$P_{(B/A)}^{Laspeyres} = \sum_{j=1}^{n} [P_{(B/A)_j} w_{Aj}] = 0.951 \times 33.4\% + 0.594 \times 30.5\% + 1.023 \times 36.1\% = 0.868$$

$$P_{(C/A)}^{Laspeyres} = \sum_{j=1}^{n} [P_{(C/A)_j} w_{Aj}] = 0.903 \times 33.4\% + 0.899 \times 30.5\% + 0.906 \times 36.1\% = 0.903$$

$$P_{(D/A)}^{Laspeyres} = \sum_{j=1}^{n} [P_{(D/A)_j} w_{Aj}] = 0.939 \times 33.4\% + 0.778 \times 30.5\% + 0.802 \times 36.1\% = 0.840$$

因需公平对待各国，接下来按公式(4-15)的规则分别计算以国家 B、C、D 为基准的面食小类拉氏 PPP 指数，面食小类拉氏 PPP 指数如表 4-6 所示。

表 4-6　面食小类拉氏 PPP 指数表

面食小类拉氏 PPP	国家 A	国家 B	国家 C	国家 D
国家 A	1	0.868	0.903	0.840
国家 B	1.213	1	1.094	1.017
国家 C	1.109	0.920	1	0.932
国家 D	1.190	1.077	1.075	1

步骤 2：计算面食小类帕氏 PPP 指数

相比拉氏指数，帕氏指数则是以对比国家的支出结构作为出发点，其权重为对比国家各基本类的消费比重，如公式(4-16)所示。其中，A 为基准国，B 为对比国，w_{Bj} 为对比国 B 的各基本类的支出权重，n 为基本类个数。

$$P_{(B/A)}^{Paasche} = \frac{1}{\sum_{j=1}^{n} [P_{(A/B)_j} w_{Bj}]} \quad (4-16)$$

首先将基准国定为 A,则 B、C、D 国相对于 A 国的帕氏 PPP 指数计算过程如下:

$$P_{(B/A)}^{Paasche}=\frac{1}{\sum_{j=1}^{n}[P_{(A/B)_j}w_{Bj}]}$$

$$=\frac{1}{1.051\times 38.5\%+1.682\times 29.4\%+0.977\times 32.1\%}$$

$$=0.825$$

$$P_{(C/A)}^{Paasche}=\frac{1}{\sum_{j=1}^{n}[P_{(A/C)_j}w_{Cj}]}$$

$$=\frac{1}{1.108\times 34.9\%+1.112\times 39.2\%+1.104\times 25.9\%}$$

$$=0.902$$

$$P_{(D/A)}^{Paasche}=\frac{1}{\sum_{j=1}^{n}[P_{(A/D)_j}w_{Dj}]}$$

$$=\frac{1}{1.065\times 35.4\%+1.285\times 20.7\%+1.247\times 43.9\%}$$

$$=0.840$$

因需公平对待各国,接下来按公式(4-16)的规则分别计算以国家 B、C、D 为基准的面食小类帕氏 PPP 指数,最终结果如表 4-7 所示。

表 4-7　面食小类帕氏 PPP 指数表

面食小类帕氏 PPP	国家 A	国家 B	国家 C	国家 D
国家 A	1	0.825	0.902	0.840
国家 B	1.152	1	1.087	0.929
国家 C	1.108	0.914	1	0.930
国家 D	1.190	0.984	1.074	1

步骤 3:计算面食小类费雪 PPP 指数

费雪 PPP 指数为拉氏 PPP 指数和帕氏 PPP 指数的简单几何平均

数,如公式(4-17)所示。将上述结果数据代入公式(4-17),得到费雪PPP指数结果,如表4-8所示。

$$P_{(A/B)}^{Fisher} = [P_{(A/B)}^{Laspeyres} \times P_{(A/B)}^{Paasche}]^{1/2} \quad (4-17)$$

表4-8 面食小类费雪PPP指数表

面食小类费雪PPP	国家A	国家B	国家C	国家D
国家A	1	0.846	0.902	0.840
国家B	1.182	1	1.091	0.972
国家C	1.108	0.917	1	0.931
国家D	1.190	1.029	1.074	1

步骤4:通过GEKS法基本公式将基本类汇总至面食小类PPP

根据GEKS法基本公式,将连接两国的所有费雪PPP指数进行几何平均计算,可表示为公式(4-18),其中,j为基准国家,k为对比国家,l表示所有参与比较的国家(包括k和l),其中PPP_{jl}和PPP_{lk}表示每两个国家的双边比较指数,常用费雪指数来表示,M为比较国家的个数。在GEKS法的计算公式中,选取费雪指数作为两两地区间的购买力平价,即PPP_{jl}和PPP_{lk},这避免了拉氏指数或帕氏指数的有偏性,不存在高估或低估的问题,且该方法还满足基国不变性和传递性等优良性质。

$$PPP_{jk}^{GEKS} = \prod_{l=1}^{M} [PPP_{jl} \times PPP_{lk}]^{1/M} \quad (4-18)$$

本例中,各国相对A国的面食小类PPP计算过程如下:

$$PPP_{AB}^{GEKS} = (Fishe\,r_{AA} Fishe\,r_{AB} Fishe\,r_{AC} Fishe\,r_{AD} Fishe\,r_{AB} Fishe\,r_{BB} Fishe\,r_{CB} Fishe\,r_{DB})^{\frac{1}{4}} = 0.846$$

$$PPP_{AC}^{GEKS} = (Fishe\,r_{AA} Fishe\,r_{AB} Fishe\,r_{AC} Fishe\,r_{AD} Fishe\,r_{AC} Fishe\,r_{BC} Fishe\,r_{CC} Fishe\,r_{DC})^{\frac{1}{4}} = 0.908$$

$$PPP_{AD}^{GEKS} = (Fishe\,r_{AA} Fishe\,r_{AB} Fishe\,r_{AC} Fishe\,r_{AD} Fishe\,r_{AD} Fishe\,r_{BD} Fishe\,r_{CD} Fishe\,r_{DD})^{\frac{1}{4}} = 0.836$$

因需公平对待各国,接下来按公式(4-18)的规则分别计算以国家

B、C、D 为基准的面食小类汇总 PPP 指数，最终结果如表 4-9 所示。需要注意的是，除了总类汇总至 GDP 层级只需要设定一个基准国，并求得所有国家相对于该基准国的购买力平价之外，其他层级汇总 PPP 的计算皆需要求解 PPP 矩阵。

表 4-9　面食小类汇总 PPP 指数表

面食小类汇总 PPP	国家 A	国家 B	国家 C	国家 D
国家 A	1	0.846	0.908	0.836
国家 B	1.182	1	1.073	0.988
国家 C	1.102	0.932	1	0.921
国家 D	1.197	1.012	1.086	1

补充：检验传递性

GEKS 法最大的优势是使得指数具有传递性，现进行面食小类汇总 PPP 的传递性检验，具体计算如下。可以看出 A 国经 B、C、D 三国传递后的 PPP 值为 1；B 国经 A、C、D 三国传递后的 PPP 值为 1；C 国和 D 国也存在类似规律，显然，传递性成立。

$$PPP_{(A/A)} = PPP_{(A/B)}\ PPP_{(B/C)}\ PPP_{(C/D)}\ PPP_{(D/A)} = 1.182 \times 0.932 \times 1.086 \times 0.836 = 1$$

$$PPP_{(B/B)} = PPP_{(B/A)}\ PPP_{(A/C)}\ PPP_{(C/D)}\ PPP_{(D/B)} = 0.846 \times 1.102 \times 1.086 \times 0.988 = 1$$

$$PPP_{(C/C)} = PPP_{(C/A)}\ PPP_{(A/B)}\ PPP_{(B/D)}\ PPP_{(D/C)} = 0.908 \times 1.182 \times 1.012 \times 0.921 = 1$$

$$PPP_{(D/D)} = PPP_{(D/A)}\ PPP_{(A/B)}\ PPP_{(B/C)}\ PPP_{(C/D)} = 0.836 \times 1.182 \times 0.932 \times 1.086 = 1$$

2. 食品中类汇总 PPP 的计算

GEKS 法在各层级汇总 PPP 上的计算方法是一样的，都是依据前一层级汇总 PPP 和该层级支出份额数据，首先计算当前层级拉氏 PPP 指数；再计算当前层级帕氏 PPP 指数；之后对计算得到的拉氏 PPP 指数和帕氏 PPP 指数求几何平均值，得到费雪 PPP 指数；最后根据 GEKS 法基本公式，将费雪 PPP 指数转化为具有可传递性的 PPP 指数。

显然，GEKS 法各层级汇总 PPP 的计算中，在变化的数据是前一层级的 PPP 指数和该层级支出份额数据。本示例中，上文计算得到了面食小类汇总 PPP 数值，与上文使用同样的方法，使用肉类小类包含的基本类 PPP 数据和肉类小类的支出份额数据，可以计算得到肉类小类汇总 PPP 数值，结果如表 4-10 所示。

表 4-10　肉类小类汇总 PPP 指数表

肉类小类 汇总 PPP	国家 A	国家 B	国家 C	国家 D
国家 A	1	1.594	0.989	0.978
国家 B	1.343	1	1.783	0.909
国家 C	1.283	1.661	1	1.865
国家 D	0.989	0.764	1.056	1

将面食小类汇总 PPP 数据、肉类小类汇总 PPP 数据、面食和肉类在各国的支出数据（见表 4-11）作为基础数据，可以计算食品中类汇总 PPP 的数值，计算方法与面食小类一样，为了进一步锤炼汇总 PPP 的计算，也为了在实践中少走弯路，下文仍然详细列出食品中类汇总 PPP 的计算步骤。

表 4-11　面食和肉类在各国的支出份额表　（单位：%）

小类	国家 A 支出份额	国家 B 支出份额	国家 C 支出份额	国家 D 支出份额
面食	40	30	45	20
肉类	60	70	55	80

步骤 1：计算食品中类拉氏 PPP 指数

首先将基准国定为 A，则 B 国相对于 A 国的食品中类拉氏 PPP 指数计算过程如下：

$$P_{(B/A)}^{Laspeyres} = \sum_{j=1}^{n}[P_{(B/A)_j} w_{Aj}] = 0.846 \times 40\% + 1.594 \times 60\% = 1.295$$

$$P_{(C/A)}^{Laspeyres} = \sum_{j=1}^{n}[P_{(C/A)_j} w_{Aj}] = 0.908 \times 40\% + 0.989 \times 60\% = 0.956$$

$$P_{(D/A)}^{Laspeyres} = \sum_{j=1}^{n}[P_{(D/A)_j} w_{Aj}] = 0.836 \times 40\% + 0.978 \times 60\% = 0.921$$

鉴于各国家需同等对待，之后分别计算以国家 B、C、D 为基准的食品中类拉氏 PPP 指数，最终结果如表 4-12 所示。

表 4-12　食品中类拉氏 PPP 指数表

食品中类拉氏 PPP	国家 A	国家 B	国家 C	国家 D
国家 A	1	1.295	0.956	0.921
国家 B	1.295	1	1.570	0.933
国家 C	1.201	1.333	1	1.440
国家 D	1.031	0.814	1.062	1

步骤 2：计算食品中类帕氏 PPP 指数

首先将基准国定为 A，则 B 国相对于 A 国的帕氏 PPP 指数计算过程如下：

$$P_{(B/A)}^{Paasche} = \frac{1}{\sum_{j=1}^{n}[P_{(A/B)_j} w_{Bj}]} = \frac{1}{1.182 \times 30\% + 1.343 \times 70\%} = 0.772$$

$$P_{(C/A)}^{Paasche} = \frac{1}{\sum_{j=1}^{n}[P_{(A/C)_j} w_{Cj}]} = \frac{1}{1.102 \times 45\% + 1.283 \times 55\%} = 0.832$$

$$P_{(D/A)}^{Paasche} = \frac{1}{\sum_{j=1}^{n}[P_{(A/D)_j} w_{Dj}]} = \frac{1}{1.197 \times 20\% + 0.989 \times 80\%} = 0.970$$

鉴于各国家需同等对待，之后分别计算以国家 B、C、D 为基准的食品中类帕氏 PPP 指数，最终结果如表 4-13 所示。

表 4-13　食品中类帕氏 PPP 指数表

食品中类帕氏 PPP	国家 A	国家 B	国家 C	国家 D
国家 A	1	0.772	0.832	0.970
国家 B	0.772	1	0.750	1.229
国家 C	1.046	0.637	1	0.942
国家 D	1.086	1.072	0.694	1

步骤 3:计算食品中类费雪 PPP 指数

将步骤 1 和步骤 2 计算得到的食品中类拉氏 PPP 指数和食品中类帕氏 PPP 指数进行几何平均运算,得到食品中类费雪 PPP 指数,如表 4-14 所示。

表 4-14　食品中类费雪 PPP 指数表

食品中类费雪 PPP	国家 A	国家 B	国家 C	国家 D
国家 A	1	1	0.892	0.945
国家 B	1	1	1.085	1.071
国家 C	1.121	0.921	1	1.164
国家 D	1.058	0.934	0.859	1

步骤 4:通过 GEKS 法基本公式计算食品中类汇总 PPP

首先以 A 国为基准国,计算各国相对 A 国的食品中类汇总 PPP:

$$PPP_{AB}^{GEKS}=(Fishe\,r_{AA}Fishe\,r_{AB}Fishe\,r_{AC}Fishe\,r_{AD}Fishe\,r_{AB}Fishe\,r_{BB}Fishe\,r_{CB}Fishe\,r_{DB})^{\frac{1}{4}}=0.923$$

$$PPP_{AC}^{GEKS}=(Fishe\,r_{AA}Fishe\,r_{AB}Fishe\,r_{AC}Fishe\,r_{AD}Fishe\,r_{AC}Fishe\,r_{BC}Fishe\,r_{CC}Fishe\,r_{DC})^{\frac{1}{4}}=0.915$$

$$PPP_{AD}^{GEKS}=(Fishe\,r_{AA}Fishe\,r_{AB}Fishe\,r_{AC}Fishe\,r_{AD}Fishe\,r_{AD}Fishe\,r_{BD}Fishe\,r_{CD}Fishe\,r_{DD})^{\frac{1}{4}}=0.999$$

鉴于需平等对待各国,分别计算各国相对于国家 B、C、D 的食品中类汇总 PPP，结果数值如表 4-15 所示。

表 4-15　食品中类汇总 PPP 指数表

食品中类汇总 PPP	国家 A	国家 B	国家 C	国家 D
国家 A	1	0.923	0.915	0.999
国家 B	1.083	1	0.991	1.082
国家 C	1.093	1.009	1	1.091
国家 D	1.001	0.924	0.916	1

和食品中类汇总 PPP 的计算一致，可计算得到饮料中类汇总 PPP，结果数值如表 4-16 所示。

表 4-16　饮料中类汇总 PPP 指数表

饮料中类汇总 PPP	国家 A	国家 B	国家 C	国家 D
国家 A	1	1.121	1.989	1.978
国家 B	0.927	1	1.383	0.721
国家 C	1.528	0.661	1	1.123
国家 D	1.389	0.897	1.386	1

3. 食品和饮料大类汇总 PPP 的计算

根据上文计算得到的食品中类汇总 PPP 指数、饮料中类汇总 PPP 指数，结合食品、饮料两个中类在各国的支出份额数据（如表 4-17），再次使用 GEKS 法汇总 PPP 计算的方法，可得到食品和饮料大类汇总 PPP 的数值，计算步骤如下。

表 4-17　食品和饮料在各国的支出份额表　　（单位：%）

中类	国家 A	国家 B	国家 C	国家 D
食品	60	80	50	70
饮料	40	20	50	30

步骤 1:计算食品和饮料大类拉氏 PPP 指数

首先将基准国定为 A,则 B 国相对于 A 国的拉氏 PPP 指数计算过程如下:

$$P_{(B/A)}^{Laspeyres} = \sum_{j=1}^{n} [P_{(B/A)_j} w_{Aj}] = 0.923 \times 60\% + 1.121 \times 40\% = 1.002$$

$$P_{(C/A)}^{Laspeyres} = \sum_{j=1}^{n} [P_{(C/A)_j} w_{Aj}] = 0.915 \times 50\% + 1.989 \times 50\% = 1.345$$

$$P_{(D/A)}^{Laspeyres} = \sum_{j=1}^{n} [P_{(D/A)_j} w_{Aj}] = 0.999 \times 70\% + 1.978 \times 30\% = 1.390$$

鉴于需平等对待各国,之后分别计算以国家 B、C、D 为基准的食品和饮料大类拉氏 PPP 指数,最终结果如表 4-18 所示。

表 4-18 食品和饮料大类拉氏 PPP 指数表

食品和饮料大类拉氏 PPP	国家 A	国家 B	国家 C	国家 D
国家 A	1	1.002	1.345	1.390
国家 B	1.052	1	1.070	1.010
国家 C	1.310	0.835	1	1.107
国家 D	1.118	0.916	1.057	1

步骤 2:计算食品和饮料大类帕氏 PPP 指数

首先将基准国定为 A,则 B 国相对于 A 国帕氏 PPP 指数计算过程如下:

$$P_{(B/A)}^{Paasche} = \frac{1}{\sum_{j=1}^{n} [P_{(A/B)_j} w_{Bj}]} = \frac{1}{1.083 \times 80\% + 0.927 \times 20\%} = 0.951$$

$$P_{(C/A)}^{Paasche} = \frac{1}{\sum_{j=1}^{n} [P_{(A/C)_j} w_{Cj}]} = \frac{1}{1.093 \times 50\% + 1.528 \times 50\%} = 0.763$$

$$P_{(D/A)}^{Paasche} = \frac{1}{\sum_{j=1}^{n} [P_{(A/D)_j} w_{Dj}]} = \frac{1}{1.001 \times 70\% + 1.389 \times 30\%} = 0.895$$

鉴于需平等对待各国,之后分别计算以国家 B、C、D 为基准的食品和饮料大类帕氏 PPP 指数,最终结果如表 4-19 所示。

表 4-19　食品和饮料大类拉氏 PPP 指数表

食品和饮料大类帕氏 PPP	国家 A	国家 B	国家 C	国家 D
国家 A	1	0.951	0.763	0.895
国家 B	0.998	1	1.198	1.091
国家 C	0.744	0.935	1	0.946
国家 D	0.719	0.991	0.903	1

步骤 3:计算食品和饮料大类费雪 PPP 指数

将步骤 1 和步骤 2 计算得到的食品中类拉氏 PPP 指数和食品中类帕氏 PPP 指数进行几何平均运算,得到食品和饮料大类费雪 PPP 指数,如表 4-20 所示。

表 4-20　食品和饮料大类费雪 PPP 指数表

食品和饮料大类费雪 PPP	国家 A	国家 B	国家 C	国家 D
国家 A	1	0.976	1.013	1.115
国家 B	1.025	1	1.132	1.050
国家 C	0.987	0.883	1	1.023
国家 D	0.897	0.953	0.977	1

步骤 4:通过 GEKS 法基本公式计算食品和饮料大类汇总 PPP

首先以 A 国为基准国,计算各国相对 A 国的食品和饮料大类汇总 PPP,步骤如下:

$$PPP_{AB}^{GEKS} = (Fisher_{AA}Fisher_{AB}Fisher_{AC}Fisher_{AD}Fisher_{AB}Fisher_{BB}Fisher_{CB}Fisher_{DB})^{\frac{1}{4}} = 0.976$$

$$PPP_{AC}^{GEKS} = (Fisher_{AA}Fisher_{AB}Fisher_{AC}Fisher_{AD}Fisher_{AC}Fisher_{BC}Fisher_{CC}Fisher_{DC})^{\frac{1}{4}} = 1.054$$

$$PPP_{AD}^{GEKS} = (Fisher_{AA}Fisher_{AB}Fisher_{AC}Fisher_{AD}Fisher_{AD}Fisher_{BD}Fisher_{CD}Fisher_{DD})^{\frac{1}{4}} = 1.072$$

按照 GEKS 法基本公式(4-3),分别计算各国相对于国家 B、C、D 的食品和饮料大类汇总 PPP,其结果如表 4-21 所示。

表 4-21 食品和饮料大类汇总 PPP 指数表

食品和饮料大类汇总 PPP	国家 A	国家 B	国家 C	国家 D
国家 A	1	0.976	1.054	1.072
国家 B	1.025	1	1.081	1.099
国家 C	0.948	0.925	1	1.017
国家 D	0.933	0.910	0.983	1

和食品和饮料大类汇总 PPP 的计算一致,可计算得到衣着大类汇总 PPP,结果如表 4-22 所示。

表 4-22 衣着大类汇总 PPP 指数表

衣着大类汇总 PPP	国家 A	国家 B	国家 C	国家 D
国家 A	1	1.891	0.889	1.234
国家 B	1.627	1	1.123	1.297
国家 C	0.528	1.661	1	0.689
国家 D	1.221	0.927	1.788	1

4. 居民个人消费支出总类汇总 PPP 的计算

根据上文计算得到的食品和饮料大类汇总 PPP 指数、衣着大类汇总 PPP 指数,结合食品和饮料、衣着两个大类在各国的支出份额数据(如表 4-23),再次使用 GEKS 法汇总 PPP 计算的方法,可得到居民个人消费支出总类汇总 PPP 的数值,计算步骤如下。

表 4-23 食品和饮料及衣着在各国的支出份额 (单位:%)

大类	国家 A	国家 B	国家 C	国家 D
食品和饮料	45	35	30	60
衣着	55	65	70	40

步骤 1:计算居民个人消费支出总类拉氏 PPP 指数

首先将基准国定为 A,则 B 国相对于 A 国的居民个人消费支出总类拉氏 PPP 指数计算过程如下:

$$P_{(B/A)}^{Laspeyres}=\sum_{j=1}^{n}[P_{(B/A)_j}w_{Aj}]=0.976\times45\%+1.891\times55\%=1.479$$

$$P_{(C/A)}^{Laspeyres}=\sum_{j=1}^{n}[P_{(C/A)_j}w_{Aj}]=1.054\times45\%+0.889\times55\%=0.963$$

$$P_{(D/A)}^{Laspeyres}=\sum_{j=1}^{n}[P_{(D/A)_j}w_{Aj}]=1.072\times45\%+1.234\times55\%=1.161$$

鉴于需同等对待各国,之后分别计算以国家 B、C、D 为基准的居民个人消费支出总类拉氏 PPP 指数,最终结果如表 4-24 所示。

表 4-24　居民个人消费支出总类拉氏 PPP 指数表

居民个人消费支出总类拉氏 PPP	国家 A	国家 B	国家 C	国家 D
国家 A	1	1.479	0.963	1.161
国家 B	1.416	1	1.108	1.228
国家 C	0.654	1.440	1	0.787
国家 D	1.048	0.917	1.305	1

步骤 2:计算居民个人消费支出总类帕氏 PPP 指数

首先将基准国定为 A,则 B 国相对于 A 国的居民个人消费支出总类帕氏 PPP 指数计算过程如下:

$$P_{(B/A)}^{Paasche}=\frac{1}{\sum_{j=1}^{n}[P_{(A/B)_j}w_{Bj}]}=\frac{1}{1.025\times35\%+1.627\times65\%}=0.706$$

$$P_{(C/A)}^{Paasche}=\frac{1}{\sum_{j=1}^{n}[P_{(A/C)_j}w_{Cj}]}=\frac{1}{0.948\times30\%+0.528\times70\%}=1.529$$

$$P_{(D/A)}^{Paasche}=\frac{1}{\sum_{j=1}^{n}[P_{(A/D)_j}w_{Dj}]}=\frac{1}{0.933\times60\%+1.221\times40\%}=0.954$$

鉴于需同等对待各国,之后分别计算以国家 B、C、D 为基准的居民个人消费支出总类帕氏 PPP 指数,最终结果如表 4-25 所示。

表 4-25 居民个人消费支出总类帕氏 PPP 指数表

居民个人消费支出总类帕氏 PPP	国家 A	国家 B	国家 C	国家 D
国家 A	1	0.706	1.529	0.954
国家 B	0.676	1	0.694	1.091
国家 C	1.038	0.902	1	0.766
国家 D	0.861	0.815	1.270	1

步骤 3:计算居民个人消费支出总类费雪 PPP 指数

将步骤 1 和步骤 2 计算得到的居民个人消费支出总类拉氏 PPP 指数和居民个人消费支出总类帕氏 PPP 指数进行几何平均运算,得到居民个人消费支出总类费雪 PPP 指数,如表 4-26 所示。

表 4-26 居民个人消费支出总类费雪 PPP 指数表

居民个人消费支出总类费雪 PPP	国家 A	国家 B	国家 C	国家 D
国家 A	1	1.022	1.214	1.053
国家 B	0.979	1	0.877	1.157
国家 C	0.824	1.140	1	0.777
国家 D	0.950	0.864	1.288	1

步骤 4:通过 GEKS 法基本公式计算居民个人消费支出总类汇总 PPP

首先以 A 国为基准国,计算各国相对 A 国的居民个人消费支出总类汇总 PPP,步骤如下:

$$PPP_{AB}^{GEKS} = (Fisher_{AA}Fisher_{AB}Fisher_{AC}Fisher_{AD}Fisher_{AB}Fisher_{BB} Fisher_{CB}Fisher_{DB})^{\frac{1}{4}} = 1.071$$

$$PPP_{AC}^{GEKS} = (Fisher_{AA} Fisher_{AB} Fisher_{AC} Fisher_{AD} Fisher_{AC} Fisher_{BC} Fisher_{CC} Fisher_{DC})^{\frac{1}{4}} = 1.157$$

$$PPP_{AD}^{GEKS} = (Fisher_{AA} Fisher_{AB} Fisher_{AC} Fisher_{AD} Fisher_{AD} Fisher_{BD} Fisher_{CD} Fisher_{DD})^{\frac{1}{4}} = 1.054$$

按照 GEKS 法基本公式(4-3),分别计算各国相对于国家 B、C、D 居民个人消费支出总类汇总 PPP,结果如表 4-27 所示。

表 4-27　居民个人消费支出总类汇总 PPP 指数表

居民个人消费支出总类汇总 PPP	国家 A	国家 B	国家 C	国家 D
国家 A	1	1.071	1.157	1.054
国家 B	0.934	1	1.080	0.985
国家 C	0.865	0.926	1	0.911
国家 D	0.949	1.016	1.097	1

和居民个人消费支出总类汇总 PPP 的计算一致,可计算得到政府个人消费支出总类汇总 PPP,结果如表 4-28 所示。

表 4-28　政府个人消费支出总类汇总 PPP 指数表

政府个人消费支出总类汇总 PPP	国家 A	国家 B	国家 C	国家 D
国家 A	1	0.891	1.889	1.544
国家 B	0.987	1	1.234	1.317
国家 C	1.338	1.343	1	1.689
国家 D	1.212	0.832	0.788	1

5. GDP 层级汇总 PPP 的计算

根据上文计算得到的居民个人消费支出总类汇总 PPP 指数、政府个人消费支出总类汇总 PPP 指数,结合居民个人消费支出、政府个人消费支出两个大类在各国的支出份额数据(如表 4-29),再次使用 GEKS 法汇总 PPP 计算的方法,可得到居民个人消费支出总类 PPP 的数值,计算步骤如下。

表 4-29 居民个人消费支出和政府个人消费支出份额表 (单位:%)

主要总量	国家 A	国家 B	国家 C	国家 D
居民个人消费支出	70	65	80	85
政府个人消费支出	30	35	20	15

步骤 1:计算 GDP 层级拉氏 PPP 指数

将基准国定为 A,则 B 国相对于 A 国的 GDP 层级拉氏 PPP 指数计算过程如下:

$$P_{(B/A)}^{Laspeyres} = \sum_{j=1}^{n}\left[P_{(B/A)_j} w_{Aj}\right] = 0.976 \times 70\% + 0.891 \times 30\% = 0.950$$

$$P_{(C/A)}^{Laspeyres} = \sum_{j=1}^{n}\left[P_{(C/A)_j} w_{Aj}\right] = 1.054 \times 70\% + 1.889 \times 30\% = 1.305$$

$$P_{(D/A)}^{Laspeyres} = \sum_{j=1}^{n}\left[P_{(D/A)_j} w_{Aj}\right] = 1.072 \times 70\% + 1.544 \times 30\% = 1.214$$

鉴于需平等对待各国,之后分别计算以国家 B、C、D 为基准的 GDP 层级拉氏 PPP 指数,最终结果如表 4-30 所示。

表 4-30 GDP 层级拉氏 PPP 指数表

GDP 层级拉氏 PPP	国家 A	国家 B	国家 C	国家 D
国家 A	1	0.950	1.305	1.214
国家 B	1.012	1	1.134	1.175
国家 C	1.026	1.009	1	1.151
国家 D	0.975	0.898	0.954	1

步骤 2:计算 GDP 层级帕氏 PPP 指数

首先将基准国定为 A,则 B 国相对于 A 国的 GDP 层级帕氏 PPP 指数计算过程如下:

$$P^{Paasche}_{(B/A)} = \frac{1}{\sum_{j=1}^{n}[P_{(A/B)_j} w_{Bj}]} = \frac{1}{1.025 \times 65\% + 0.987 \times 35\%} = 0.988$$

$$P^{Paasche}_{(C/A)} = \frac{1}{\sum_{j=1}^{n}[P_{(A/C)_j} w_{Cj}]} = \frac{1}{0.948 \times 80\% + 1.338 \times 20\%} = 0.974$$

$$P^{Paasche}_{(D/A)} = \frac{1}{\sum_{j=1}^{n}[P_{(A/D)_j} w_{Dj}]} = \frac{1}{0.933 \times 85\% + 1.212 \times 15\%} = 1.026$$

鉴于需平等对待各国,之后按照帕氏指数计算原则,分别计算以国家B、C、D为基准的GDP层级帕氏PPP指数,结果如表4-31所示。

表4-31　GDP层级帕氏PPP指数表

GDP层级帕氏PPP	国家A	国家B	国家C	国家D
国家A	1	0.988	0.974	1.026
国家B	1.052	1	0.991	1.113
国家C	0.766	0.882	1	1.048
国家D	0.824	0.851	0.869	1

步骤3:计算GDP层级费雪PPP指数

将步骤1和步骤2计算得到的GDP层级拉氏PPP指数和GDP层级帕氏PPP指数进行几何平均运算,得到GDP层级费雪PPP指数,如表4-32所示。

表4-32　GDP层级费雪PPP指数表

GDP层级费雪PPP	国家A	国家B	国家C	国家D
国家A	1	0.969	1.127	1.116
国家B	1.032	1	1.060	1.144
国家C	0.887	0.943	1	1.098
国家D	0.896	0.874	0.910	1

步骤 4:通过 GEKS 法基本公式计算 GDP 层级汇总 PPP

首先以 A 国为基准国,计算各国相对 A 国的居民个人消费支出总类汇总 PPP,步骤如下:

$$PPP_{AB}^{GEKS}=(Fisher_{AA}Fisher_{AB}Fisher_{AC}Fisher_{AD}Fisher_{AB}Fisher_{BB}Fisher_{CB}Fisher_{DB})^{\frac{1}{4}}=0.993$$

$$PPP_{AC}^{GEKS}=(Fisher_{AA}Fisher_{AB}Fisher_{AC}Fisher_{AD}Fisher_{AC}Fisher_{BC}Fisher_{CC}Fisher_{DC})^{\frac{1}{4}}=1.073$$

$$PPP_{AD}^{GEKS}=(Fisher_{AA}Fisher_{AB}Fisher_{AC}Fisher_{AD}Fisher_{AD}Fisher_{BD}Fisher_{CD}Fisher_{DD})^{\frac{1}{4}}=1.143$$

按照 GEKS 法基本公式(4-3),分别计算各国相对于国家 B、C、D 的 GDP 层级汇总 PPP,其结果如表 4-33 所示。

表 4-33 GDP 层级汇总 PPP 指数表

GDP 层级汇总 PPP	国家 A	国家 B	国家 C	国家 D
国家 A	1	0.993	1.073	1.143
国家 B	1.007	1	1.080	1.151
国家 C	0.932	0.926	1	1.065
国家 D	0.875	0.869	0.939	1

至此,所有层级的汇总步骤已计算完毕,GDP 层级汇总 PPP 即服务于经济规模 GDP 比较的最终 PPP。表 4-33 是国家两两之间的 PPP 指数,这是 GEKS 法的理论值。在国际比较实践中,往往只需要设定一个基准国(比如美国),求得其他参与国相对这一基准国的 PPP,例如,实践中若将 A 国设为基准国,则 B 国、C 国、D 国相对于 A 国的购买力平价分别为 0.993、1.073、1.143。假设 A 国、B 国、C 国、D 国以本币表示的 GDP 分别为 200、220、230、240,各国经济规模排序由小到大为 A 国、B 国、C 国、D 国。各国的真实 GDP 将通过各国本币表示的 GDP 除以购买力平价来得到,A 国真实 GDP 为 200 除以 1,值为 200;B 国为 220 除以 0.993,值约为 222;C 国为 230 除以 1.073,值约为 214;D 国为 240 除以 1.143,

值约为 210，各国真实经济规模排序由小到大为 A 国、D 国、C 国、B 国。显然，经过购买力平价调整后的各国真实经济规模的排序发生了变化，实现了各国真实 GDP 的比较。

另外，世界各国真实经济规模的比较不仅仅局限于 GDP 层级真实值的比较，还包括 GDP 以下总类、大类等层级的比较。也可将得到的 PPP 因子用于调整各国收入水平、物价水平、贫困程度等，可参考本书第三部分“世界经济真实规模测度方法的中国试算”部分的内容。

第二节　基尼—艾特托—克维斯—斯祖克*法

基尼—艾特托—克维斯—斯祖克*（简称为 GEKS*）法在 1982 年由 Peter Hill 提出，* 号是产品代表性标记。该方法将产品的代表性信息纳入原始 GEKS 法中，源于当时欧盟在国际比较实践中发现的一个现实问题，即对比两国代表性产品数量不同对比较结果产生较大影响，为了获得无偏 PPP，将产品代表性这一影响因素引入，提出 GEKS* 法，这是该方法的理论优越性的体现。

一、产品代表性与可比性的平衡

用于 ICP 价格数据收集的商品，即产品规格表中的商品，需要同时具备代表性和可比性。代表性商品足够多，才能更接近单个国家的实际经济状况；可比性商品足够多，才能使多个国家具有比较的可能。若 ICP 所选商品未满足代表性与可比性的要求，那么收集的价格数据等就不能客观反映 ICP 各参加国的实际经济状况，就会歪曲国际比较结果，引起经济总量的高估或低估。

（一）代表性与可比性的内涵

1. 产品代表性

《2005 年国际比较项目方法手册》认为：代表性产品是指那些在一国基本类支出下支出额占比较大的产品，常住居民经常购买这些产品，而且这些产品可能在全国范围内广泛存在。直观上看，具有代表性的产品对基本类购买力平价的影响应大于不具有代表性的产品。

显然，产品代表性是对单个国家而言，代表性产品是指在某一类（基本类）支出中所占比重较大的产品（一般以 * 号标记）。如前所述，基本类由一系列性质接近的商品构成，若将这些商品按照在该基本类中支出比重由大到小排列，排在最前面的商品代表性最强，代表性越强的商品，越应该列入产品规格表。实际工作中，无法得到基本类中每一商品的支出额比重，所以无法按照理论定义选择代表性产品。代表性产品的选择往往是由国家相关部门挑选的，当然，为了保证产品的代表性，该挑选过程也需要多方多次反复进行。所以，代表性的好坏很大程度上取决于挑选人员经验的多少。

国际比较实践中发现，以支出比重确定产品代表性不尽合理。有些商品价格较高、消费量或使用量较低时，仍在 GDP 支出中占较大比重，但这类商品并不具有代表性。因此，ICP 研究者转换思路，拟用“重要性”代替代表性，即普遍消费或普遍使用的产品为代表性产品。从理论上讲，重要性思想确实体现了一个国家的消费结构，但实践中有很多产品在重要性判断上出现较多分歧，以至于无法确定产品的重要性。所以，产品对本国的代表性仍值得有针对性地进行研究，或可以依据核心产品列表进行一一排查。

世界银行 ICP 手册（2013）认为，一般情况下，在一国有代表性的产品一般至少具备以下两个特征之一：一是产品支出份额所占比重较大或产品销量较大，二是产品价格较低。具有第一个特征的产品具有代表性，是较有说服力的，但也各自存在弊端，上一段文字已经论述。具有第二个特征的产品具有代表性是考虑到价格低廉的产品往往销量较大的社会现实。第二个特征作为代表性判断依据所存在的问题与第一个类似，在实践中，有时候很难判断价格低的产品就是具有代表性的产品。正因为产品代表性在实践中较难判断，使得 GEKS* 法的使用受到较大限制。

2. 产品可比性

产品可比性是对多个国家而言，是指不同国家收集价格数据的商品的规格性能相同或基本相似。产品可比有两种标准，满足其中之一即可认为具有可比性，一是具有相同的物理特性与经济特性，一般情况下，完全符合这种情况的商品比较少,因为地域、气候、消费习惯等方面的差异,很多经济功能相同的商品,物理特性往往有差异;二是消费者认为没有差异的商品,对于这类商品,不计较专业角度的物理特性与经济特性,只要消费者认为相同,就认为可比。实际上,不管使用哪一种标准,产品可比原则都是相同的:消费者愿意支付的价格相同。

根据经济学理论,影响价格的因素很多。经济波动周期、货币金融政策、政治因素、自然因素等在长时间内产生影响的因素不属于国际比较考察的内容,ICP 侧重产品的重量、包装、体积等物理特性以及品牌等对价格有直接影响的产品特性。虽然产品特性很多,但不是每一特性都会决定产品的价格,对产品价格起决定性作用的特性是,消费者会因为该特性存在与否而支付不同的价格。比如,汽车内是否有空气调节功能会大大影响汽车的价格,另外,汽车排气量的大小、有无加压装置等也会明显影响价格的高低。再比如白糖、食盐等,消费者往往愿意为包装重量大的支付更高的价格。汽车的颜色、白糖和食盐使用的包装袋的风格如果不同,虽然会令消费者产生消费偏好,但一般不会影响其愿意支付的价格。

实际工作中,ICP 用严密的产品特征描述表保证可比性。产品特征描述表是对产品各重要特性作出详细说明的表,是确定 ICP 核心产品列表的重要依据,由世界银行和各区域机构及各国进行反复协调之后确定。

(二)不可单方面强调代表性或可比性

产品的可比性和代表性往往可能出现矛盾的状况,具有代表性的商品不一定有可比性,具有可比性的商品不一定有代表性。在实际工作中,对这两个原则把握和处理的不同,会得出不同的结果。如果强调可比性,忽视代表性,收集商品和服务的价格数据往往偏高;如果强调代表性,忽视可比性,收集商品和服务的价格数据往往偏低。两种结果都会造成购买力平价的偏差,进而会引起 GDP 的高估或低估。

比如,两国进行对比时,有的产品可能是某一国的代表商品,可是另一个国家却没有这种商品,或者说该商品在该国的代表性较差。在科技水平较高的发达国家,常常存在一些对本国来说很重要的高档商品,而在一些欠发达国家常常是一些低档商品更重要。比如,美国的汽车与中国的自行车,对各国的重要程度很相似。所以,ICP 选择代表商品时,就不得不放弃这些单方面重要的商品,而是把发达国家的部分高档商品与欠发达国家的部分低档商品,共同用两国都有的一些中档商品近似代替。这样做的直接结果就是夸大了欠发达国家的经济活动总量,低估了发达国家的经济活动总量。这也是 ICP 对全球国家进行区域划分的原因之一,尽量使经济状况接近、地理位置接近的国家划归同一区域,就可以使产品的代表性与可比性更加平衡,会得到更加客观真实的国际比较结果。

二、GEKS* 法的基本思想与计算步骤

(一)GEKS* 法重视代表性产品的基本思想

GEKS* 法对 GEKS 法做了改进,关键在于引入了产品代表性,在使用该方法时,需要区分代表性产品和非代表性产品,需给代表性产品打上“ * ”号。GEKS* 法的基本思想是:为了同等重视各国具有代表性的产品,为参加比较的每对国家分别计算两个杰文斯(Jevons)指数,一是包含基准国的所有代表性产品,记为 Jevons1;二是包含另一个国家的所有代表性产品,记为 Jevons2。之后,取 Jevons1 和 Jevons2 两个 Jevons 指数的加权几何平均数,即得到双边基本类 PPP。经过 GEKS 法基本公式(4-3)的调整,可获得具有传递性的多边基本类 PPP。

(二)GEKS* 法需使用的数据及计算步骤

1. GEKS* 法需使用的数据

GEKS* 法需使用的数据包括两类:产品价格数据和产品代表性信息数据。若对国家 j 和国家 k 进行比较,需要明确两国比较用的产品清单上每一产品的代表性信息,具有代表性的标记 * 号。GEKS* 法将这些产品识别为两组:一组是在国家 j 具有代表性的商品,包括在 j 国、k 国都有代表性的商品;另一组是在国家 k 具有代表性的商品,包括在 j 国、k 国都有代表性的商品。需注意,有些产品在本国没有代表性,有时也需收集价格数据,以服务于 GEKS* 法。

2. GEKS* 法的计算步骤

现假设所有参加国际比较的国家(或经济体)的总数量用 C 表示,j

国为基准国,k 国为对比国。在国家 j 具有代表性且在国家 k 中进行采价的产品数量用 N_{jk}^{R} 表示,在国家 k 具有代表性且在国家 j 中进行采价的产品数量用 N_{kj}^{R} 表示,在 j 国具有代表性且在 k 国进行采价产品的购买力平价指数用 $PPP_{jk}^{Jevons(j-*)}$ 表示;在 k 国具有代表性且在 j 国进行采价产品的购买力平价指数用 $PPP_{jk}^{Jevons(k-*)}$ 表示; $PPP_{jk}^{Jevons(*)}$ 表示考虑代表性的双边直接购买力平价指数, $PPP_{jk}^{Jevons-GEKS(*)}$ 表示经 GEKS 法基本公式调整的多边基本类购买力平价指数。

(1)计算第一个 Jevons 指数:拉氏 PPP

首先考察在基准国 j 有代表性的产品,根据在 j 国具有代表性且在 k 国进行采价的产品计算第一个 Jevons 指数,即国家 j 和国家 k 的双边拉氏 PPP 指数,计算如公式(4-19)所示。

$$PPP_{jk}^{Jevons(j-*)} = \left[\prod_{i \in N_{jk}^{R}} \frac{p_i^k}{p_i^j}\right]^{\frac{1}{N_{jk}^{R}}} \tag{4-19}$$

(2)计算第二个 Jevons 指数:帕氏 PPP

其次考察在对比国 k 有代表性的产品,根据在 k 国具有代表性且在 j 国进行采价的产品计算第二个 Jevons 指数,即国家 j 和国家 k 的双边帕氏 PPP 指数,计算如公式(4-20)所示。

$$PPP_{jk}^{Jevons(k-*)} = \left[\prod_{i \in N_{kj}^{R}} \frac{p_i^k}{p_i^j}\right]^{\frac{1}{N_{kj}^{R}}} \tag{4-20}$$

(3)计算第三个 Jevons 指数:费雪 PPP

参与比较的各国都应该平等对待,因此需要对侧重 j 国代表性产品的第一个 Jevons 指数与侧重 k 国的第二个 Jevons 指数进行平均,GEKS* 法采用了简单几何平均的方法,得到第三个 Jevons 指数,即考虑了两国代表性的 Jevons 指数形式的双边费雪 PPP 指数,计算如公式(4-21)所示。

$$PPP_{jk}^{Jevons(*)} = \left[PPP_{jk}^{Jevons(j-*)} PPP_{jk}^{Jevons(k-*)}\right]^{\frac{1}{2}} \tag{4-21}$$

(4)用 GEKS 法基本公式调整第三个 Jevons 指数

上文三个 Jevons 指数的计算,显然重视了在一国有代表性且在另一国进行采价的产品,在一国有代表性但在另一国没有进行采价的产品,没有得到同等重视,直接结果是计算第三个 Jevons 指数的产品集存在差异,所以它不具有传递性。GEKS* 法的应对方法是，将 GEKS 法基本公式(4-3)用于第三个 Jevons 指数，即双边费雪 PPP 指数，以取得具有传递性的多边 PPP 值，具体计算如公式(4-22)所示。

$$PPP_{jk}^{Jevons-GEKS(*)} = \left[\prod_{l}^{C} PPP_{jl}^{Jevons(*)} PPP_{lk}^{Jevons(*)} \right]^{\frac{1}{C}} \quad (4-22)$$

理论上讲，拉氏指数一般偏小，帕氏指数一般偏大，由二者几何平均算得的费雪指数值居于二者取值范围之间。原始 GEKS 法直接对费雪 PPP 指数进行几何平均，在两国代表性产品数量相等时，可以取得较好效果。在实践中，两个国家的代表性产品数量往往并不相等，因此原始 GEKS 法得到的结果往往是有偏的。GEKS* 法也受这个问题的困扰，若基准国的代表性商品数目较多，则测算结果偏小；若对比国的代表性商品数目较多，则偏大。显然，GEKS* 法考虑了产品代表性，理论上优于原始 GEKS 法，但也并非无偏 PPP，仍然需要改进。

三、GEKS* 法计算示例

假设有国家 A(基准国)和国家 B(对比国)，在某基本类上每个国家有 8 种产品，产品价格及代表性信息参考如表 4-34 所示。现以 GEKS* 法计算该基本类双边 PPP。

表 4-34　国家 A、B、C 某基本类所含产品价格数据表

(单位：本国货币)

产品	国家 A		国家 B		国家 C	
	代表性产品	非代表性产品	代表性产品	非代表性产品	代表性产品	非代表性产品
1	2			100	24	
2	5			250	20	
3	6		270		30	
4	8		320		40	
5	8		280			32
6		7	210			35
7		16	400			48
8		6	120			—

(一)计算第一个 Jevons 指数:拉氏 PPP

首先考察在 A 基准国有代表性的产品,为编号 1 至编号 5 的产品,这些产品在 B 国也有相应采价。根据这些产品计算第一个 Jevons 指数,即 A、B 两国的双边拉氏 PPP 指数,值为 43.60。

$$PPP_{AB}^{Jevons(A-*)}=\left[\frac{100}{2}\times\frac{250}{5}\times\frac{270}{6}\times\frac{320}{8}\times\frac{280}{8}\right]^{\frac{1}{5}}=43.60$$

(二)计算第二个 Jevons 指数:帕氏 PPP

其次考察在对比国 B 有代表性的产品,为编号 3 至编号 8 的产品,这些产品在 A 国也有相应采价。根据这些产品计算第二个 Jevons 指数,即 A、B 两国的双边帕氏 PPP 指数,值为 31.33。

$$PPP_{AB}^{Jevons(B-*)}=\left[\frac{270}{6}\times\frac{320}{8}\times\frac{280}{8}\times\frac{210}{7}\times\frac{400}{16}\times\frac{120}{6}\right]^{\frac{1}{6}}=31.33$$

(三)计算第三个 Jevons 指数:费雪 PPP

参与比较的各国都应该平等对待,因此需要对侧重 A 国代表性产品的第一个 Jevons 指数与侧重 B 国代表性产品的第二个 Jevons 指数进行简单几何平均,得到第三个 Jevons 指数,即考虑了两国代表性的 Jevons 指数形式的双边费雪 PPP 指数,值为 36.96。

$$PPP_{AB}^{Jevons(*)}=[43.60\times31.33]^{\frac{1}{2}}=36.96$$

重复上述步骤,计算得到 A 国和 C 国、C 国和 B 国的双边费雪 PPP 数值,分别为 5.66 和 7.88。

(四)用 GEKS 法基本公式调整第三个 Jevons 指数

在 C 国加入后 A、B 两国间的 PPP 指数需要通过 A 国和 C 国、C 国和 B 国的双边费雪 PPP 指数,经由 GEKS 法基本公式计算得到,值为 6.68,与 C 国未加入前的指数 36.96 相差较大。从表 4-34 可以看出,在国家 A、B、C 都具有代表性的产品只有两种,即编号为 3 和 4 的产品。受代表性产品数量影响,在保证传递性的同时,发生了信息损失,造成结果的较大差异。

$$\begin{aligned}PPP_{AB}^{Jevons-GEKS(*)}&=[PPP_{AC}^{Jevons(*)}\times PPP_{CB}^{Jevons(*)}]^{\frac{1}{2}}\\&=[5.66\times7.88]^{\frac{1}{2}}=6.68\end{aligned}$$

第三节 基尼—艾特托—克维斯—斯祖克—谢尔盖夫法

谢尔盖夫(Sergeev,2003)发现 GEKS* 法在对待产品代表性时,并没有对在两国都有代表性的产品进行适当重视,认为需要给这些产品更高的权重,提出了基尼—艾特托—克维斯—斯祖克—谢尔盖夫(GEKS-S)法,以得到更加无偏的 PPP 指数。

一、GEKS-S 法下的产品分组与权重再分配

GEKS-S 法更加关注在两国都具有代表性的产品,认为这些产品更适合用于 PPP 指数计算,所以需要将这些产品挑选出来,并进行权重再分配,之后根据权重进行几何加权平均计算。

(一)产品分组

对于进行经济规模比较的国家 j(基准国)和国家 k(对比国),GEKS-S 法需要将产品列表中的产品根据代表性进行分类。因为产品列表是针对所有比较国家拟定的,有可能在产品列表中出现在 j 国和 k 国都没有代表性的产品,在使用 GEKS-S 法计算基本类双边 PPP 时,这些产品不予考虑。除了这些产品,列表上剩余的产品被分为互斥的三组,第一组为在 j 国和 k 国都有代表性的产品;第二组为在 j 国有代表性,但在 k 国没有代表性的产品;第三组为在 k 国有代表性,但在 j 国不具有代表性的产品。

(二)权重再分配

假设 N_{jk}^{**} 表示第一组产品的数量,即在国家 j 和国家 k 都有代表性的产品数量,N_{jk}^{*} 表示第二组产品的数量,即在 j 国有代表性但在 k 国没有代表性的产品数量,N_{kj}^{*} 表示第三组的产品数量,在 k 国有代表性但在 j 国没有代表性的产品数量。所以,在 j 国有代表性的产品的数量为($N_{jk}^{**}+N_{jk}^{*}$),在 k 国有代表性的产品的数量为($N_{jk}^{**}+N_{kj}^{*}$),两国产品的总数量

为$(2N_{jk}^{**}+N_{jk}^{*}+N_{kj}^{*})$。GEKS*法根据代表性产品的数量进行权重分配，第二组和第三组的产品受到代表性较差（与第一组产品相比）的影响，权重为其数量比重的一半，第一组产品的权重则为两国各自剩余数量的和。若第一组的权重用W^{**}表示，第二组产品的权重用W^{j*}表示，第三组产品的权重用W^{k*}表示，则他们的权重分配如公式(4-23)、公式(4-24)和公式(4-25)所示。

$$W^{j*}=0.5\times\left(\frac{N_{jk}^{*}}{N_{jk}^{**}+N_{jk}^{*}}\right) \tag{4-23}$$

$$W^{k*}=0.5\times\left(\frac{N_{kj}^{*}}{N_{jk}^{**}+N_{kj}^{*}}\right) \tag{4-24}$$

$$\begin{aligned}W^{**}&=0.5N_{jk}^{**}\times\left(\frac{1}{N_{jk}^{**}+N_{jk}^{*}}+\frac{1}{N_{jk}^{**}+N_{kj}^{*}}\right)\\&=0.5\times N_{jk}^{**}\times\frac{(2N_{jk}^{**}+N_{jk}^{*}+N_{kj}^{*})}{(N_{jk}^{**}+N_{jk}^{*})(N_{jk}^{**}+N_{kj}^{*})}\end{aligned} \tag{4-25}$$

观察GEKS*法中的权重W^{j*}和W^{k*}，可以发现，只有$N_{jk}^{*}=N_{kj}^{*}$或者$N_{jk}^{**}=0$时，才可以保证$W^{j*}=W^{k*}$。由于以W^{**}为权重的PPP中的产品在基准国和比较国都有代表性，是无偏的；以W^{j*}和W^{k*}为权重的PPP中的产品只在基准国或比较国有代表性，是有偏的。所以GEKS*法的权重分配基本不符合代表性，结果会发生偏离。

谢尔盖夫(2003)对上述权重做了调整，第一组产品的权重为数量比重，及其在两国产品总数中所占的比重，因为在两国都具有代表性，所以分子为第一组产品数量的两倍，参考公式(4-26)，其中DW^{**}代表第一组产品的权重。第二组和第三组产品则被赋予相同的权重，即剩余权重的1/2，如公式(4-27)所示，理论上这种赋权计算出的PPP是无偏的。

$$DW(**)=\frac{2N_{jk}^{**}}{2N_{jk}^{**}+N_{jk}^{*}+N_{kj}^{*}} \tag{4-26}$$

$$DW(j*)=DW(k*)=0.5\times\left(\frac{N_{jk}^{*}+N_{kj}^{*}}{2N_{jk}^{**}+N_{jk}^{*}+N_{kj}^{*}}\right) \tag{4-27}$$

二、GEKS-S 法的计算步骤

GEKS-S 法的计算步骤与 GEKS* 法类似，都需要计算三个 Jevons 指数，只是两者计算依据的产品集不同，最终对 Jevons 指数的加权比重不同。在获得传递性多边 PPP 阶段方法一致。具体计算如下。

（一）在 GEKS-S 法分组条件下 GEKS* 法的计算步骤

1. 计算第一个 Jevons 指数：拉氏 PPP

在 GEKS* 法中，首先考察在基准国 j 有代表性的产品，包括 GEKS-S 法中的第一组和第二组产品，既包括在两国都有代表性的产品，也包括在基准国 j 有代表性但在对比国 k 中无代表性的产品，根据这些产品在两国的价格数据，计算第一个 Jevons 指数，即国家 j 和国家 k 的双边拉氏 PPP 指数，计算如公式（4-28）所示，式中 $i1$ 和 $i2$ 分别代表第一组和第二组产品顺序，其他符号规定同前文。

$$PPP_{jk}^{Jevons(j-*)} = \left[\prod_{i \in N_{jk}^{R}} \frac{p_i^k}{p_i^j}\right]^{\frac{1}{N_{jk}^{R}}} = \left[\prod_{i1 \in N_{jk}^{**}} \frac{P_{i1}^k}{P_{i1}^j} \prod_{i2 \in N_{jk}^{*}} \frac{P_{i2}^k}{P_{i2}^j}\right]^{\frac{1}{N_{jk}^{**}+N_{jk}^{*}}} \tag{4-28}$$

2. 计算第二个 Jevons 指数：帕氏 PPP

其次考察在对比国 k 有代表性的产品，包括第一组和第三组产品，既包括在两国都有代表性的产品，也包括在对比国 k 有代表性但在基准国 j 中无代表性的产品，根据这些产品在两国的价格数据，计算第二个 Jevons 指数，即国家 j 和国家 k 的双边帕氏 PPP 指数，计算如公式 4-29 所示，式中 $i1$ 和 $i3$ 分别代表第一组和第二组产品顺序，其他符号规定同前文。

$$PPP_{jk}^{Jevons(k-*)} = \left[\prod_{i \in N_{kj}^{R}} \frac{p_i^k}{p_i^j}\right]^{\frac{1}{N_{kj}^{R}}} = \left[\prod_{i1 \in N_{jk}^{**}} \frac{P_{i1}^k}{P_{i1}^j} \prod_{i3 \in N_{kj}^{*}} \frac{P_{i3}^k}{P_{i3}^j}\right]^{\frac{1}{N_{jk}^{**}+N_{kj}^{*}}} \tag{4-29}$$

3. 计算第三个 Jevons 指数：费雪 PPP

在 GEKS* 法中，直接对第一个和第二个 Jevons 指数进行简单加权平均来计算第三个 Jevons 指数，可得到考虑了两国代表性的 Jevons 指数形式的双边费雪 PPP 指数。在 GEKS-S 法分组条件下，还需计算针对第一组产品的双边 PPP，如公式（4-30）所示，并被赋予如上文所述的权重。所以，第三个 Jevons 指数，根据第一个和第二个 Jevons 指数及 $PPP_{jk}^{Jevons(**)}$ 进行计算，如公式（4-31）所示。如前所述，GEKS* 法条件下的权重取得结果是有偏的，在 GEKS-S 法分组条件下，并不可取。

$$PPP_{jk}^{Jevons(**)} = \left[\prod_{i1 \in N_{jk}^{**}} \frac{p_{i1}^{k}}{p_{i1}^{j}}\right]^{\frac{1}{N_{jk}^{**}}} \tag{4-30}$$

$$PPP_{jk}^{Jevons(*)} = PPP(**)^{W^{**}} \times PPP(j*)^{W^{j*}} \times PPP(k*)^{W^{k*}} \tag{4-31}$$

（二）在 GEKS-S 法分组条件下 GEKS-S 法的计算步骤

GEKS-S 法也需要计算三个 Jevons 指数，分别对应第二、三、一组产品。假设用 $PPP_{jk}^{Jevons(j-*)}$ 代表根据第二组产品计算的 PPP，即只在 j 国有代表性商品的双边 PPP。用 $PPP_{jk}^{Jevons(k-*)}$ 代表根据第三组产品计算的 PPP，即只在 k 国有代表性商品的双边 PPP，用 $PPP_{jk}^{Jevons(**)}$ 代表根据第一组产品计算的 PPP，即在国家 j 和国家 k 都有代表性商品的双边 PPP。用 $PPP_{jk}^{Jevons-S}$ 代表对根据三组产品计算的三个 PPP 值进行加权几何平均后的双边 PPP。多个双边 PPP 经由 GEKS 法基本公式（4-3）调整后，即可得到用 $PPP_{jk}^{Jevons-GEKS(S)}$ 代表的具有可传递性的 GEKS-S 法多边 PPP 指数。

1. 计算第二组产品的 Jevons 指数

对于只在基准国 j 中有代表性但在 k 国不具有代表性的产品，即第二组产品，根据其基础价格数据计算第一个双边 Jevons 指数，如公式（4-32）所示。

$$PPP_{jk}^{Jevons(j-*)} = \left[\prod_{i \in N_{jk}^{*}} \frac{p_{i}^{k}}{p_{i}^{j}}\right]^{\frac{1}{N_{jk}^{*}}} \tag{4-32}$$

2. 计算第三组产品的 Jevons 指数

对于只在 k 国有代表性但在基准国 j 中不具有代表性的产品，即第三组产品，根据其基础价格数据计算第二个双边 Jevons 指数，如公式（4-33）所示。

$$PPP_{jk}^{Jevons(k-*)} = \left[\prod_{i \in N_{kj}^{*}} \frac{p_i^k}{p_i^j}\right]^{\frac{1}{N_{kj}^{*}}} \tag{4-33}$$

3. 计算第一组产品的 Jevons 指数

对于在两国都具有代表性的产品,即第一组产品,根据其基础价格数据计算第三个双边 Jevons 指数,如公式(4-34)所示。

$$PPP_{jk}^{Jevons(**)} = \left[\prod_{i \in N_{kj}^{**}} \frac{p_i^k}{p_i^j}\right]^{\frac{1}{N_{jk}^{**}}} \tag{4-34}$$

4. 计算无偏双边 PPP 指数

按照等代表性原则对上面三种类型的 Jevons 指数加权,计算无偏双边 Jevons 指数,如公式(4-35)所示。

$$PPP_{jk}^{Jevons-S} = [PPP_{jk}^{Jevons(**)}]^{DW(**)}\ [PPP_{jk}^{Jevons(j-*)}]^{DW(j*)}\ [PPP_{jk}^{Jevons(k-*)}]^{DW(k*)} \tag{4-35}$$

5. 计算多边 PPP 指数

利用 GEKS 法基本公式计算多边 PPP 指数,实现可传递性,如公式(4-36)所示。

$$PPP_{jk}^{Jevons-GEKS(s)} = \prod_{l=1}^{C} [PPP_{jl}^{Jevons-S} PPP_{lk}^{Jevons-S}]^{\frac{1}{C}} \tag{4-36}$$

三、GEKS-S 法的计算示例

这里仍然使用第四章第二节数字示例的原始数据,以计算 A、B 两国的 PPP 为例进行说明。根据 GEKS-S 法的分组原则,第一组产品为在两国都有代表性的产品,即编号为 3、4、5 的产品,数量为 3;第二组产品为在基准国 A 中有代表性但在 B 国不具有代表性的产品,即编号为 1、2 的产品,数量为 2;第三组产品为在 B 国有代表性但在基准国 A 中不具有代表性的产品,即编号为 6、7、8 的产品,数量为 3。所以第一组的权重可根据公式(4-26)算得,为 2×3/(2×3+2+3)= 6/11,第二组和第三组的权重可根据公式(4-27)算得,为(2+3)/(2×3+2+3)的一半,即 2.5/11。GEKS-S 法下 PPP 的计算步骤如下。

（一）计算第二组产品的 Jevons 指数

对于只在基准国 A 中有代表性但在 B 国不具有代表性的产品，即第二组产品，根据其基础价格数据计算第一个双边 Jevons 指数，数值为 50。

$$PPP_{AB}^{Jevons(A-*)}=\left[\frac{100}{2}\times\frac{250}{5}\right]^{\frac{1}{2}}=50$$

（二）计算第三组产品的 Jevons 指数

对于只在 B 国有代表性但在基准国 A 中不具有代表性的产品，即第三组产品，根据其基础价格数据计算第二个双边 Jevons 指数，数值为 24.66。

$$PPP_{AB}^{Jevons(B-*)}=\left[\frac{210}{7}\times\frac{400}{16}\times\frac{120}{6}\right]^{\frac{1}{3}}=24.66$$

（三）计算第一组产品的 Jevons 指数

对于在两国都具有代表性的产品，即第一组产品，根据其基础价格数据计算第三个双边 Jevons 指数，数值为 39.79。

$$PPP_{AB}^{Jevons(**)}=\left[\frac{270}{6}\times\frac{320}{8}\times\frac{280}{8}\right]^{\frac{1}{3}}=39.79$$

（四）计算无偏双边 PPP 指数

按照等代表性原则对上面三种类型的 Jevons 指数加权，计算无偏双边 Jevons 指数，数值为 37.59。

$$PPP_{jk}^{Jevons-S}=[PPP_{AB}^{Jevons(**)}]^{\frac{6}{11}}[PPP_{AB}^{Jevons(A-*)}]^{\frac{2.5}{11}}[PPP_{AB}^{Jevons(B-*)}]^{\frac{2.5}{11}}$$
$$=37.59$$

（五）计算多边 PPP 指数

将 C 国考虑在内，重复上述步骤可以得到 $PPP_{AC}^{Jevons-S}$ 和 $PPP_{CB}^{Jevons-S}$ 的数值为 5.64 和 7.82。利用 GEKS 法基本公式多边 PPP 为 $PPP_{AB}^{Jevons-GEKS(s)}=[PPP_{AC}^{Jevons-S}\cdot PPP_{CB}^{Jevons-S}]^{\frac{1}{2}}=6.64$。

第四节　基尼—艾特托—克维斯—斯祖克法综合评价

GEKS 法作为世界银行官方使用的经济规模测度方法，因其可实现传递性的良好特性，关注度极高。原始 GEKS 法、GEKS* 法和 GEKS-S 法三个版本，三类方法对产品集的要求、使用优势各有不同。实践中因统计能力差异、国情差异等多方面原因，三类方法的使用并未因理论上更优而使用范围更大。目前，世界银行将 GEKS 法用于汇总 PPP 的计算，欧盟将 GEKS* 法和 GEKS-S 法用于基本类 PPP 的计算。

一、原始 GEKS 法的优劣势分析

原始 GEKS 法最突出的优势是能实现传递性、计算方便，劣势在于受数据是否完整的影响较大。在实践中，GEKS 法用于基本类 PPP 计算时，受制于数据缺失，很难取得较有说服力的结果，限制了其在该层面的使用；GEKS 法用于汇总 PPP 计算更有优势。

（一）原始 GEKS 法最突出的优势是能实现传递性、计算方便

GEKS 法的最突出的理论优势在于实现指标的传递性，对于世界经济规模测度来说，这是非常受欢迎的。任何两个国家的 PPP 指数，可以经由其他国家传递获得，不仅可用于数据验证，也可用于非直接对比国之间的推导，实现世界任何两国经济规模的比较。可参考第四章第一节的分析。

在实践中，GEKS 法的优势还包括计算简便易行。只要取得代表性产品的平均价格数据，对这些数据取几何平均就可得到基本类购买力平价。如果有基本类 PPP 和相应支出份额数据，就可以实现 PPP 汇总计算。这是 GEKS 法比较受欢迎的重要原因。

（二）原始 GEKS 法的劣势分析

原始 GEKS 法可以用于基本类 PPP 和汇总 PPP 的计算，其劣势主要体现在对数据要求较高，必须有完整数据集，否则会损失大量数据信息。在计算基本类 PPP 时，某国某产品价格数据缺失，则其他国家收集的该产品价格数据不能再纳入计算，造成人财物的浪费和信息损失。在实践中，各国国情差异较大，经常出现各国数据不匹配、不完整的情况，使用 GEKS 法计算基本类 PPP 会损失大量数据信息，因此，在基本类 PPP 计算中，GEKS 法并不十分受欢迎。能够较好应对数据缺失的 CPD 方法更

受欢迎。

GEKS 法更适合汇总 PPP 的计算,它需要基本类 PPP 和基本类支出份额数据。在实践中,后者的获得也有较大的困难性,世界银行推荐了五种方法将 GDP 支出拆分至基本类层级(可参考第三章第一节的内容),各国在实际操作中发现,拆分仍然非常困难。

二、GEKS* 法的优劣势分析

GEKS* 法最大的贡献在于,引入产品代表性,使用代表性产品的数据信息进行计算,更加接近各国实际情况,理论上更优。但其只能用于基本类 PPP 的计算,受制于数据完整性。

(一)GEKS* 法兼顾传递性和产品代表性

GEKS* 法和 GEKS 法相比,二者都保持了实现传递性的理论优势,前者的优越之处主要体现在考虑了产品的代表性。GEKS* 法引入产品代表性这一变量后,剔除了在两国都不具有代表性的产品。从理论上讲,产品代表性增强,更能真实反映两国的经济情况,即 GEKS* 法得到的结果值是基本类 PPP 的无偏估计。

无论 GEKS* 法还是 GEKS 法,如果指数不符合可传递的要求(比如数据缺失、代表性产品数量不一致等情况),都需要使用 GEKS 法基本公式将其转化为可传递 PPP。另外,在不完全直接 PPP 矩阵向完全矩阵转换时,如果数据缺失或不可靠,二者都需要估计相应的 PPP,一般采用间接指数几何平均的形式。

(二)GEKS* 法的劣势分析

GEKS* 法只能用于基本类 PPP 的计算,这与原始 GEKS 法用于基本类 PPP 计算遇到的困难相似。最主要的就是数据完整性在实践中很难实现,除了价格数据可能缺失外,在产品代表性识别上,也存在很多不确定性。代表性的判断指标从 GDP 支出份额比重到销售量或消费量较大到价格较为低廉的变动,或者概念术语由“代表性”向“重要性”转变等,都说明代表性判断困难重重,可参考第四章第一节的内容。

三、GEKS-S 法的优劣势分析

GEKS-S 法最大的贡献在于,引入平等对待两国的思想,即等权重设计,产品更加接近各国实际情况,并同等对待这些产品,理论上更优。但其只能用于基本类 PPP 的计算,受制于数据完整性。

(一)GEKS-S 法兼顾传递性、产品代表性和等权重

GEKS-S 法在 GEKS* 法基础上发展而来,保留了原有的传递性优势和引入产品代表性的优势。在此基础上更强调需要平等地对待进行比较的两个国家,体现在权重分配上。在两个国家都有代表性的产品,即交叉代表性产品,应该赋予较大权重,而只在本国有代表性在另一国没有代表性的产品,应该被同等对待,每个国家这类产品分得的权重为扣除交叉代表性产品权重之后的一半。所以 GEKS-S 法的等权重思想,是平等对待两个国家的技术体现。因此,该方法在数据较为丰富时,非常受欢迎;但数据不充分或存在缺失时,该方法的结果具有较大不稳定性,使用受限。

(二)GEKS-S 法的劣势分析

GEKS-S 法与 GEKS* 法类似,只能用于基本类 PPP 计算,所以二者面临的劣势较为相似,都受制于产品价格数据不完整和产品代表性识别存在困难,不再赘述。

GEKS-S 法理论上优越于 GEKS* 法。但也存在一些问题,主要分为四种情况(产品分组情况同前文):第一种情况:如果第二组、第三组数据都空,只有第一组数据。应该说这是最理想的一种情况,用于比较的产品在两个国家都具有代表性,所以,无论是利用 EKS-S 法还是 EKS* 法,结果值都是无偏的,不存在二者孰优孰劣的问题。

第二种情况:如果第二组或第三组数据是空的,那么如果利用 EKS-S 法,就需要放弃一组数据,只利用第一组数据来计算。如果是这种情况,利用 EKS 法或 EKS* 法计算得到的有偏结果数据,不一定比 EKS-S 法利用相对少的数据得到的无偏估计值差。

第三种情况:如果只有第一组数据是空的,那么可以给第二组和第三组相同的权数。

第四种情况:如果只有第二组或第三组中的一组数据,也就说,两个国家没有有代表性的可比性商品。这时,无论是 GEKS-S 法还是 GEKS* 法,都无法进行 PPP 推导。不过,一般情况下,第四种情况不会发生。另外,虽然 EKS-S 法在理论上优越于 EKS* 法,但实践中,二者的结果非常相似。

第五章　国家产品虚设法理论与改进

国家产品虚设法（Country Product Dummy method，CPD），主要用于基本类 PPP 计算[①]，最大的优势是有效地解决了国家价格数据缺失的问题，不会发生数据信息损失的情况，能够全面使用各国收集到的数据信息。同时该方法也能保证 PPP 结果的基准国不变性、可传递性和无偏性等特征。同时，CPD 法提供估算 PPP 的标准误差和残差估计，便于分析数据质量的潜在问题。CPD 法是世界银行官方使用的基本类 PPP 计算方法。

第一节　原始国家产品虚设法

与 GEKS 法不同，CPD 法不直接运用产品价格比值计算基本类 PPP，而是通过价格数据信息倒推基本类 PPP。它基于国家和产品价格存在紧密内在关系，建立涉及国家和产品价格的线性回归模型，通过回归系数推算基本类 PPP。

一、原始 CPD 法的提出与发展

（一）原始 CPD 法的提出

在国际比较项目中，不论理论准备多充分、调查设计理论上有多完美，在实际数据调查中，绝不会出现各国产品价格都能收集到的理想状态。原因在于世界版图范围内，各国在经济发展、消费习惯、要素禀赋等

① CPD 发展至 CPD-W 法时，除了用于基本类 PPP 计算，也被尝试用于汇总 PPP 的计算，但其科学性尚需更多验证。

很多方面存在显著差异,因此,常常出现数据集不完整的现象。若因为个别国家个别产品价格数据缺失,其他国家都需要丢弃该产品价格数据,显然是极大的资源浪费、信息浪费,极不合理。所以,在多边比较中价格数据不完整的基础上,如何尽量使用所有已收集数据是学者们一直非常关注的问题。

萨默斯(1973)最早提出了 CPD 法,传统意义上不同地区或不同时间的价格水平比较是基于市场篮子的相对价格计算方法得到,没有考虑随机分布和统计推断原理。萨默斯提出,一个国家产品的价格水平应视为以某点为中心的随机分布,因此价格水平应当建立在统计推断的基础上进行估计。萨默斯提出构建的模型应能充分利用已有的所有价格数据,且计算出的价格指数具备基准国不变性、可传递性,且非常适用于有缺失数据的情况。类似于 GEKS 法的传统指数法无法同时满足上述特性。

(二)原始 CPD 法的发展

拉维斯等(1982)建议用 CPD 法计算 ICP 中基本类以下购买力平价。CPD 法也不再仅仅用于填补缺失数据,而是越来越多的作为 Hedonic 回归模型进行应用。迪沃特(Diewert,2002)将 CPD 模型和双边指数体系联系起来,利用 CPD 模型的加权形式推导出许多著名的双边指数公式。格拉姆雷扎等(Gholamreza Hajargasht 等,2010)将最大似然估计和广义矩方法应用到 CPD 模型上,并利用 CPD 模型推导出多种多边指数体系。

库瑟和卡斯伯特(J.R.Cuther 和 M.Cuthbert,1988)将代表性作为新的变量引入 CPD 回归模型,由此产生了 CPRD 法。库瑟和卡斯伯特指出,原始 CPD 法隐含一个基本假设:价格水平仅由商品效应和国家效应即可推出。但很多时候这个假设是不合理的,代表性会对产品价格产生重要影响,而在原始 CPD 中没有用到数量信息或者商品的代表性信息,故应在 CPD 回归方程中增加一个反映产品代表性的新变量。这样,价格取决于三个因素的联合效应:国家、地区和代表性。但是要注意一些极端的情况,比如 A 国所有商品都是非代表性的,而其他国家所有商品都是代表性的,那么代表性变量的系数和国家变量的系数就会混淆。

普若萨达(Prasada,2004)给不同产品的价格观测赋予相应的权数,提出了加权 CPD 法(即 CPD-W 法)。之前讨论的 CPD 法中所有的观察值都具有相同的重要性,在许多实际情况中,使用权重可以改进模型,得到更有效的估计。在最小二乘估计中,对给定的国家和商品的每一项观测值都赋予给定的权重。这里主要的问题在于权重的选择。普若萨达建议选择的权重应该能反映不同平均价格的可靠性或者通过支出份额衡量的产品重要性。迪沃特(2004)先假设每个国家都能够收集基本类所包含产品在参考期内每笔交易的价格和数量信息,那么就可以利用这些信息进行加权最小二乘回归,得到"目标理想指数"。然而,基本类以下的完整支出权重信息是不可得的,因此,迪沃特提出事先根据大概的信息将每个商品价格设为有代表性的或无代表性的,然后进行加权最小二乘回归,这种方法又称为"近似加权 CPD 法"。迪沃特(2005)建议按"经济重要性"来加权价格。

近年来,越来越多的研究将 CPD 法应用到基本类以上购买力平价的汇总。一直以来,CPD 法从未在基本类以上的汇总中应用的原因在于它仅适用价格数据,而不适用任何数量或权重数据。然而,普若萨达(2001)提出 CPD 法可以应用到基本类以上的汇总,将数量或权重数据应用到 CPD 法中,通过最小化加权残差平方和实现,每一个价格都根据国家的商品支出份额加权。迪沃特(2004)同样提出用支出份额作为合理的权重,从而反映每个国家每个价格的相对经济重要性。普若萨达(2004、2005)也有相似的论断。

国内学者有诸多我国地区间价格水平差异的研究。余芳东(2011)利用 CPD 法和 GEKS 法,测算了地区间价格水平差异指数,并与收入水平差异和消费者价格指数进行对比。江小涓、李辉(2005)用价格差异修正地区间实际收入差异,发现人均名义收入水平高的地区,价格水平一般也较高。关于 CPD 法的研究,余芳东(2007、2015)、王磊(2012)和王岩(2015)介绍了 ICP 中多种多边比较方法,对 CPD 法及其改进模型进行了简要介绍。范超(2016)对 CPD 法发展过程进行梳理,总结了 CPD 法及其扩展模型,评价了该方法的优缺点及研究方向。肖若石(2015)通过 CPD 法测算了 1990—2013 年我国各省农村购买力指数的基尼系数与标准差。

二、原始 CPD 法的基本原理与模型

（一）原始 CPD 法的基本原理

CPD 法的思路是：利用国家和产品的数据信息，通过多元回归方法计算所有国家基本类 PPP。基本假设为：一个基本类中某种产品的价格比主要由该基本类综合价格比（即基本类购买力平价指数）决定，此外还受到一些次要因素的影响，使其实际取值围绕基本类购买力平价指数波动，这些次要因素则通过随机误差项加以综合。

萨默斯提出，在基本类内，两个国家关于同一产品的价格比率一般围绕两国基本类内所有产品的相对价格水平上下波动，有公式（5-1）成立。其中，$\frac{p_{\alpha i}}{p_{\alpha j}}$ 表示国家 i 和国家 j 第 α 个产品的价格比率，$\frac{P_i^*}{P_j^*}$ 表示国家 i 和国家 j 在该类别的相关价格水平，w_α^{ij} 为服从参数为 0 和 σ^2 的对数正态分布的随机扰动项，值得注意的是方差 σ^2 既没有上角标也没有下角标，这是个很严格的假设。该假设有两层含义：其一，这意味着对所有成对的国家价格比率的方差都是一样的，虽然这个假设在实践中很难满足，但该假设不成立时估计值仍是无偏的。其二，当 $\alpha \neq \alpha'$ 时，w_α^{ij} 与 $w_{\alpha'}^{ij}$ 是独立的。这意味着抽样时必须遵循随机抽样的原则。

$$\frac{p_{\alpha i}}{p_{\alpha j}} = \frac{P_i^*}{P_j^*} w_\alpha^{ij} \tag{5-1}$$

当 w_α^{ij} 服从对数正态分布时，对上式做等价变形，通过极大似然估计可以计算出购买力平价。萨默斯提出 CPD 法的首要目的在于填补缺失数据，CPD 模型通过利用不同地区和不同商品或服务之间的内在价格关系估计参数后得到价格的拟合值来填补缺失的价格数据。用 CPD 法填补所有的缺失数据后再次使用 CPD 法计算购买力平价，与价格缺失时得到的计算结果是相同的。

CPD 法具有基准国不变性、可传递性等优良性质，克服了用指数法计算 PPP 时缺失数据无法计算的问题。另外，在价格表完整的情况下，CPD 法得到的结果等同于几何平均值的结果。

（二）原始CPD法的基本模型

1. CPD模型的推导

令 p_{ij} 表示国家 j 商品 i 的价格（$i=1,2,\cdots,N;j=1,2,\cdots,C$），CPD法的基本模型可以表示为公式(5-2)，式中 PPP_j 是 j 国的购买力平价；p_i 为 i 商品的国际平均价格；u_{ij} 为独立同分布的随机扰动项。在本节中，假设干扰项服从对数正态分布，即 $\ln(u_{ij})$ 服从均值为0、方差为常数 σ^2 的正态分布。CPD法反映的是某个商品在所有国家之间的单一平均价格，且用 PPP_j 代表每个国家的单一价格水平测度。

$$p_{ij} = PPP_j\, p_i\, u_{ij} \quad i=1,2,\cdots,N;j=1,2,\cdots,C \qquad (5-2)$$

对公式(5-2)等式两端同时取自然对数，则CPD模型可以表示公式(5-3)，式中 v_{ij} 为独立同分布的随机干扰项，服从均值为0、方差为 σ^2 的正态分布。CPD模型中的国家效应测算的是购买力平价，商品效应测算的是国际价格。参数 α_j 可被解释为国家 j 相对于参与比较的其他国家的一般价格水平。换句话说，α_j 可以表示为相对于参照国（假设为国家1）的价格水平。因此 α_j 代表的是国家 j 的购买力平价，表示与参照国一单位货币具有相同购买力的国家 j 的货币数量。

$$\ln p_{ij} = \ln PPP_j + \ln p_i + \ln u_{ij} = \alpha_j + \gamma_i + v_{ij} \qquad (5-3)$$

因此，国家 j 的PPP可以由公式(5-3)计算得出，如公式(5-4)所示。

$$PPP_j = \exp(\hat{\alpha}_j) \qquad (5-4)$$

公式(5-3)之所以被称为国家产品虚拟法，是因为此模型可以改写为回归方程，在方程中所有的解释变量本质上都是虚拟变量（分别为国家虚拟变量与商品虚拟变量），基本模型 $\ln p_{ij}=\alpha_j+\gamma_i+v_{ij}$ 可以写成公式(5-5)，$D_j(j=1,2,\cdots,C)$ 是 j 国家的虚拟变量，当价格观测值来自 j 国家时取值为1，来自其他国家时取值为0；$D_i^*(i=1,2,\cdots,N)$ 分别为 i 商品的虚拟变量，当观测值为 i 商品的价格时取值为1，其他商品的价格取值为0。

$$y_{ij} = \ln p_{ij} = \alpha_1 D_1 + \alpha_2 D_2 + \cdots + \alpha_C D_C + \eta_1 D_1^* + \eta_2 D_2^* + \cdots + \eta_N D_N^* + v_{ij} \qquad (5-5)$$

公式(5-5)也可以写成公式(5-6)的形式,其中 $X=[D_1\ D_2\cdots D_C\ D_1^*\ D_2^*\cdots D_N^*]$,$\beta=[\alpha_1,\alpha_2,\cdots,\alpha_C,\gamma_1,\gamma_2,\cdots,\gamma_N]'$,虚拟变量的值由观测值决定。

$$Y=X\beta+v \tag{5-6}$$

2. CPD 回归模型的变形

从公式(5-5)可以看出,由于多重共线性的存在无法估计所有的参数。因此,需对模型增加一个限制条件以便估计所有的参数。由于 α_j 的指数可以看作 j 国的购买力平价。因此若参照国为国家 1,其购买力平价为 1,也就是 $\alpha_1=0$,可以作为模型的限制条件。则模型变为公式(5-7)。

$$y_{ij}=\ln p_{ij}=\alpha_2 D_2+\cdots+\alpha_C D_C+\eta_1 D_1^*+\eta_2 D_2^*+\cdots+\eta_N D_N^*+v_{ij} \tag{5-7}$$

公式(5-7)与公式(5-5)相比少了第一项 $\alpha_1 D_1$,从而避免了公式(5-5)存在的多重共线性。在方程中共有 $C+N-1$ 个参数,对方程进行普通最小二乘回归,即可得到 α_j 和 η_i 的估计值。公式(5-7)形式表示为公式(5-8),其中 X^* 为矩阵 X 去掉第一列的矩阵,β^* 为 β 去掉第一个元素 α_1 。在随机扰动项为独立同分布的前提下,β^* 的最佳无偏估计量为公式(5-9)。

$$Y=X^*\beta^*+v \tag{5-8}$$

$$\hat{\beta}^*=(X^{*\prime}X^*)^{-1}X^{*\prime}Y \tag{5-9}$$

由于 X^* 中均为取值为 0 或 1 的虚拟变量,根据这个特殊结构,可以得到公式(5-11)的矩阵。其中 E 为给定阶数的单位矩阵,I 为给定阶数的元素全为 1 的矩阵。

$$X^{*\prime}X^*=\begin{bmatrix} N & 0 & \cdots & 0 & 1 & 1 & \cdots & 1 \\ 0 & N & \cdots & 0 & 1 & 1 & \cdots & 1 \\ \cdots & \cdots & \cdots & \cdots & \cdots & \cdots & \cdots & \cdots \\ 0 & 0 & \cdots & N & 1 & 1 & \cdots & 1 \\ 1 & 1 & \cdots & 1 & C & 0 & \cdots & 0 \\ 1 & 1 & \cdots & 1 & 0 & C & \cdots & 0 \\ \cdots & \cdots & \cdots & \cdots & \cdots & \cdots & \cdots & \cdots \\ 1 & 1 & \cdots & 1 & 0 & 0 & \cdots & C \end{bmatrix} \tag{5-10}$$

$$= \begin{bmatrix} N E_{C-1} & I_{C-1\times N} \\ I_{N\times C-1} & C E_N \end{bmatrix} \qquad (5-11)$$

利用分块矩阵的性质，可以对公式（5–11）求逆，得到公式（5–12）。由此可以计算出回归系数的值，如公式（5–13）所示。

$$(X^{*\prime} X^{*})^{-1} = \begin{bmatrix} \frac{1}{N} E_{C-1} + \frac{1}{N} I_{C-1\times C-1} & \frac{1}{NC-(N+C)} I_{C-1\times N} \\ \frac{1}{NC-(N+C)} I_{N\times C-1} & \frac{1}{C} E_N + \frac{C-1}{CN} I_{N\times N} \end{bmatrix} \qquad (5\text{–}12)$$

$$\hat{\alpha}_C = \frac{1}{N}\sum_{n=1}^{N} [\ln p_{ij} - \ln p_{i1}] \qquad (5\text{–}13)$$

根据 CPD 法的原理和基本模型，方程回归系数由 PPP 因子取对数得到，因此经过回推即可得到 PPP 因子，如公式（5–14）所示。显然，由 CPD 模型得到的是各国与基准国之间的 PPP，如果需要推导基准国之外两个国家的 PPP，可以通过传递性特征获得。

$$PPP_{1c} = \exp(\hat{\alpha}_C) = \prod_{n=1}^{N} \left[\frac{p_{ij}}{p_{i1}}\right]^{\frac{1}{N}} \qquad (5\text{–}14)$$

三、原始 CPD 法的计算示例

（一）原始数据

假设有三个国家，分别为 D_1、D_2、D_3，国际比较产品列表中某基本类下包含三种产品，分别 $D_1{}^*$、$D_2{}^*$、$D_3{}^*$，原始数据如表 5–1 所示。

表 5–1　三个国家某基本类的产品价格数据　（单位：本国货币）

	国家 D_1	国家 D_2	国家 D_3
产品 $D_1{}^*$	8	60	5
产品 $D_2{}^*$	5	30	4
产品 $D_3{}^*$	3	20	3

（二）将原始数据转换为 CPD 模型所需数据表

CPD 模型认为产品价格受到该产品全球平均价格的影响，因国家和产品不同而存在差异，所以在模型中国家和产品都是以虚拟变量的形式出现，且为了模型线性化，CPD 法对原始等式进行取对数操作。所以，各国提供的原始价格数据，需要进行转换，才能用于 CPD 模型回归。

首先需要将所有的价格数据转换为列数据，并对这些数据取对数，之后可以作为 CPD 回归模型等号左边的被解释变量。其次针对每个价格数据识别其为哪个国家的哪个产品，以确定国家虚拟变量取值为 1 还是 0、产品虚拟变量取值为 1 还是 0。将所有虚拟变量的值确定后，就完成了数据转换工作。本例中，数据转换完成之后的结果如表 5-2 所示，为了显示价格数据与 CPD 模型被解释变量的关系，将价格原始值也放入了表 5-2 中。

表 5-2　用于 CPD 模型的数据表

Y（本国货币）	lny	D_1	D_2	D_3	D_1^*	D_2^*	D_3^*
8	2.08	1	0	0	1	0	0
5	1.61	1	0	0	0	1	0
3	1.10	1	0	0	0	0	1
60	4.09	0	1	0	1	0	0
30	3.40	0	1	0	0	1	0
20	3.00	0	1	0	0	0	1
5	1.61	0	0	1	1	0	0
4	1.39	0	0	1	0	1	0
3	1.10	0	0	1	0	0	1

（三）计算 CPD 回归模型

根据转换后的数据表，以 ln$y$ 为被解释变量，分别用 D_1、D_2、D_3、D_1^*、D_2^*、D_3^* 表示国家虚拟变量和产品虚拟变量，其中 D_1 为基准地区。进行回归拟合后得到的方程为 $\ln y = 1.90D_2 - 0.23D_3 + 2.04D_1^* + 1.58D_2^* + 1.17D_3^*$。

（四）计算基本类 PPP 指数

根据回归方程，地区虚拟变量 D_2、D_3 的系数为两个地区相对基准地区 PPP 指数的对数。所以 D_1 和 D_2 两个地区的基本类 PPP 数值为 exp(1.90)=6.69，D_1 和 D_3 两个地区的基本类 PPP 数值为 exp(−0.23)=0.79，D_2 和 D_3 两个地区的基本类 PPP 通过传递性获得，即 0.79/6.69=0.12。

第二节　考虑代表性的国家产品虚设法

如同原始 GEKS 法发展至 GEKS* 法类似，产品代表性也逐渐被引入 CPD 法，形成了考虑代表性的国家产品叙述法，即 CPRD 法。该法的优势是在保有 CPD 法基准国不变性、可传递性和无偏性等特征基础上，体现了各国产品的代表性，PPP 结果能更好地反映各国真实情况。

一、CPRD 法的提出与原始模型

（一）CPRD 法的提出

将代表性引入 CPD 模型，最早由吉姆斯和玛格丽特·卡斯伯特（James 和 Margaret Cuthbert，1988）提出，他们认为："传统 CPD 模型未说明代表性/非代表性偏差，但不难看出，如果能够取得产品代表性/非代表性信息，则可以将 CPD 基本模型扩展到包含代表性/非代表性产品引起的价格差异。"

原始 CPD 法隐含一个基本假设：价格水平仅由商品效应和国家效应即可推算出。很多时候这个假设是不合理的，代表性会对产品价格产生重要影响，而在原始 CPD 法中没有用到数量信息或者商品的代表性信息，故应在 CPD 回归方程中增加一个反映代表性的新变量。

如前文所述，产品的代表性有两个重要特征。第一个特征是，如果按照支出份额或产品销售量来决定产品是否有代表性，那么若一个具体产品占有相当大的市场份额或销售量，通常认为该产品是有代表性的。如

果能够获得产品层面的支出数据或销售量数据，那么这种判断方法与代表性的概念是一致的。但是，一般情况下产品层面的支出数据及销售量数据不可得，因此不得不由价格统计人员或者本地专职人员来确定产品代表性。

第二个特征是，代表性产品的价格水平一般低于非代表性产品。通常情况下购买数量较多的产品价格会比较低，可视为代表性的；不具代表性产品的价格相对较高。但值得注意的是，价格较低的产品不一定都是具有代表性的。

在价格收集和汇总过程中如果没有考虑代表性带来的价格差异将会导致有偏的购买力平价。对相同的基本类来说，如果某个国家对其中的代表性产品进行采价，而另一个国家是对非代表性产品进行采价，那么得到的购买力平价不能反映两国实际的价格水平。考虑一个极端的情况，如果国家 A 只对有代表性的产品进行采价，国家 B 只对不具有代表性的产品进行采价，那么这样得出的购买力平价可能会夸大国家 B 的价格水平。因此，价格收集和统计人员应对产品是否具有代表性作出正确客观的判断。

（二）CPRD 法的原始模型

假设有 n 个国家，m 种商品，国家 j 的商品 i 的价格为 p_{ij} 。原始的 CPD 模型如下：

$$\ln p_{ij} = \alpha_j + \beta_i + \varepsilon_{ij} \tag{5-15}$$

其中，α_j 为国家 j 的国家效应参数；β_i 为商品 i 的商品效应参数；ε_{ij} 为服从参数为 0 和 σ^2 的对数正态分布的随机扰动项。上述参数通过不加权的普通回归方程估计得到。估计出参数 α 后，两个国家（如国家 j 和国家 k ）之间的购买力平价可由公式（5-16）得到。

$$PPP_{jk} = \exp(\alpha_j - \alpha_k) \tag{5-16}$$

加入商品代表性信息后的 CPRD 模型为公式（5-17），当国家 j 的商品 i 不具代表性时，$z_{ij} = 1$；当国家 j 的商品 i 具有代表性时，$z_{ij} = 0$。

$$\ln p_{ij} = \alpha_j + \beta_i + \tau z_{ij} + \varepsilon_{ij} \tag{5-17}$$

由此，价格取决于三个因素的联合效应：国家、地区和代表性。需注意一些极端情况，比如A国所有商品都是非代表性的，其他国家所有商品都是代表性的，那么代表性变量的系数和国家变量的系数会失真。

二、CPRD法的基本模型与计算步骤

（一）CPRD法的基本模型

在原始CPD模型的基础上，增加一个反映代表性信息的虚拟变量，每个价格观测值都对应一个代表性虚拟变量 R，引入代表性后的模型如公式(5-18)所示。模型中的系数可以通过最小二乘法来估计。若观测的价格具有代表性，则 $R=0$；如果不具有代表性，则 $R=1$。价格的期望值取决于三个因素的联合效应：地区、产品和代表性。

$$\begin{aligned} y_{ij} &= \ln p_{ij} \\ &= \alpha_1 D_1 + \alpha_2 D_2 + \cdots + \alpha_C D_C + \eta_1 D_1^* + \eta_2 D_2^* + \cdots + \eta_N D_N^* + \delta R + v_{ij} \\ &= \sum_{j=1}^{C} \alpha_j D_j + \sum_{i=1}^{N} \eta_i D_i^* + \delta R + v_{ij} \end{aligned} \tag{5-18}$$

作为原始CPD法的改进模型，CPRD法从增加一个解释变量的角度扩展了CPD模型，CPRD法通过充分利用产品的代表性信息，从而得出更加合理的购买力平价。

（二）CPRD法的计算步骤

CPRD法的计算步骤与CPD法类似，首先需要取得原始数据，包括基本类所含产品的价格和代表性信息；其次将原始数据表格转换为符合CPRD需求的数据表；再次计算回归方程；最后依据回归方程系数，反推各国与基准国之间的基本类PPP。

三、CPRD法的计算示例

（一）原始数据

仍然使用上一节CPD法的原始数据，三个国家为 D_1、D_2、D_3，国际比较产品列表中某基本类下包含 D_1^*、D_2^*、D_3^* 三种产品，原始数据如表5-3所示，其中价格数据标记＊号的为代表性产品。

表 5-3　三个国家某基本类的产品价格数据　（单位:本国货币）

	国家 D_1	国家 D_2	国家 D_3
产品 D_1^*	8 *	60 *	5 *
产品 D_2^*	5 *	30	4 *
产品 D_3^*	3	20 *	3 *

（二）将原始数据转换为 CPRD 模型所需数据表

按照上一节 CPD 模型数据转换的思路，将表 5-3 转换为服从 CPRD 模型建立需要的数据表格，如表 5-4 所示。与表 5-2 相比，多了一列数据，即产品代表性虚拟变量 R 对应的数据。

表 5-4　用于 CPRD 模型的数据表

Y（本国货币）	$\ln y$	D_1	D_2	D_3	D_1^*	D_2^*	D_3^*	R
8	2.08	1	0	0	1	0	0	1
5	1.61	1	0	0	0	1	0	1
3	1.10	1	0	0	0	0	1	0
60	4.09	0	1	0	1	0	0	1
30	3.40	0	1	0	0	1	0	0
20	3.00	0	1	0	0	0	1	1
5	1.61	0	0	1	1	0	0	1
4	1.39	0	0	1	0	1	0	1
3	1.10	0	0	1	0	0	1	1

（三）计算 CPRD 回归模型

转换后的数据表，以 $\ln y$ 为被解释变量，分别用 D_1、D_2、D_3、D_1^*、D_2^*、D_3^*、R 表示国家虚拟变量、产品虚拟变量和代表性虚拟变量，其中 D_1 为基准地区。进行回归拟合后得到的方程为 $\ln y = 1.90D_2 - 0.28D_3 + 1.91D_1^* + 1.5D_2^* + 1.1D_3^* + 0.14R$。

（四）计算基本类 PPP 指数

根据回归方程，地区虚拟变量 D_2、D_3 的系数为两个地区相对基准地区 PPP 指数的对数。所以 D_1 和 D_2 两个地区的基本类 PPP 数值为 exp(1.90)=6.69，D_1 和 D_3 两个地区的基本类 PPP 数值为 exp(−0.28)=0.76，D_2 和 D_3 两个地区的基本类 PPP 通过传递性获得，即 0.76/6.69=0.11。

从本例计算结果来看，CPRD 和 CPD 的结果差异不是十分明显。原因应该是原始数据虚拟设计上的问题。在实践中，地区数往往大大高于产品数，在地区代表性产品差异较大时，结果变化更大。

第三节 考虑权重的国家产品虚设法

考虑权重的国家产品虚设法即 CPRD 法，理论优势是将产品代表性引入 CPD 法，与此类似，CPD-W 法将产品“重要性”作为权重因素引入 CPD 法，其目的与代表性的引入相似，都是为了更加贴近国家真实。区别在于 CPRD 将代表性作为一个解释变量引入 CPD 模型，采用最小二乘回归方法计算结果；而 CPD-W 未改动 CPD 模型，而是在回归计算时，将产品的“重要性”以权重形式引入，使用加权最小二乘的方式进行回归。

一、CPD-W 法的提出与发展

（一）CPD-W 法的提出

普若萨达(2004)认为产品不应该被同等对待，越重要的产品应该越被重视。普若萨达将这种思想引入 CPD 的最小二乘回归方法中，对不同产品的价格数据信息赋予不同的权重，使用加权最小二乘回归方法进行模型计算，普若萨达将这种方法命名为加权 CPD 法(即 CPD-W 法)。所以，CPD-W 法为求 $\sum_{j=1}^{C}\sum_{i=1}^{N} w_{ij}[\ln p_{ij}-\alpha_j-\beta_i]^2$ 的最小值，其中 W_{ij} 为重要性权重，其他参数含义与前文一致。

根据 CPD-W 法得到的估计量 $\hat{\beta}$ 是一个无偏估计量，但其是否有效取决于权重 W 矩阵的性质。一旦 W 矩阵确定，加权最小二乘估计的计算结果即被确定下来。因此，W 矩阵的选择及选择的理由是否有说服力成为关注的焦点。

（二）CPD-W 权重选择的发展

CPD-W 权重的选择先后出现了两种思路，一是单个产品价格的报价次数，二是定价商品的代表性。

1. 利用单个产品价格的报价次数确定权重

确定 W 矩阵的一种思路是单个产品价格的报价次数。在任何一个国家收集国际比较产品价格数据时，每一单个产品一般都会有多个报价。原因是每个国家一般会有多个地区消费同一种产品，为了反映国家的平均水平，往往会收集单个产品多个地区的价格，进行简单平均或加权平均计算，以得到能说明本国情况的单个产品的国家平均价格。

假设国家 c 对产品 n 收集价格时，使用报价的数量等于 K_{nc}（$c = 1, 2, \cdots, C; n = 1, 2, \cdots, N$），用 $\bar{y}_{nc}$ 代表价格报价的对数平均值，公式（5-19）为计算公式。

$$\bar{y}_{nc} = \frac{1}{K_{nc}} \sum_{k=1}^{K_{nc}} \ln p_{nck} \tag{5-19}$$

其中，p_{nck} 代表国家 c 产品 n 的第 k 次报价。鉴于每个产品的报价数量不尽相同，使得不同的价格观测值 $\bar{y}_{nc}$ 有不同的可靠性。假设单个报价都是独立分布的，且方差为 σ^2，则价格报价对数平均值的方差如公式（5-20）所示，显然这个方差值受到报价次数 K_{nc} 的直接影响，次数不同、方差不同。因此，基于 $\bar{y}_{nc}$ 的 CPD 模型具有异方差性，因此对于权重自然而然的选择就是 $w_{nc} = K_{nc}$，由此得到的估计量比普通最小二乘法得到的结果更加有效。

$$Var(\bar{y}_{nc}) = \frac{1}{K_{nc}} \sigma^2 \tag{5-20}$$

2. 利用产品"代表性"确定权重

权重 W 选择的另一种思路是基于产品的"代表性"。在国际经济比较的范畴内，产品价格数据是根据全球范围内统一使用的产品列表中的产品进行收集的，该列表中的产品需要保证其在国家之间的"可比性"，因此,某产品对于某国家来说,有时不具有代表性,或者说该产品在同类产品总销售额中所占份额不大,因此其对本国的代表性并不强。

在原始 CPD 法中,所有价格数据都被视为同等重要,这不能很好地反映实践。所以,改进性质的做法就是对不同的产品确定不同的权重。比如若商品 n 在国家 c 中是有代表性的,则将 W_{nc} 赋值为 2,如果不具有代表性,赋值为 1。这种赋权案暗示了代表性产品的权重为非代表性产品的两倍。隐含的加权矩阵 W 是元素为 2 和 1 的对角矩阵,该矩阵信息结合虚拟变量矩阵和价格观测值矩阵,通过计算可以得到 CPD-W 的结果值。

在权重的选择上,迪沃特(2004)也给出了建议。先假设每个国家都能够收集每笔交易产品的价格和数量信息,那么就可以利用这些信息进行加权最小二乘回归,如此可以得到“目标理想指数”。但实践中,产品层级的完整支出权重信息不可得,因此,迪沃特提出事先根据大概的信息将每个产品价格设为有代表性的或无代表性的,然后进行加权最小二乘回归,这种方法又称为“近似加权 CPD 法”。迪沃特(2005)建议按“经济重要性”计算加权价格。

(三)CPD-W 由计算基本类 PPP 向计算汇总 PPP 的发展

CPD 法出现后的很长一段时间,一直仅仅用于基本类 PPP 的计算,CPD 和 CPRD 皆如此。近年来,有研究开始将 CPD-W 法用于基本类以上的汇总 PPP 的计算,这大大扩大了 CPD 法的使用范围。这类方法的基本思路是通过最小化加权残差平方和实现计算。在基本类 PPP 推算中,CPD-W 假设每一个价格可以根据国家的产品支出份额进行加权,通过加权最小二乘实现结果值推算。在汇总 PPP 的计算中,如果用 w_{ij} 代表国家 j 第 i 个基本类占汇总层面总支出的比重,那么可以通过计算公式(5-21)的最小值实现。

$$\sum_{c=1}^{C}\sum\nolimits_{n=1}^{N} w_{nc}\left(y_{nc}-\alpha_{c}-\gamma_{n}\right)^{2}=\sum_{c=1}^{C}\sum\nolimits_{n=1}^{N} w_{nc}\left(\ln p_{nc}-\alpha_{c}-\gamma_{n}\right)^{2} \tag{5-21}$$

二、CPD-W 法的基本模型

(一)CPD-W 模型的推导

上文中原始 CPD 法和 CPRD 法对每个价格观测值都赋予了相同的权重,体现在使用最小二乘估计时未做加权。CPD-W 法则认为重要产品的价格观测值应该与模型联系更紧密,应该赋予更大的权重,体现在使用最小二乘估计时进行重要性加权,即进行加权残差平方和最小化。根据不同国家每个产品确认为重要产品或非重要产品后,将重要性信息以权重的形式附加给每个价格观测值。

由第五章第一节的内容可知,原始 CPD 法 $\ln p_{ij} = \alpha_j + \gamma_i + v_{ij}$ 的回归模型可以写成公式(5-22),其中, D_j 和D_i^* $(i = 1,2,\cdots,N;j = 1,2,\cdots,C)$ 分别为国家和商品虚拟变量。

$$y_{ij} = \ln p_{ij} = \alpha_1 D_1 + \alpha_2 D_2 + \cdots + \alpha_C D_C + \eta_1 D_1^* + \eta_2 D_2^* + \cdots + \eta_N D_N^* + v_{ij} \tag{5-22}$$

公式(5-22)也能写成公式(5-23), $\beta = [\alpha_1\, \alpha_2 \cdots \alpha_C\, \gamma_1\, \gamma_2 \cdots \gamma_N]'$,虚拟变量的值由第 ij 个观测值决定,参数 β 通过计算 $\sum_{j=1}^{C}\sum_{i=1}^{N}[\ln p_{ij} - \alpha_j - \beta_i]^2$ 或 $[Y - X\beta]'[Y - X\beta]$ 的最小值得到。

$$Y = X\beta + v \tag{5-23}$$

公式(5-23)中的 $X = [D_1\, D_2 \cdots D_C\, D_1^*\, D_2^* \cdots D_N^*]$,表示国家和产品变量。在使用 CPD-W 法时,对国家 j 的产品 i 设定相应权重。假设 w_{ij} 是对 j 国家 i 产品的价格设定的权重,加权 CPD 的思想可以归结为计算 $\sum_{j=1}^{C}\sum_{i=1}^{N} w_{ij}[\ln p_{ij} - \alpha_j - \beta_i]^2$ 或 $[Y - X\beta]'W[Y - X\beta]$ 的最小化问题。其中权重矩阵 W,为对角矩阵且元素都为正值。类似于原始 CPD 法, β 的加权最小二乘估计量可由公式(5-24)得到。

$$\hat{\beta} = (X'WX)^{-1} X'WY \tag{5-24}$$

(二)CPD-W 模型中的权重

公式(5-24)中的权重 w_{ij} ,普若萨达(2004)建议应该反映产品的重要性程度或者价格的可靠性。2011 年为基准年的国际比较中,ICP 的技术咨询小组(Technical Advisory Group,TAG)建议,如果商品是重要的或有代表性的,令 $w_{ij}=3$;如果它是不重要的,则令 $w_{ij}=1$。CPD-W 用于汇总 PPP 的计算时,一般以每个国家每个基本类的支出权重占比为权重 W 进行计算。

国际比较项目中引入了产品重要性的概念,是基于并非所有国家的价格水平或相对支出都相同,所以国际比较产品清单中的产品,在有些国家中非常常见但在其他国家可能很难找到,也可能是找得到但价格可能会很高。迪沃特(2005)提出产品重要性反映的应为"经济重要性"。"重要性"产品通常指在基本类内消费量或支出份额占比较大的产品。原则上价格调查应以加权计算为基础,权重反映产品所占的物量份额,所以产品销售量或总销售占比等指标均可作为重要性指标。

类似代表性存在的问题,在基本类层面计算购买力平价时,衡量重要性的支出份额通常是不可得的。另外,关于权重赋值,ICP 技术咨询小组建议重要产品赋值为 3,非重要产品赋值为 1;普若萨达(2004)提出的赋值方案为重要产品赋值为 2,非重要产品赋值为 1。如何客观赋权重值是 CPD-W 法面临的重要问题。

三、CPD-W 法的计算示例

(一)原始数据

为了比较的需要,本节使用上一节 CPRD 法计算示例的原始数据,三个国家为 D_1、D_2、D_3,国际比较产品列表中某基本类下包含 $D_1{}^*$、$D_2{}^*$、$D_3{}^*$ 三种产品,原始数据如表 5-3 所示,上一节中价格数据标记 * 号的为代表性产品,这里将这些 * 号产品视为重要性产品。

(二)将原始数据转换为 CPD-W 模型所需数据表

由于 CPD-W 是对最小二乘回归技术的调整,回归方程本身与 CPD 和 CPRD 相似。按照 CPD 或 CPRD 模型数据转换的思路,将表 5-3 转换为服从 CPD-W 模型建立需要的数据表格,如表 5-5 所示。与表 5-4 非常相似,仅仅将最后一列数据,由原来的代表性转为重要性,即虚拟变量

I,赋值方式直接采用世界银行国际比较项目采用的标准,重要性产品赋值为 3,非重要性产品赋值为 1。

(三)计算 CPD-W 回归模型

根据转换后的数据表,以 $\ln y$ 为被解释变量,分别用 D_1、D_2、D_3、D_1^*、D_2^*、D_3^* 表示国家虚拟变量、产品虚拟变量,其中 D_1 为基准地区,回归时采用加权最小二乘方法,其中加权回归的权重值为表 5-5 中的重要性变量 I,回归拟合后得到的方程为 $\ln y = 1.90D_2 - 0.25D_3 + 2.05D_1^* + 1.61D_2^* + 1.21D_3^*$。

表 5-5 用于 CPD-W 模型的数据表

Y(本国货币)	lny	D_1	D_2	D_3	D_1^*	D_2^*	D_3^*	I
8	2.08	1	0	0	1	0	0	3
5	1.61	1	0	0	0	1	0	3
3	1.10	1	0	0	0	0	1	1
60	4.09	0	1	0	1	0	0	3
30	3.40	0	1	0	0	1	0	1
20	3.00	0	1	0	0	0	1	3
5	1.61	0	0	1	1	0	0	3
4	1.39	0	0	1	0	1	0	3
3	1.10	0	0	1	0	0	1	3

(四)计算基本类 PPP 指数

根据回归方程,地区虚拟变量 D_2、D_3 的系数为两个地区相对基准地区 D_1 的 PPP 指数的对数。所以 D_1 和 D_2 两个地区的基本类 PPP 数值为 $\exp(1.90) = 6.69$,D_1 和 D_3 两个地区的基本类 PPP 数值为 $\exp(-0.25) = 0.78$,D_2 和 D_3 两个地区的基本类 PPP 通过传递性获得,即 $0.78/6.69 = 0.12$。

从本例计算结果来看,CPD-W 与 CPRD、CPD 的结果差异不是十分明显。原因应该是原始数据虚拟设计上的问题。在实践中,地区数往往大大高于产品数，在地区代表性产品差异较大时，结果变化更大。

第四节　国家产品虚设法综合评价

与 GEKS 法的最大区别，CPD 法不依赖于价格比率进行基本类 PPP 的推导计算，受价格数据缺失的影响较小。作为随机方法，CPD 法可能受到某些国家经济或消费结构的影响，比如数据值较多的国家。

一、CPD 法的优势分析

（一）CPD 法受价格缺失的影响较小

CPD 法解决了价格收集中价格缺失的问题。CPD 法自提出之时其目的就是填补缺失的价格数据。在 ICP 中利用指数法计算购买力平价时一般要求用成对价格来计算价格比率，如果同一种产品在其中一个国家是缺失的，即使其他国家可以提供该产品的价格数据，也无法应用指数法来计算价格指数，从而造成极大的信息浪费。然而 CPD 法不存在这样的缺陷，CPD 法可以尽可能地使用收集到的所有可用价格数据，解决了数据缺失对可比性的困扰。

（二）CPD 法可以评价估计的准确性和可靠性

利用 CPD 模型可以得到 PPP 估计值的标准误差和置信区间，可以估计出 PPP 的准确性和可靠性，便于审核价格数据。CPD 法本质上是一种多元回归模型，可以利用计量经济学中的理论进行标准误差和置信区间的估计。这一点也是 CPD 法相对于传统指数方法的优势，传统指数方法无法度量结果的可靠性程度。

（三）CPD 法具有较强的灵活性

CPD 法灵活，不仅可以在回归方程中加入更多参数，还可以反映不同因素的重要程度。原始 CPD 模型可以看成是国家和产品两个特征因素的特征回归。CPRD 法在原始 CPD 法的基础上又增加了代表性因素。除反映国家属性、产品属性、代表性属性的参数外，还可以加入更多可以解释价格数据的参数。在将 CPD 法应用到国内层面测算购买力平价时，我们可以充分利用每一个价格数据,加入更多参数,从不同角度反映价格数据,如加入城乡差异因素(城市或农村),不仅可以得到更深刻准确的结果,还可以反映更多因素对价格的影响。再如可以加入采价点类型差异因素(如超市、农贸市场等),可以反映不同采价点对价格的影响。

从另一个方面看,CPD-W 法中权重的设置也可以反映不同因素的重要程度。上文中我们介绍了权重可以设置为支出份额占比或者不同价格的可靠性。给不同可靠程度的价格数据赋予同样的权重是不太合理的,若能给更加可靠的价格数据赋予更大的权重,得到的 PPP 结果会更接近实际情况。在实际情况中,可靠性可以用采价笔数或者变异系数的大小进行度量。在产品比价和基本类层面以下的 PPP 汇总时,均可以灵活利用这一点,以得到更可靠的 PPP。

(四)CPD 法的其他优势

作为随机方法,CPD 的包容性和可扩展性更强。由普若萨达(2005),哈加格什特(Hajargasht,2010)等可知,CPD 法通过不同方法的扩展可以获得 GK 法、普若萨达多边系统、伊克尔(Ikle)法等。这也反映了 ICP 中双边和多边比较方法具有互相转化、互相融合的特性。另外,CPD 满足 ICP 中多边指数的良好特性,如传递性、基准国不变性等。

二、CPD 法的劣势分析

(一)CPD 法可能受个别国家经济结构或消费结构的影响

在给定基本类下,价格观测值较多的国家会对得到的参数结果存在较大影响,即存在哥申克隆(Gershenkeon)效应。用 CPD 法测算的购买力平价会偏向价格数据更全面的国家,而这些国家很可能为经济更发达的国家。

(二)CPD 法对基本类内消费结构的假设不总是成立

在用 CPD 法填补缺失数据时,隐藏的假设是:对于在比较的同一基本类中的不同产品,不同国家的价格比率是相近的,缺失的数据不应是对 PPP 结果影响很大的极端值。若参比国家的经济发展水平相近,消费习惯和消费结构相似,这个假设是成立的。然而,各个国家的经济发展水平不同，在 ICP 中许多基本类层面下不同产品的消费结构也有很大差异。由第三章的实证分析可知，若缺失的价格数据为极端值时，对得到的 PPP 结果的影响非常之大。因此，利用 CPD 法填补的缺失数据可能与实际情况下的价格有较大偏差，从而计算出的 PPP 也是有偏的。因此，当存在价格缺失的情况时，应根据参比国家的具体产品的实际情况决定是否应用 CPD 模型来填补缺失数据。

（三）代表性或重要性难以度量

CPRD 法中代表性和 CPD-W 法中重要性难以有一个统一的度量标准。在 ICP 中 CPRD 法使用效果并不好，就是因为代表性概念过于模糊和主观。产品是否具有代表性在实践中很难确定。此外，TAG 建议使用 CPD-W 法时，重要产品和不重要产品的权重为 3∶1。普若萨达（2004）建议如果产品是有代表性的，赋权为 2；如果产品是不具代表性的，赋权为 1。目前各界学者的文献中对 CPD-W 法中应如何权重才能得到比较理想的测算结果尚未得出一致性意见。另外，代表性的概念过于绝对，若产品只分为具有代表性的和不具有代表性的，此种分类方式过于武断，假设产品 A 和产品 B 都是具有代表性的，但代表性程度不同，若不能加以区分，则得到的 PPP 结果不够准确。

在国际比较项目中，没有绝对的“最佳方法”，每一种方法都有一些缺点，而在实践中我们选择哪种方法很大程度上取决于根据比较的目的和比较地区的实际情况，决定哪一个方法的缺点是最容易接受的。在经济比较中对不同的方法要有一定的取舍。

三、一种正在研究中的 SCPD 法

空间国家产品虚拟法（Spatial Country Product Dummy，SCPD）是正在研究中的一种方法，尚未由世界经济规模测度官方使用。SCPD 的最大贡献是突破了 CPD、CPRD、CPD-W 都使用的最小二乘估计的一个假设，即随机扰动项均值为 0，同方差且不相关。经济意义表现为有些国家有些产品的价格与其他国家（比如相邻国家）的这些产品价格存在相关性。

阿顿(Aton,1996)证明了价格空间自相关性的存在,并分析了地理区域内相对价格结构模式的存在。扰动项具有空间自相关性意味着普通最小二乘法不能提供有关参数的最有效估计。普若萨达(2004)指出,原始CPD模型一般假设随机扰动项均值为0,同方差且不相关。在这些假设条件下最小二乘法得到的回归系数为最佳线性无偏估计量。但价格空间自相关性的存在,会使估计出现偏差。假设CPD模型为公式(5-25)。

$$y_{nc} = \ln p_{nc} = \alpha_c + \beta_n + v_{nc} \tag{5-25}$$

对公式(5-25)进行变形得到公式(5-26),可以看出,国家 c 产品 n 的随机扰动项是一个比值的对数,比值的分子是产品 n 的国内价格 p_{nc} 经 PPP_c 转化为统一货币单位后的值,分母是产品 n 的国际平均价格。所以,扰动项是每个国家每种产品相对于国际平均价格水平的变动情况。

$$\begin{aligned} v_{nc} &= y_{nc} - \alpha_c - \beta_n \\ &= \ln p_{nc} - \alpha_c - \beta_n \\ &= \ln\left[\frac{\dfrac{p_{nc}}{PPP_c}}{b_n}\right] \end{aligned} \tag{5-26}$$

如果将假设 v_{nc} 关于所有 c 和 n 都独立同分布,则很可能过于严格。在实践中,产品的国内价格相对于国际平均价格的价格水平可能与邻国的相对价格存在相关性,从而表现出空间自相关关系。阿顿(1996)发现许多产品存在显著的空间自相关性。所以,需要修改CPD回归模型以适应误差项具有空间自相关性的问题,并尝试提出了空间CPD模型。

(一)SCPD理论模型的推导

1. SCPD理论模型的推导

令 $\alpha_1 = 0$,(5-25)可以写成公式(5-27),其中 β 为行向量(α_2, α_3, $\cdots$, α_C, β_1, β_2, $\cdots$, β_n),X_{nc}为产品 n 的国家C虚拟变量,其他符号与前文一致。

$$y_{nc} = x_{nc}\beta + v_{nc} \tag{5-27}$$

将每种产品在C个国家的价格观测值视为一个列向量,则公式(5-27)变为公式(5-28)。其中,y_n为价格列向量,即(y_{11}, y_{12}, $\cdots$, y_{1C})的转置，X_n 为国家虚拟变量，为列向量，即（$x_{n1}, x_{n2}, \cdots, x_{nC}$）的转置；$V_n$ 为扰动项列向量，即（$V_{n1}, V_{n2}, \cdots, V_{nC}$）的转置。

$$y_n = x_n\beta + v_n, n = 1,2,\cdots,N \tag{5-28}$$

假设 v_n 空间自相关结构如公式（5-29）。

$$v_n = \rho_n W v_n + \varepsilon_n ,\text{其中}\varepsilon_n \propto (0,\sigma^2 I_c) \tag{5-29}$$

其中 W 为 $C \times C$ 的空间权重矩阵，ρ_n 为空间相关系数。假设 $(1 - \rho_n W)^{-1}$ 存在，公式（5-28）可转化为公式（5-30）。

$$(1 - \rho_n W) y_n = (1 - \rho_n W) x_{nc}\beta + \varepsilon_n \quad \varepsilon_n \propto (0,\sigma^2 I_c) \tag{5-30}$$

对于所有产品价格来说，公式（5-28）转化为公式（5-31）。

$$y^* = X^*\beta + \varepsilon \tag{5-31}$$

公式（5-31）中的 ε 是独立分布的，可以得到 β 的最佳无偏估计量如公式（5-32）所示。由此可以推导出 SCPD 模型的系数，实现基本类 PPP 的推导。

$$\begin{aligned}\hat{\beta} &= (X^{*\prime} X^*)^{-1} X^{*\prime} y^* \\ &= [\sum\nolimits_{n=1}^{N} x_n{}'(1 - \rho_n W)'(1 - \rho_n W) x_n]^{-1}[\sum_{n=1}^{N} x_n{}' \\ &\quad (1 - \rho_n W)'(1 - \rho_n W) y_n]\end{aligned} \tag{5-32}$$

2. 空间相关系数的推导

关于 ρ_n 的估计，可以使用迭代最小二乘法。可以从 ρ_n 的初始值开始，记作 $\rho_n(0)$，$n = 1,2,\cdots,N$。令

$$\widetilde{\Omega}_n(0) = [I - \rho_n(0) W] \tag{5-33}$$

可以得出未知参数的估计值，如公式（5-34）所示。

$$\widetilde{\beta}(0) = [\sum\nolimits_{n=1}^{N} x_n{}' \widetilde{\Omega}_n(0)' \widetilde{\Omega}_n(0) x_n]^{-1} \sum_{n=1}^{N} x_n{}' \widetilde{\Omega}_n(0)' \widetilde{\Omega}_n(0) y_n \tag{5-34}$$

得出参数估计值后，最小二乘残差如公式（5-35）所示。

$$\hat{v}_n(0) = y_n - x_n \widetilde{\beta}(0) \tag{5-35}$$

利用估计的残差，下一步可以得出 ρ_n 的估计值，如公式（5-36）所示。

以此类推，迭代过程一直持续到收敛。

$$\widetilde{\rho}_n(1)=\frac{\hat{v}_n(0)'\widetilde{\Omega}_n(0)\hat{v}_n(0)}{\hat{v}_n(0)'\widetilde{\Omega}_n'\widetilde{\Omega}_n(0)\hat{v}_n(0)} \tag{5-36}$$

（二）空间相关性检验

在 SCPD 模型的推导中有两个关键问题，一是空间自相关性是否存在，二是空间相关系数的计算。一旦确定存在空间自相关性，计算得到空间相关系数，就可以使用回归方法计算基本类 PPP。

检验空间自相关性最常用的是莫兰（Moran）指数。首先对 CPD 模型进行普通最小二乘估计，得到残差，然后使用残差和指定的空间权重矩阵 W，计算 Moran's I 统计量。原假设为扰动项不存在空间自相关，I 应该是一个已知均值和方差的渐近正态分布。所以，进行正态性检验，符合正态性说明不存在空间自相关，否则存在空间自相关。基于此可以使用正态性检验。

莫兰指数 I 统计量的计算如公式（5－37）所示。其中，$S^2=\frac{\sum_{i=1}^{n}(x_i-\bar{x})^2}{n}$ 为样本方差，w_{ij} 为空间权重矩阵的 (i,j) 元素（用来度量区域 i 与区域 j 之间的距离），$\sum_{i=1}^{n}\sum_{j=1}^{n}w_{ij}$ 为所有空间权重的和。Moran's I 的取值范围为［－1，1］，大于 0 表示区域之间产品价格为正相关，即价格中高值与高值相邻、低值与低值相邻；小于 0 时表示地区之间价格存在空间负相关，即价格中高值与低值相邻。一般来说，正相关比负相关更常见。若 Moran's I 接近 0，表明空间分布是随机的，不存在空间自相关。

$$I=\frac{\sum_{i=1}^{n}\sum_{j=1}^{n}w_{ij}(x_i-\bar{x})(x_j-\bar{x})}{S^2\sum_{i=1}^{n}\sum_{j=1}^{n}w_{ij}} \tag{5-37}$$

（三）空间属性显著时影响因素的识别方法

在检验属性值存在空间属性，并发现其空间集聚规律时，需要进一步识别影响属性值的因素，为下一步空间指数编制提供参考。本书在检验

ICP 产品空间属性后，进一步寻找这些空间属性的影响因素。寻找属性值的影响因素的空间统计模型，基本思想是引入研究对象的空间相互作用，以此来修正基本线性回归模型，根据研究对象之间“空间”表现形式不同，区分为空间滞后模型和空间误差模型，前者适用于毗邻空间影响强度较大的情况，后者适用于空间误差影响较大的情况。就具体指标/属性值而言，需要从中进行选择。比如，后文中 ICP 产品价格因为产品种类差异，需要选择不同的模型进行研究。

1. 空间滞后模型适用于毗邻空间影响强度较大的情况

空间滞后模型（Spatial Lag Model，SLM）适用于研究相邻地区的行为对整个系统其他地区的行为产生影响的情形。SLM 模型的具体表达为公式（5-38）。

$$y = \rho Wy + X\beta + \varepsilon \tag{5-38}$$

式中，y 为因变量；ρ 是空间回归系数；W 是 n 阶空间权重矩阵，即反映各个机构或地区之间相互关系的网络结构矩阵；Wy 为因变量的加权平均，视为空间滞后因变量，反映了空间距离对属性值（比如产品价格）的作用；X 为外生解释变量矩阵，如经济增长、人口等因素；参数 β 反映了自变量 X 对因变量 y 的影响；ε 为随机误差项向量。由于 SLM 模型与时间序列中自回归模型相类似，因此 SLM 也被称作空间自回归模型（Spatial Autoregressive Model，SAM）。

2. 空间误差模型适用于空间误差影响较大的情况

当机构或地区之间的相互关系通过误差项体现，研究对象之间的相互作用因所处的相对位置不同而存在差异时，往往采用空间误差模型（Spatial Error Model，SEM）。SEM 模型的具体表达方式如公式（5-39）所示。

$$y = X\beta + \mu \mu = \lambda W\mu + \varepsilon \tag{5-39}$$

其中，λ 为空间误差自相关系数，$W\mu$ 是空间误差滞后项，空间权重矩阵设定如同空间滞后模型中空间权重的设定。

3. 空间统计模型的选择依据

两种空间统计模型适用情形不同，通过空间自相关诊断进行模型决策。判断方法是，使用软件得出自相关诊断的数据，观察拉格朗日乘数检验统计量即 LM-Error 和 LM-Lag 的数据。当有 LM 检验统计量拒绝了原假设,但其他的没有拒绝,便可以直接得出结论,使用拒绝了原假设的检验统计量相对应的另一个空间回归模型。所以若 LM-Error 拒绝了原假设而 LM-Lag 没有,使用空间误差模型,反之亦然。

当两个 LM 检验统计量都拒绝了原假设,则看两者的 p 值进行判定,p 值小的则更为显著,使用该检验统计量的模型。即观察 LM-Error 和 LM-Lag 的 p 值,若 LM-Error 的小,使用空间误差模型,若 LM-Lag 的小,使用空间滞后模型。

(四)SCPD 的回归模型

在原始 CPD 模型中考虑空间相关性,可以修正原始 CPD 法没有考虑产品价格的空间相关性的缺陷。以产品 i 为例,空间 CPD 模型的矩阵形式如公式(5-40)所示。

$$\ln P_i = \rho W_1 \ln P_i + X_i\beta + \lambda W_1 v_i + \varepsilon_i \tag{5-40}$$

其中, $\ln P_i$ 为产品 i 在各地区的价格观测值的对数向量, W_1 为各地区之间相互关系的 $c \times c$ 空间矩阵(c 为地区数量), ρ 和 λ 分别为空间滞后自回归系数和空间误差自相关系数, X_i 为虚拟变量矩阵, β 为地区参数和产品参数向量, v_i 为随机误差向量, ε_i 为服从独立同分布的随机误差向量。其中: $\ln P_i = [\ln P_1, \ln P_2, \cdots, \ln P_c]'$ 为价格数据的对数向量的转置, $X_i = [X_{i1}, X_{i2}, \cdots, X_{ic}]$,表示方程中的虚拟变量矩阵,每一个元素为 $X_{ii} = [1, DX_{i2}, DX_{i3}, \cdots, DX_{ic}, DX_{2j}, DX_{3j}, \cdots, DX_{nj}]$,其中既包括地区虚拟变量 $[1, DX_{i2}, DX_{i3}, \cdots, DX_{ic}]$,也包括产品虚拟变量 $[DX_{2j}, DX_{3j}, \cdots, DX_{nj}]$ 。经过推导,可以得到 SCPD 模型的系数为 $\beta = [\ln k, \ln \alpha_2, \ln \alpha_3, \cdots, \ln \alpha_c, \ln \beta_2, \ln \beta_3, \cdots, \ln \beta_n]$,扰动项为 $v_i = [v_{i1}, v_{i2}, v_{i3}, \cdots, v_{ic}]'$ 。在考虑所有产品价格观测值后,公式(5-40)转变为公式(5-41)。

$$\ln P = \rho W_2 \ln P_i + X\beta + \lambda W_2 + \varepsilon \tag{5-41}$$

其中, W_2 为以 W_1 为基础的分块对角矩阵。SCPD 模型放松了残差相互独立的假定,在原始 CPD 法的基础上将空间效应考虑在内,大大提高了模型的精确度。但该方法尚存在诸多问题,仍需进一步研究。

第六章　最优路径法的理论与改进

最优路径法最大的优势在于将较为相似的国家进行比较，增加 PPP 结果值的准确性。截至目前，最优路径法分为寻求国家整体路径最短的最小间隔树法和寻求国家两两距离最短的最短距离法。

第一节　总路径最短的最小间隔树法

最小间隔树法又称最佳组合树法（The Minimum Spanning Tree Method，MST），是较早出现的最短路径方法，目的是使参与比较的国家或地区的总路径最优。

一、最小间隔树法的提出

最小间隔树法是澳大利亚学者罗伯特·希尔（Robert Hill）博士在 1993 年处理亚太地区国际比较项目数据时提出的一种购买力平价汇总方法。其基本思路是通过选择和建立"最小间隔树"，使对比国之间帕氏和拉氏指数值之差最小，保证比较结果的偏差也最小。

MST 作为一种专用于计算基本类以上层级的汇总方法，需根据价格数据及 GDP 支出权重计算双边比较结果后，利用相似度（相异度）指标得到衡量国家间的相似度或相异度值，进而筛选对比国家的最优组合，将经济发展水平及价格结构最相近的国家和地区直接进行双边比较，并进一步连接为多边比较。最小间隔树法致力于构造整体最优路径，且由于比较国家之间的各种情况较为相近，使最终双边比较结果的可靠性达到最佳，从而得到较为准确的结果。

二、最小间隔树法的基本原理

（一）间隔树

间隔树作为连通图中包含所有顶点的连通子图，可以将各顶点（国家）连接起来，使得每对顶点间有且仅有一条连通路径，再与第三个顶点相连接，进一步将双边比较连接为多边比较，而连接过程需要借助根据各国产品价格信息所形成的间隔树来完成。求解最小间隔树，就是在一个含有所有结点的连通赋权网络中，在不形成回路的情况下，寻求权数之和最小的树。

在国际比较领域中，每个参与国将被看作一个顶点，假设共有 k 个国家参与比较，则理论上会有 $k(k-1)/2$ 种比较方式，即每两个国家将会产生 $k(k-1)/2$ 个双边比较指数，从而可以构建 k^{k-2} 种不同的间隔树，其中有两个特例，分别是链式组合和星型组合（见图 6-1）。为了保证多边比较的可传递性，间隔树所连接的边不能形成环状，仅可以生成 $k-1$ 条边。而最小间隔树的求解则需要根据具体的算法，即从 $k(k-1)/2$ 条边中选择 $k-1$ 条边，使得整体的权重和最小。

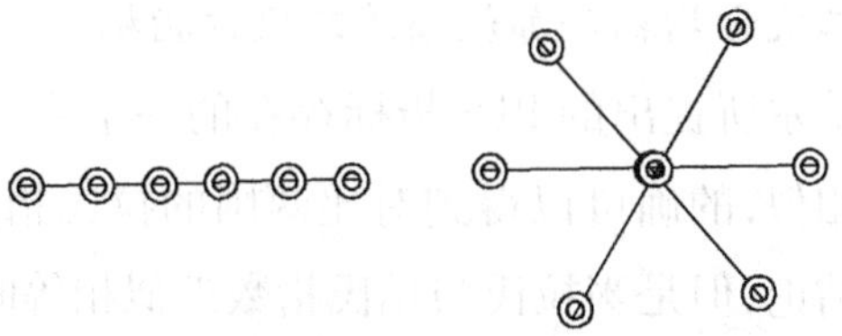

图 6-1　链式组合和星型组合示例

（二）衡量两国相似性的指标

利用最小间隔树法测度国际购买力平价的核心思想是通过筛选对比国家的最佳组合，尽可能地将消费结构、经济发展水平相近的国家进行直接比较，然后根据国家间的相似程度依次比较，连接成多边比较，从而保证对比国之间的同质性，取得更可靠的结果。综上，如何对两国消费结构、经济水平的相似性（相异性）给予准确的度量，即度量对比两国所形成边的权重，成为构建最小间隔树的关键。

鉴于此,该指标的建立已成为多位学者研究的重点,而当前,衡量两国相似度(相异度)指标认可度较高的主要为以下三类。

1. 帕氏拉氏指数之差

帕氏拉氏指数之差(Paasche-Laspeyres Spread,PLS)如公式(6-1)所示,该指标由希尔(Hill)提出,利用帕氏拉氏指数之差衡量两国经济规模、消费结构的相似度。该式中,(p_1,p_2,q_1,q_2) 代表两国的价格和物量水平;P_{jk}^{L} 和 P_{jk}^{P} 分别代表以 j 国为基准的 k 国的拉氏价格指数和帕氏价格指数;Q_{jk}^{L} 和 Q_{jk}^{P} 分别代表以 j 国为基准的 k 国的拉氏物量指数和帕氏物量指数。由于拉氏和帕氏指数分别为"实际值"的上限与下限,若二者差距越小,对应的相似度指标值就会越小,国家间的相似性就越高,形成的双边比较指数的可靠性就会尽可能达到最大。

$$PLS_{jk}(p_1,p_2,q_1,q_2)=\log\left[\frac{\max(P_{jk}^{P},P_{jk}^{L})}{\min(P_{jk}^{P},P_{jk}^{L})}\right]=\log\left[\frac{\max(Q_{jk}^{P},Q_{jk}^{L})}{\min(Q_{jk}^{P},Q_{jk}^{L})}\right] \tag{6-1}$$

另外,该指标所具有的性质为:(1) $PLS_{jj}=0$;(2) $PLS_{jk}=PLS_{kj}$;(3) $PLS_{jk}\geq 0$。

2. 加权对数二次方指标和加权渐进二次方指标

迪沃特认为希尔所提出的 PLS 指标存在的一个主要问题是,当两国的相对价格较为相似,的确可以得到对比两国的拉氏指数与帕氏指数之间的差距很小的结论,但是当拉氏与帕氏指数近似相等时,却不能认为对比两国的价格结构相近,而实际上可能相差甚远,由此该指标不能准确地衡量两国间经济情况的相近程度。

鉴于此,迪沃特于 2009 年提出加权对数二次方指标 ΔWLQ (the weighted log quadratic)[如公式(6-2)]和加权渐进二次方指标 ΔWAQ (the weighted asymptotically quadratic)[如公式(6-3)],并推荐用该指标对国家间的相似性或相异性进行度量,其中 s_n^1 和 s_n^2 分别表示第 n 种商品在基准国与对比国所占的支出份额,p_n^1 和 p_n^2 分别代表第 n 个商品在基准国与对比国的价格。$P_F(p^1,p^2,q^1,q^2)$ 则表示基准国和对比国的费雪理想价格指数。利用上述指标测度两国间相异度的基本思想为:若两国的价格成比例,则对于正标量 λ,存在 $p_2 = \lambda p_1$ 的情况,则可以相应推出 $P_F(p^1, p^2, q^1, q^2) = \lambda$,此时,WLQ 和 WAQ 指标值为 0。2013 年世界银行发布的 ICP 手册中曾提到,利用 WLQ 和 WAQ 所得到的最小间隔树相同,因而此两种差异性测度指标没有优劣之分。与 PLS 性质类似,由 WLQ 或 WAQ 值所生成的相似度矩阵具有对称性,且对角线为 0。

$$\Delta_{WLQ}(p^1, p^2, q^1, q^2) = \sum_{n=1}^{N} \frac{1}{2}(s_n^1 + s_n^2)\left[\ln\left(\frac{p_n^2}{p_n^1 P_F(p^1, p^2, q^1, q^2)}\right)\right]^2 \tag{6-2}$$

$$\Delta_{WAQ}(p^1, p^2, q^1, q^2) = \sum_{n=1}^{N} \frac{1}{2}(s_n^1 + s_n^2)\left\{\left[\left(\frac{p_n^2}{p_n^1 P_F(p^1, p^2, q^1, q^2)}\right) - 1\right]^2 + \left[\left(\frac{P_F(p^1, p^2, q^1, q^2)\, p_n^1}{p_n^2}\right) - 1\right]^2\right\} \tag{6-3}$$

由最小间隔树原理可知,构成最小间隔树的关键在于需要准确地测度对比两国的相对价格结构的相似性。以上提到的三个相似性标准均为现阶段较为成熟且认可度较高的指标。

为了筛选对比国家的最佳组合,需要计算每两个国家的相似度指标值。假设共有 k 个参与国,则可以构成 k 阶矩阵,再根据相似度指标 PLS、WLQ 和 WAQ 的性质,来生成具有 $k(k-1)/2$ 个不同值且对角线为 0 的对称阵。由于间隔树的边仅有 $k-1$ 条,故需要在不出现环状结构的情况下,依次从相似度矩阵中选取 $k-1$ 个最小值来作为间隔树的权重,构成最小间隔树。一旦确定,则可根据树中的地区连接路径,来求得最终的购买力平价结果。

(三)最小间隔树算法介绍

关于最小间隔树的生成算法,目前较为主流的主要有两种,分别为普里姆(Prim)算法和克鲁斯卡尔(Kruskal)算法。在国际比较领域的实践中,由于参与国家已事先确定,即生成树中的点确定,只需要求出每两国之间的相似度(边长),依次选取最为相似的对比国组合,并连接成为多边比较,即可以得到最终的最小间隔树,因此选用克鲁斯卡尔算法能更贴合实际的计算过程，提出利用最小间隔树来计算购买力平价的希尔，使用该算法并运用 Mathematica 软件计算了 1990 年的 24 个 OECD 国家的最小间隔树，并很快地从 24^{22} 种不同的间隔树组合中找到了最优的一种。鉴于此，本书在测度中国地区间购买力平价的应用中，选取克鲁斯卡尔算法来得到最小间隔树。

利用克鲁斯卡尔算法来构建最小间隔树的基本步骤为，首先根据权重大小（PLS、WLQ、WAQ 值）将各边进行排序，即对两国经济规模、价格水平及经济发展模式的相似度进行比较，并依次选择权重最小的边。随后需要进行"闭合回路"的检验，若在选择某条边并加入树后出现了"环形"的情况，则此时需要跳过该边，继续选择比其稍大的边。这种选择的过程将会一直重复，直到选择到 $k-1$ 条边为止，这时得到的包含所有顶点的连通子图被称作最小间隔树，具有使选择地区之间的总体差异最小的实际意义。克鲁斯卡尔算法又被称为"闭圈法"，在选择每条边后检验是否会形成"环状"结构是该算法的重点，且该算法属于精确算法，每次都可以得到最优解，但对于规模较大的最小生成树问题，求解的速度较为缓慢。

三、最小间隔树法的计算步骤

测度购买力平价需要在两个层面上进行：首先在基本类一级，仅需要各代表产品的价格数据；其次在较高的汇总级别，需要根据各基本类的支出权重数据计算得到总量层级的购买力平价。

（一）最小间隔树法基本类 PPP 的计算步骤

在基本类层面，需要根据各商品或服务项目的价格数据来计算得到对比国家的各基本类购买力平价，具体来看，可将计算过程分为两步。

步骤一：计算各商品或服务项目的价格比率，即单个产品的购买力平价，如公式（6-4）所示。其中，A、B 分别表示两个国家，其中将 B 作为基准国，A 作为对比国；i 代表某项商品或服务项目，则该公式的含义为测算第 i 个代表产品的购买力平价。

$$P_{(A/B)_i} = P_{Ai} / P_{Bi} \tag{6-4}$$

步骤二:计算基本类层面的购买力平价。应用杰文斯指数(Jevons index),即几何平均的方式来对各基本类下所有商品的价格比率进行汇总,如公式(6-5)所示,将 B 设为基准国,A 设为对比国;j 代表基本类,其种类总数为 n ,m 表示第 j 种基本类所属的代表产品个数;P_{Ai} 代表对比地区 A 的代表产品 i 的价格,P_{Bi} 表示基准地区 B 的代表产品 i 的价格。该公式的含义为测算第 j 种基本类的购买力平价。

$$P_{(A/B)_j} = [\frac{P_{A1}}{P_{B1}} \times \frac{P_{A2}}{P_{B2}} \times \cdots \times \frac{P_{Ai}}{P_{Bi}} \times \cdots \times \frac{P_{Am}}{P_{Bm}}]^{1/m} \quad j = 1,2,\cdots,n \tag{6-5}$$

(二)最小间隔树法汇总 PPP 的计算步骤

测度基本类以上层面的购买力平价,需要基于各基本类的支出权重,并利用拉氏、帕氏、费雪指数的公式来对基本类购买力平价进行加权汇总。具体来看,主要分为以下四个步骤。

步骤一:计算拉氏指数和帕氏指数。若将 B 设为基准国,A 设为对比国,则两类指数的加权汇总公式分别表示为公式(6-6)和公式(6-7)。

$$P_{(A/B)}^{Laspeyres} = \sum_{j=1}^{n} [P_{(A/B)_j} w_{Bj}] \tag{6-6}$$

$$P_{(A/B)}^{Paasche} = \frac{1}{\sum_{j=1}^{n} [P_{(B/A)_j} w_{Aj}]} \tag{6-7}$$

根据公式(6-6)和公式(6-7)得到 n 阶拉氏指数和帕氏指数矩阵,分别表示如下:

$$拉氏指数矩阵 = \begin{bmatrix} P_{11}^L & P_{12}^L & \cdots & P_{1n}^L \\ P_{21}^L & P_{22}^L & \cdots & P_{2n}^L \\ \cdots & \cdots & \cdots & \cdots \\ P_{n1}^L & P_{n2}^L & \cdots & P_{nn}^L \end{bmatrix} \tag{6-8}$$

$$帕氏指数矩阵 = \begin{bmatrix} P_{11}^P & P_{12}^P & \cdots & P_{1n}^P \\ P_{21}^P & P_{22}^P & \cdots & P_{2n}^P \\ \cdots & \cdots & \cdots & \cdots \\ P_{n1}^P & P_{n2}^P & \cdots & P_{nn}^P \end{bmatrix} \tag{6-9}$$

由于两指数均不满足国家反转检验，故拉氏指数和帕氏指数矩阵均为对角线为1的非对称矩阵。另外，根据价格指数的偏误理论可知，拉氏指数和帕氏指数通常为"实际指数值"的上限和下限，只有对比两国间的消费支出规模相近时，拉氏指数和帕氏指数才近似相等，否则二者将会相差过大。

步骤二：计算费雪指数。费雪指数为拉氏指数和帕氏指数的几何平均数，可用公式(6-10)表示。相应地，可得到 n 阶费雪矩阵，其中 n 为对比地区的个数。

$$P_{(A/B)}^{Fisher} = [P_{(A/B)}^{Laspeyres} \, P_{(A/B)}^{Paasche}]^{1/2} \tag{6-10}$$

$$费雪指数矩阵 = \begin{bmatrix} F_{11} & F_{12} & \cdots & F_{1n} \\ F_{21} & F_{22} & \cdots & F_{2n} \\ \cdots & \cdots & \cdots & \cdots \\ F_{n1} & F_{n2} & \cdots & F_{nn} \end{bmatrix}$$

费雪指数满足的国家反转检验对于构建最小间隔树而言，意义重大。在构建最小间隔树的过程中，若双边指数满足国家反转检验，则所生成的边是无向的；否则最终得到的树为"有向图"，表现为由基准国指向对比国。鉴于拉氏指数和帕氏指数不能满足国家反转检验，故国家或地区间的双边比较选用费雪指数计算，该性质使得由费雪指数所生成的矩阵为对角线为1的非对称阵。值得注意的是，费雪指数不具有传递性，即不满足 $P_{(A/B)}^{\text{Fisher}} = P_{(A/C)}^{\text{Fisher}} \, P_{(C/B)}^{\text{Fisher}}$。

步骤三：对 n 个国家进行两两比较，并计算相异度矩阵，以此筛选对比国家的最佳组合。目前较为主流的衡量两国家消费支出结构相似程度的指标为拉氏、帕氏指数之差 PLS、加权对数二次方指标 ΔWLQ 和加权渐进二次方指标 ΔWAQ，可利用其中之一来生成最小间隔树，其公式分别为公式(6-11)、公式(6-12)和公式(6-13)。

$$PLS_{jk}(p^1, p^2, q^1, q^2) = \log[\frac{\max(P_{jk}^P, P_{jk}^L)}{\min(P_{jk}^P, P_{jk}^L)}] = \log[\frac{\max(Q_{jk}^P, Q_{jk}^L)}{\min(Q_{jk}^P, Q_{jk}^L)}] \tag{6-11}$$

$$\Delta_{WLQ}(p^1,p^2,q^1,q^2) = \sum_{n=1}^{N} \frac{1}{2}(s_n^1 + s_n^2)\left[\ln\left(\frac{p_n^2}{p_n^1 P_F(p^1,p^2,q^1,q^2)}\right)\right]^2 \tag{6-12}$$

$$\Delta_{WAQ}(p^1,p^2,q^1,q^2) = \sum_{n=1}^{N} \frac{1}{2}(s_n^1 + s_n^2)\left\{\left[\left(\frac{p_n^2}{p_n^1 P_F(p^1,p^2,q^1,q^2)}\right) - 1\right]^2 + \left[\left(\frac{P_F(p^1,p^2,q^1,q^2)\, p_n^1}{p_n^2}\right) - 1\right]^2\right\} \tag{6-13}$$

经过三个指标的计算,可得到衡量国家间相似程度的相异度矩阵,分别如公式(6-14)、(6-15)、(6-16)所示:

$$\text{PLS 相异度矩阵} = \begin{bmatrix} PLS_{11} & PLS_{12} & \cdots & PLS_{1n} \\ PLS_{21} & PLS_{21} & \cdots & PLS_{21} \\ \cdots & \cdots & \cdots & \cdots \\ PLS_{n1} & PLS_{n2} & \cdots & PLS_{nn} \end{bmatrix} \tag{6-14}$$

$$\text{WLQ 相异度矩阵} = \begin{bmatrix} WLQ_{11} & WLQ_{12} & \cdots & WLQ_{1n} \\ WLQ_{21} & WLQ_{21} & \cdots & WLQ_{21} \\ \cdots & \cdots & \cdots & \cdots \\ WLQ_{n1} & WLQ_{n2} & \cdots & WLQ_{nn} \end{bmatrix} \tag{6-15}$$

$$\text{WAQ 相异度矩阵} = \begin{bmatrix} WAQ_{11} & WAQ_{12} & \cdots & WAQ_{1n} \\ WAQ_{21} & WAQ_{21} & \cdots & WAQ_{21} \\ \cdots & \cdots & \cdots & \cdots \\ WAQ_{n1} & WAQ_{n2} & \cdots & WAQ_{nn} \end{bmatrix} \tag{6-16}$$

以 PLS 指标为例,当 $P_{jk}^P > P_{jk}^L$ 时,则有

$$PLS_{ij} = \log P_{ij}^P - \log P_{ij}^L$$

$$PLS_{ji} = \frac{\log\max(P_{ji},L_{ji})}{\min(P_{ji},L_{ji})} = \log\frac{\max\left(\frac{1}{L_{ij}},\frac{1}{P_{ij}}\right)}{\min\left(\frac{1}{L_{ij}},\frac{1}{P_{ij}}\right)} = \log\frac{1}{L_{ij}} - \log\frac{1}{P_{ij}}$$

$$= \log P_{ij} - \log L_{ij} = PLS_{ij}$$

当 $i=j$ 时，$PLS_{ii}=\frac{\log\max(P_{ii},L_{ii})}{\min(P_{ii},L_{ii})}=\log1=0$。

综上，相异度矩阵具有对角线为 0 且对称的性质。假设对 n 个国家进行两两比较，则理论上会有 n^{n-2} 个间隔树，并产生 $n(n-1)/2$ 种不同的双边比较指数（边），对应地，相异度矩阵中将会有 $n(n-1)/2$ 个互不相同的数值，而最小间隔树的生成过程则是从这 $n(n-1)/2$ 个数值中选取其中的 $n-1$ 个来构成树的边，使得“整棵树”的权重和最小。第 $N(N=n^{n-2})$ 个间隔树的 PLS、WLQ、WAQ 值之和分别为公式(6-17)、公式(6-18)和公式(6-19)。

$$PLS_N=\sum_{i=1}^{n-1}PLS_{im}\quad m\in[1,N] \tag{6-17}$$

$$WLQ_N=\sum_{i=1}^{n-1}WLQ_{im}\quad m\in[1,N] \tag{6-18}$$

$$WAQ_N=\sum_{i=1}^{n-1}WAQ_{im}\quad m\in[1,N] \tag{6-19}$$

为了从 N 个间隔树中得到最小间隔树，需要对上述各指标值之和进行对比，旨在找到最小值，最小间隔树的分布组合表示为公式(6-20)、公式(6-21)和公式(6-22)。由此，可求解得到国家间双边比较的最优组合，并进一步连接成为多边比较，此时所得到的最小间隔树具有整体权重和最小，即整体上对比国家的相似度最优的性质。

$$\min\left[\sum_{i=1}^{n-1}PLS_{i1},\sum_{i=1}^{n-1}PLS_{i2},\cdots,\sum_{i=1}^{n-1}PLS_{iN}\right] \tag{6-20}$$

$$\min\left[\sum_{i=1}^{n-1}WLQ_{i1},\sum_{i=1}^{n-1}WLQ_{i2},\cdots,\sum_{i=1}^{n-1}WLQ_{iN}\right] \tag{6-21}$$

$$\min\left[\sum_{i=1}^{n-1}WAQ_{i1},\sum_{i=1}^{n-1}WAQ_{i2},\cdots,\sum_{i=1}^{n-1}WAQ_{iN}\right] \tag{6-22}$$

步骤四：基于相异度矩阵，依照克鲁斯卡尔算法得到最小间隔树。将双边比较通过最小间隔树连接成为多边比较，且最终的购买力平价结果满足传递性，如公式(6-23)所示，其中，j 为基准地区，k 为基准地区，h 为由最小间隔树得到的中间链接地区，P_{hl}^{F} 为连接地区的费雪指数。由最小间隔树法测得的购买力平价可满足传递性、基国不变性等优良性质，但不满足可加性。

$$PPP_{jk}^{MST} = P_{jh}^{F} P_{hl}^{F} \cdots P_{lk}^{F} \tag{6-23}$$

四、最小间隔树法计算示例

（一）原始数据

最小间隔树计算涉及的基本数据包括产品价格和相应层级的支出权重，假设产品有5个国家、2大类，共10种具体产品。价格数据如表6-1所示，权重数据如表6-2所示。

表6-1　五国不同产品价格数据表　（单位：本国货币）

大类	基本类	产品	国家1(M_1)	国家2(M_2)	国家3(M_3)	国家4(M_4)	国家5(M_5)
大类1	基本类1	1-1	9	100	39	7	56
		1-2	5	40	33	3	53
		1-3	3	30	34	2	53
	基本类2	2-1	14	100	44	12	66
		2-2	19	190	55	24	83
		2-3	28	280	66	32	92
大类2	基本类3	3-1	22	190	36	16	70
		3-2	20	180	39	18	65
		3-3	18	220	40	21	55
		3-4	12	150	60	15	72

表6-2　五国基本类支出份额

	国家1(M_1)	国家2(M_2)	国家3(M_3)	国家4(M_4)	国家5(M_5)
基本类1	0.36	0.2275	0.1225	0.3575	0.2
基本类2	0.24	0.1225	0.2275	0.2925	0.2
基本类3	0.4	0.65	0.65	0.35	0.6
大类1	0.6	0.35	0.35	0.65	0.4
大类2	0.4	0.65	0.65	0.35	0.6

（二）基本类 PPP

步骤一：计算基本类 PPP，利用 CPD 法计算基本类 1、基本类 2、基本类 3 的 PPP，分别形成 5 × 5 的矩阵，即以各国为基准的各国 PPP。结果如表 6-3 所示。

表 6-3　五国基本类 PPP 结果表

基本类 1 的 PPP	国家 1	国家 2	国家 3	国家 4	国家 5
国家 1	1.000	9.615	6.869	0.678	10.523
国家 2	0.104	1.000	0.714	0.070	1.094
国家 3	0.146	1.400	1.000	0.099	1.532
国家 4	1.476	14.190	10.138	1.000	15.530
国家 5	0.095	0.914	0.653	0.064	1.000

基本类 2 的 PPP	国家 1	国家 2	国家 3	国家 4	国家 5
国家 1	1.000	8.939	2.778	1.074	4.075
国家 2	0.112	1.000	0.311	0.120	0.456
国家 3	0.360	3.217	1.000	0.386	1.467
国家 4	0.931	8.326	2.588	1.000	3.796
国家 5	0.245	2.194	0.682	0.263	1.000

基本类 3 的 PPP	国家 1	国家 2	国家 3	国家 4	国家 5
国家 1	1.000	10.439	2.440	0.988	3.711
国家 2	0.096	1.000	0.234	0.095	0.355
国家 3	0.410	4.278	1.000	0.405	1.521
国家 4	1.012	10.561	2.469	1.000	3.754
国家 5	0.269	2.813	0.658	0.266	1.000

（三）汇总 PPP

步骤二：依据上步计算的各基本类 PPP，利用权重数据对基本类 PPP 进行汇总，计算拉氏、帕氏、费雪矩阵。

拉氏指数：以计算国家 1 为基准国，国家 2 为对比国的拉氏指数为例，计算过程如下（具体拉氏指数如表6-4所示）。

$$P_{(A/B)}^{Laspeyres}=\sum_{j=1}^{n}[P_{(A/B)_j}w_{Bj}]$$

$P_{1,2}^{L}$ = 基本类1的 $PPP_{1,2}$ × 国家1基本类1的支出份额 + 基本类2的 $PPP_{1,2}$ × 国家1基本类2的支出份额 + 基本类3的 $PPP_{1,2}$ × 国家1基本类3的支出份额 = 9.615 × 0.36 + 8.939 × 0.24 + 10.439 × 0.4 = 9.782

表6-4　五国拉氏PPP指数表（最小间隔树法）

拉氏指数	国家1	国家2	国家3	国家4	国家5
国家1	1.000	9.782	4.116	0.897	6.250
国家2	0.100	1.000	0.353	0.092	0.536
国家3	0.366	3.684	1.000	0.363	1.510
国家4	1.154	11.205	5.245	1.000	7.976
国家5	0.230	2.309	0.661	0.225	1.000

帕氏指数：以计算国家1为基准国，国家2为对比国的帕氏指数为例，计算过程如下（具体帕氏指数如表6-5所示）。

$$P_{(A/B)}^{Paasche}=\frac{1}{\sum_{j=1}^{n}[P_{(B/A)_j}w_{Aj}]}$$

$P_{1,2}^{P}$ = 1/（基本类1的 $PPP_{2,1}$ × 国家2基本类1的支出份额 + 基本类2的 $PPP_{2,1}$ × 国家2基本类2的支出份额 + 基本类3的 $PPP_{2,1}$ × 国家2基本类3的支出份额）= 1/（0.104 × 0.2275 + 0.112 × 0.1225 + 0.096 × 0.65）= 10.037

表6-5　五国帕氏PPP指数表（最小间隔树法）

帕氏指数	国家1	国家2	国家3	国家4	国家5
国家1	1.000	10.037	2.732	0.866	4.352
国家2	0.102	1.000	0.271	0.089	0.433
国家3	0.243	2.837	1.000	0.191	1.512
国家4	1.115	10.835	2.753	1.000	4.437
国家5	0.160	1.866	0.662	0.125	1.000

费雪指数：对拉氏指数与帕氏指数矩阵计算几何平均，所得结果如表6-6所示。

表6-6　五国费雪PPP指数表（最小间隔树法）

费雪指数	国家1	国家2	国家3	国家4	国家5
国家1	1.000	9.909	3.353	0.882	5.216
国家2	0.101	1.000	0.309	0.091	0.482
国家3	0.298	3.233	1.000	0.263	1.511
国家4	1.134	11.018	3.800	1.000	5.949
国家5	0.192	2.076	0.662	0.168	1.000

（四）相似度指标

步骤三：计算相似度指标，分为PLS、WLQ和WAQ指标。

PLS指标：以计算国家1为基准国，国家2为对比国的PLS指标值为例，计算过程如下，五国结果如表6-7所示。

$$PLS_{12} = MAX(\frac{L_{12}}{P_{12}},\frac{P_{12}}{L_{12}}) - 1 = MAX(\frac{9.782}{10.037},\frac{10.037}{9.782}) - 1 = 0.026$$

表6-7　五国相似度PLS矩阵（最小间隔树法）

PLS指数	国家1	国家2	国家3	国家4	国家5
国家1	0.000	0.026	0.507	0.035	0.436
国家2	0.026	0.000	0.299	0.034	0.238
国家3	0.507	0.299	0.000	0.906	0.001
国家4	0.035	0.034	0.906	0.000	0.798
国家5	0.436	0.238	0.001	0.798	0.000

WLQ指标：以计算国家1为基准国，国家2为对比国的WLQ指标值为例，计算过程如下，五国结果如表6-8所示。

$WLQ_{1,2} = 0.5 \times$（基本类1国家1支出份额 + 基本类1国家2支出份额）$\times$ [ln（基本类1的$PPP_{1,2}/ Fisher_{1,2}$）]^2

$= 0.5 \times$(基本类 2 国家 1 支出份额 + 基本类 2 国家 2 支出份额) $\times$ [ln(基本类 2 的$PPP_{1,2}/Fisher_{1,2}$)]^2

$= 0.5 \times$(基本类 3 国家 1 支出份额 + 基本类 3 国家 2 支出份额) $\times$ [ln(基本类 3 的$PPP_{1,2}/Fisher_{1,2}$)]^2

$= 0.5 \times (0.36 + 0.2275) \times [\ln(9.615/9.909)]^2$

$= 0.5 \times (0.24 + 0.1225) \times [\ln(8.939/9.909)]^2$

$= 0.5 \times (0.4 + 0.65) \times [\ln(10.439/9.909)]^2$

$= 0.004$

表 6-8　五国相似度 WLQ 矩阵(最小间隔树法)

WLQ 指数	国家 1	国家 2	国家 3	国家 4	国家 5
国家 1	0.000	0.004	0.185	0.040	0.209
国家 2	0.004	0.000	0.174	0.036	0.202
国家 3	0.185	0.174	0.000	0.362	0.000
国家 4	0.040	0.036	0.362	0.000	0.407
国家 5	0.209	0.202	0.000	0.407	0.000

WAQ 指标:以计算国家 1 为基准国,国家 2 为对比国的 WAQ 指标值为例,计算过程如下,五国结果如表 6-9 所示。

$WAQ_{1,2} = 0.5 \times$(基本类 1 国家 1 支出份额 + 基本类 1 国家 2 支出份额) $\times$ {[基本分类 1 的$PPP_{1,2}/Fisher_{1,2} - 1]^2$ + [$Fisher_{1,2}$/基本分类 1 的$PPP_{1,2} - 1]^2$}

$= 0.5 \times$(基本类 2 国家 1 支出份额 + 基本类 2 国家 2 支出份额) $\times$ {[基本分类 2 的$PPP_{1,2}/Fisher_{1,2} - 1]^2$ + [$Fisher_{1,2}$/基本分类 2 的$PPP_{1,2} - 1]^2$}

$= 0.5 \times$(基本类 3 国家 1 支出份额 + 基本类 3 国家 2 支出份额) $\times$ {[基本分类 3 的$PPP_{1,2}/Fisher_{1,2} - 1]^2$ + [$Fisher_{1,2}$/基本分类 3 的$PPP_{1,2} - 1]^2$}

$= 0.5 \times (0.36 + 0.2275) \times \{[9.615/9.909 - 1]^2 + [9.909/9.615 - 1]^2\}$

$= 0.5 \times (0.24 + 0.1225) \times \{[8.939/9.909 - 1]^2 + [9.909/8.939 - 1]^2\}$

$= 0.5 \times (0.4 + 0.65) \times \{[10.439/9.909 - 1]^2 + [9.909/10.439 - 1]^2\}$

$= 0.007$

表 6-9　五国相似度 WAQ 矩阵(最小间隔树法)

WAQ 指数	国家 1	国家 2	国家 3	国家 4	国家 5
国家 1	0.000	0.007	0.458	0.083	0.513
国家 2	0.007	0.000	0.463	0.075	0.536
国家 3	0.458	0.463	0.000	1.052	0.000
国家 4	0.083	0.075	1.052	0.000	1.168
国家 5	0.513	0.536	0.000	1.168	0.000

(五)最小间隔树

步骤四:根据上步求出的相似度指标矩阵,利用 Kruskal 算法遍历出最小的 4 条边(相似度就是两两地区的边),由此形成最小间隔树,又称最小生成树。值得注意的是,不同的相似度指标形成的树不同,PPP 结果也由此不同,一般认为 WLQ 和 WAQ 指标优于 PLS。

利用 MATLAB 予以辅助计算,运行结果如图 6-2 所示,其中数字 1—5 表示的是国家 1—5。通过 PLS 指标得到的最小间隔树,第 1 条边:(3,5),权值为 1.000000e-03;第 2 条边:(1,2),权值为 2.600000e-02;第 3 条边:(2,4),权值为 3.400000e-02,第 4 条边:(2,5),权值为 2.380000e-01。由此生成的最小间隔树如图 6-2 所示。

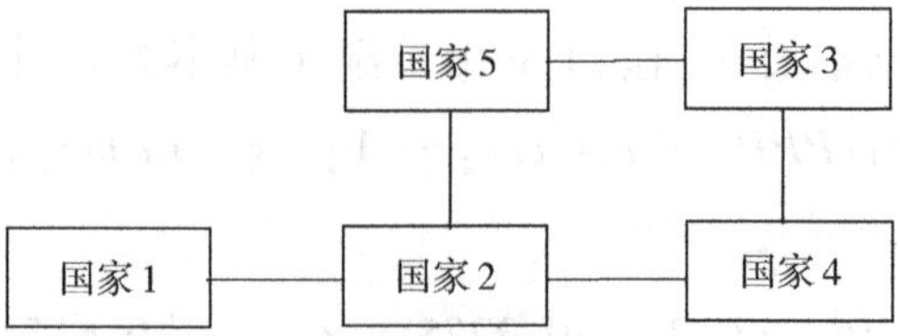

图 6-2　五国最小间隔树图(PLS)

通过 WLQ 指标得到的最小间隔树,第 1 条边:(3,5),权值为 0;第 2 条边:(1,2),权值为 4.000000e-03;第 3 条边:(2,4),权值为 3.600000e-02;第 4 条边:(2,3),权值为 1.740000e-01。由此生成的最小间隔树如图 6-3 所示。

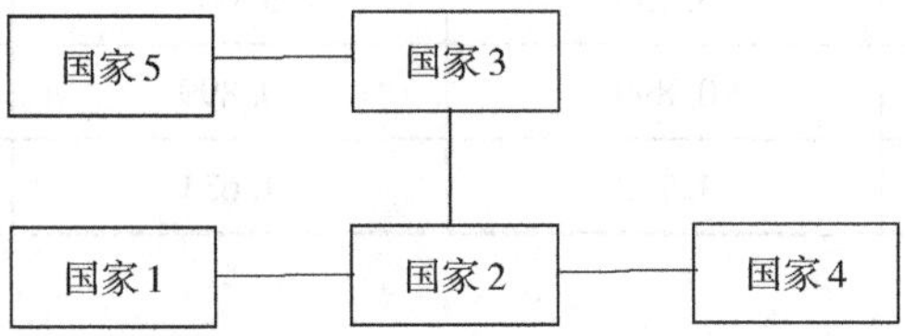

图 6-3　五国最小间隔树图(WLQ)

通过 WAQ 指标得到的最小间隔树,第 1 条边:(3,5),权值为 0;第 2 条边:(1,2),权值为 7.000000e-03;第 3 条边:(2,4),权值为 7.500000e-02;第 4 条边:(1,3),权值为 4.580000e-01。由此生成的最小间隔树如图 6-4 所示。

图 6-4　五国最小间隔树图(WAQ)

(六)各国 PPP

步骤六:选定基准国,根据最小间隔树对各国费雪指数进行连接,以 PLS 指标为例,计算过程如下。五国在不同最小间隔树下的 PPP 最终结果如表 6-10 所示。其中,

$PPP_{1,1} = 1$

$PPP_{1,2} = Fisher_{1,2} = 9.909$

$PPP_{1,3} = Fisher_{1,2} \times Fisher_{2,5} \times Fisher_{5,3} = 3.159$

$PPP_{1,4} = Fisher_{1,2} \times Fisher_{2,4} = 0.899$

$PPP_{1,5} = Fisher_{1,2} \times Fisher_{2,5} = 4.773$

表 6-10　应用最小间隔树法测得各国 PPP

国　家	PPP(P1s)	PPP(WLQ)	PPP(WAQ)
国家 1	1.000	1.000	1.000
国家 2	9.909	9.909	9.909
国家 3	3.159	3.065	3.353
国家 4	0.899	0.899	0.899
国家 5	4.773	4.631	5.066

第二节　两两路径最短的最短距离法

一、最短距离法的提出

最小间隔树法构造的路径可以保证整体路径最短,但不能使两两地区间的路径最短。针对此问题,普若萨达于 2010 年首次提出应用最短距离法测算购买力平价的思想。在衡量国家间经济发展相似程度的指标选取上,同样使用 PLS、WLQ、WAQ 来计算得到相似度矩阵,再通过特定算法生成各国相对于基准国的最短路径。

最短距离法的最大优势是寻求比较国家两两之间的最小距离,由该方法所确定的比较路径可使得连接邻国有着最为相似的消费模式和价格结构,最大程度保留了双边比较的特征性,由此更为可靠地得到反映国家间真实经济水平的购买力平价结果。

二、最短距离法的基本原理

(一)确定两个地区间的距离

通过各国的产品价格数据及支出权重,可以计算出各国之间经济情况的相似度指标值,并由此构成邻接矩阵。假设基准国 j 和其他参与国 k 之间的权重已通过 PLS、WLQ 或 WAQ 指标的测算得以确定,并表示为

$d(x_j,x_k)$ 或 d_{jk} 。假设从 M 个参与国中选取 $\{i_1,i_2,\cdots,i_p\}$ ($p\leq M$) 共 p 个国家来作为 j 、k 两国间的桥梁国,目的是将 j 、k 两国进行连接进而可以对其进行多边比较。此时两国间的距离为连接中的权重总和,表示为公式(6-24)。

$$d_{path}(x_j,x_k)=d(x_j,x_{i_1})+\sum_{l=1}^{P-1}d(x_{i_l},x_{i_{l+1}})+d(x_{i_p},x_k) \qquad (6-24)$$

(二)寻求两国之间的最小距离

实际应用中会有多条路径连接 j 、k 两国,也可能使其直接相连。由于需要选取最为相似的国家进行比较,因此需要遍历所有的情况,寻求连接两国距离最短的路径,如公式(6-25)所示。

$$\begin{aligned} d_{min(x_j,x_k)} &= min\,path\left\{d_{path(x_j,x_k)}=d_{(x_j,x_{i_l})}+\sum_{l=1}^{P-1}d_{(x_{i_l},x_{i_{l+1}})}+d_{(x_{i_p},x_k)}\right\} \\ &= min_{path\{\text{连接}j\text{、}k\text{两国所有路径的距离}\}} \end{aligned} \qquad (6-25)$$

(三)计算两国间的 PPP

一旦基准国和其他国家间的最优路径确定,则可以通过连接双边比较的方式来计算得到最终的购买力平价结果。在双边比较指数的选择上,由于费雪指数具有较多优良性质,使其成为最佳选择。但考虑到费雪指数不具备可传递的性质,因此在通过双边比较连接至多边比较的过程中,两国间的直接 PPP 不能由两国及第三国推导出的间接 PPP 来计算得出。而作为 GDP 国际比较中的货币转换因子,购买力平价应符合特征性、无偏性、传递性等优良特征,因此通常用 EKS 法对双边指数进行修正,来求得具有可传递性的购买力平价指数。

三、最短距离法计算使用的算法

显然,最短距离法的算法直接影响两国间最短距离的计算结果,所以,在算法的选择上需要非常谨慎。目前,最短距离法使用的是 Dijkstra 算法。

(一)算法筛选

最短距离法的实现算法较多,目前较为经典的主要有四种,其中包括:弗洛依德算法(Floyd),又称为插点法,是解决任意两点间的最短路径的一种算法,可以有效地处理有向图或负权的最短路径问题;贝尔曼—福特算法(Bellman-Ford)主要用来解决单源最小路径问题,即给定一个顶点(源),计算该顶点到其他所有各顶点的最短路径长度,此算法可用于具有带负权重的赋权的图,但时间复杂度较高,运行效率较低;队列优化算法(Shortest Path Faster Algorithm,SPFA)在贝尔曼—福特算法的基础上进行队列优化,减少了冗余的松弛操作,且可以解决赋权图中存在负权回路的问题,是一种具有较高效率的算法,可以在数据量较大的情况下快速地得到结果;迪杰斯特拉算法(Dijkstra)同贝尔曼—福特算法算法一样,是基于"贪心算法"原理的较为经典的单源最短路径算法,用于解决源点到所有结点最短路径计算的问题,比后者有着较高的运行效率,但该算法不能解决图中存在负权值的问题。

综上,考虑到在国际比较领域,根据各国产品价格及基本类支出权重等数据信息,可以计算用来测度各国间经济情况相似程度的相异(相似)度矩阵,且根据指标性质可知其为对称矩阵,由此表明所生成的赋权连通图为无向图。另外,由于基准国家已确定,所求得的各国的购买力平价值均为相对基准国家而言,因此求解的最短路径为单源问题,通过迪杰斯特拉算法可以较好地解决最短路径问题。普若萨达(2010)也使用了Dijkstra 算法。

(二)迪杰斯特拉算法及计算步骤

1. 迪杰斯特拉算法的基本思想

迪杰斯特拉算法的核心为广度优先思想,即定义某点为源点,将其作为中心向各目标结点层层扩展,直至扩展到终点为止。该算法将结点分为两部分,即未标记结点集和已标记结点集。算法的实现思想为,对于一个给定的赋权图 $G=(V,E)$,其中网络拓扑图的顶点集合记为 V,所有带权边的集合记为 E。在该网络图中首先将源点归入已标记结点集 S 中,除源点外的其他点被归为未标记结点集 $U\ (S,U \in V)$,每次循环都是在未标记结点集中搜索距离源点路径长度最短的结点,并将其归入已标记节点集的过程,直至所有结点都成为集合 S 中的元素。在这个过程中,总保持从源点

到集合 S 中各顶点的路径长度始终不大于集合 U 中各顶点的路径长度。

2. 迪杰斯特拉算法的计算步骤

(1)将赋权连通图中的所有点间的距离存储于 w 邻接矩阵中，若两点不直接相连，即 (v_i,v_j) 不存在，则将 $w[i,j]$ 记为 ∞。在初始状态下已标记点集合 S 仅有一个源点 v_0，未标记点集合 U 包括除源点外的其他顶点。设 $\mathrm{Dist}[v_0,j]$ 为源点至其各点的最短距离，在初始状态下，$\mathrm{Dist}[v_0,j]=w[v_0,j]$。

(2)在上一步所求得的 $Dist[v_o,j]$ 中选择最小距离的顶点 v_j，即满足 $m\_dist=\min\{Dist[v_0,j]\mid j\in U\}$，并将点 v_j 加入集合 S 中，此时集合 $S=S\cup\{v_j\}$。

(3)为了保证从源点 V 到集合 S 中各顶点的最短距离长度不大于从源点 V 到集合 U 中任意顶点的长度，需要对各点的最短距离进行修改。若 $\mathrm{Dist}[v_0,j]+w[j,k]<Dist[k]$，则需要对源点至 k 点的最短距离进行修正，即 $\mathrm{Dist}[v_0,k]=Dist[v_0,j]+w[j,k]$。

(4)重复步骤(2)和(3)，直至集合 V 中包含图中全部顶点时，算法终止，此时 $Dist[i,j]$记录了从源点到其他各顶点的最短距离。下面是迪杰斯特拉算法示例。对于图 6-5 应用 Dijkstra 算法求得源点 A 至其他结点的最优路径，求解过程可表述为表 6-11。

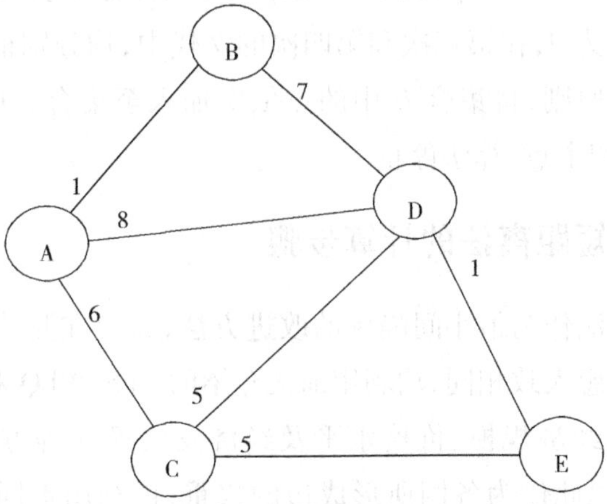

图 6-5　赋权无向图

表 6-11 Dijkstra 算法求解步骤

迭代次数	集合 S	集合 U	Dist $[A,A]$	Dist $[A,B]$	Dist $[A,C]$	Dist $[A,D]$	Dist $[A,E]$
初始状态	A	B C D E	0	10	6	8	$+\infty$
第一次	A C	B D E	0	10	6	8	11
第二次	A C D	B E	0	10	6	8	9
第三次	A C D E	B	0	10	6	8	9
第四次	A B C D E	ϕ	0	10	6	8	9

在初始状态下,集合 S 中仅存在一源点 A,集合 U 中则包括其他未计算出最短路径的顶点集合,即 B、C、D、E。另外,根据图中仅有 E 未与 A 点直接相连,故源点 A 到 E 点的距离 $Dist[A,E]$ 初始化为无穷大,而到其他源点的距离为其权重;在第一次迭代中,通过源点到各顶点的初始值发现 $Dist[A,C]$ 最小,因此将 C 点加入至集合 S 中,并寻找 C 点的邻居点 A、D、E,观察其邻边权重。对于 D 点,由于 $Dist[C,D]$ 为 5,而 $Dist[A,C]+Dist[C,D]=11>Dist[A,D]=8$,故 $Dist[A,D]$ 仍保持原值。对于 E 点,由于 $Dist[C,E]$ 为 5,故可计算 $Dist[A,E]=Dist[A,C]+Dist[C,E]=11$;在第二次迭代中,对比上一步所计算的源点至各顶点的距离,发现 $Dist[A,D]$ 最小,故将 D 点加入至集合 S 中,对于 E 点,发现 $Dist[A,D]+Dist[D,E]<Dist[A,C]+Dist[C,E]$,故需更新 A、E 间的最短距离 $Dist[A,E]$ 为 9;在第三次和第四次的迭代中,均分别根据源点至各顶点距离最短的原则,将集合 U 中的点依次加入至集合 S 中,直至使其包括 A、B、C、D 四个点,算法停止。

四、最短距离法的计算步骤

最短距离法作为最小间隔树的改进方法,二者在测算国内购买力平价上的核心思想大致相同,均利用前文介绍的 PLS、WLQ 和 WAQ 指标来衡量国家间在经济规模、价格水平及经济发展模式等方面的相似程度(相异程度),以此作为各国所形成边的权重,再利用不同的算法得到最优路径。但与之不同的是,为了得到两两地区间的最优路径,最短距离法需要将求解最优路径的步骤迭代 n 次(n 为参与比较地区的个数),以生成新的费雪矩阵,此时该矩阵中的双边比较指数的可靠性可达到最佳。然后,选定一基准地区,通过 GEKS 对费雪指数进行链接而得到满足传递性的各国(地区)购买力平价结果。

根据最短距离法的计算思路可知,该方法的前几个步骤(步骤一至三)与最小间隔树法完全相同,只列出基本内容,不再赘述。

步骤一:计算各国不同基本类的价格比率。

步骤二:利用权重数据对各基本类的购买力平价进行加总,进而得到拉氏、帕氏与费雪指数。

步骤三:计算衡量两地区消费支出结构相似程度的指标 PLS、WLQ、WAQ,并形成无向图邻接矩阵,均为对角线为 0 的 n 阶对称阵。

步骤四:求解两两最优路径。得到相似度矩阵后,应用解决最短距离问题的经典算法——迪杰斯特拉算法来对各对比国相对于基准国的最优路径进行求解,并借助 MATLAB 软件予以辅助计算,此时求得的每条路径中的直接邻国均倾向于具有相似的消费模式,这可以大幅提高比较的特征性,得到较为可靠的双边比较费雪矩阵。

一旦对比路径确定,即可通过链接路径得到基于最短距离法的费雪矩阵,推导如公式(6-26)所示,其中 j、k 分别为基准地区和对比地区,而 l 表示在所求得的最优路径中,基准地区与对比地区之间的“桥梁地区”。

$$MD_{jk}(Fisher) = F_{ji_1}\left[\prod_{l=1}^{P-1} F_{i_l,i_{l+1}}\right] F_{i_p,k} \tag{6-26}$$

步骤五:计算 PPP。事实上,由最短距离法与最小间隔树法测算得到的购买力平价均基于费雪指数矩阵测得,但前者所应用的费雪矩阵并非原始费雪矩阵,而是基于两两最优路径新生成的 $MD_{jk}(Fisher)$ 矩阵,由此使得该矩阵中每一元素均为最可靠的双边比较结果,但由于 $MD_{jk}(Fisher)$ 不满足传递性,需要通过 GEKS 法[基本公式(4-3)]对上述费雪指数进行调整,来求解满足传递性的购买力平价结果。

五、最短距离法计算示例

本例使用最小间隔树法计算示例的五国数据,可参考表 6-1 和 6-2。具体计算步骤如下。

(一)基本类 PPP

步骤一:计算基本类 PPP,利用 CPD 法计算基本类 1、基本类 2、基本类 3 的 PPP,其结果与最小间隔树示例中一致,可参考表 6-3。

(二)汇总 PPP

步骤二:依据上步计算的各基本类 PPP,利用权重数据对基本类 PPP 进行汇总,计算拉氏、帕氏、费雪矩阵。

拉氏指数:以计算国家 1 为基准国,国家 2 为对比国的拉氏指数为例,计算过程如下,得到的拉氏 PPP 指数如表 6-12 所示。

$$P_{(A/B)}^{Laspeyres} = \sum_{j=1}^{n} [P_{(A/B)_j} w_{Bj}]$$

$P_{1,2}^{L}$ = 基本类 1 的 $PPP_{1,2}$ × 国家 1 基本类 1 的支出份额 + 基本类 2 的 $PPP_{1,2}$ × 国家 1 基本类 2 的支出份额 + 基本类 3 的 $PPP_{1,2}$ × 国家 1 基本类 3 的支出份额 = 9.615 × 0.36 + 8.939 × 0.24 + 10.439 × 0.4 = 9.782。

表 6-12　五国拉氏 PPP 指数表(最短距离法)

拉氏指数	国家 1	国家 2	国家 3	国家 4	国家 5
国家 1	1.000	9.782	4.116	0.897	6.250
国家 2	0.100	1.000	0.353	0.092	0.536
国家 3	0.366	3.684	1.000	0.363	1.510
国家 4	1.154	11.205	5.245	1.000	7.976
国家 5	0.230	2.309	0.661	0.225	1.000

帕氏指数:以计算国家 1 为基准国,国家 2 为对比国的帕氏指数为例,计算过程如下,得到的帕氏 PPP 指数如表 6-13 所示。

$$P_{(A/B)}^{Paasche} = \frac{1}{\sum_{j=1}^{n} [P_{(B/A)_j} w_{Aj}]}$$

$P^P_{1,2}$ = 1/(基本分类1的$PPP_{2,1}$ ×国家2基本分类1的支出份额 + 基本分类2的$PPP_{2,1}$ ×国家2基本分类2的支出份额 + 基本分类3的$PPP_{2,1}$ ×国家2基本分类3的支出份额) = 1/(0.104 × 0.2275 + 0.112 × 0.1225 + 0.096 × 0.65) = 10.037。

表6-13 五国帕氏PPP指数表(最短距离法)

帕氏指数	国家1	国家2	国家3	国家4	国家5
国家1	1.000	10.037	2.732	0.866	4.352
国家2	0.102	1.000	0.271	0.089	0.433
国家3	0.243	2.837	1.000	0.191	1.512
国家4	1.115	10.835	2.753	1.000	4.437
国家5	0.160	1.866	0.662	0.125	1.000

费雪指数:对拉氏指数与帕氏指数矩阵计算几何平均,所得结果如表6-14所示。

表6-14 五国费雪PPP指数表(最短距离法)

费雪指数	国家1	国家2	国家3	国家4	国家5
国家1	1.000	9.909	3.353	0.882	5.216
国家2	0.101	1.000	0.309	0.091	0.482
国家3	0.298	3.233	1.000	0.263	1.511
国家4	1.134	11.018	3.800	1.000	5.949
国家5	0.192	2.076	0.662	0.168	1.000

(三)相似度指标

步骤三:计算相似度指标,分为PLS、WLQ和WAQ指标。

PLS指标:以计算国家1为基准国,国家2为对比国的PLS指标值为例,计算过程如下,具体结果如表6-15所示。

$$PLS_{12} = MAX(\frac{L_{12}}{P_{12}},\frac{P_{12}}{L_{12}}) - 1 = MAX(\frac{9.782}{10.037},\frac{10.037}{9.782}) - 1 = 0.026$$

表 6-15　五国相似度 PLS 矩阵(最短距离法)

PLS 指数	国家 1	国家 2	国家 3	国家 4	国家 5
国家 1	0.000	0.026	0.507	0.035	0.436
国家 2	0.026	0.000	0.299	0.034	0.238
国家 3	0.507	0.299	0.000	0.906	0.001
国家 4	0.035	0.034	0.906	0.000	0.798
国家 5	0.436	0.238	0.001	0.798	0.000

WLQ 指标:以计算国家 1 为基准国,国家 2 为对比国的 WLQ 指标值为例,计算过程如下,具体结果如表 6-16。同样地,WAQ 指标结果为表 6-17。

表 6-16　五国相似度 WLQ 表(最短距离法)

WLQ 指数	国家 1	国家 2	国家 3	国家 4	国家 5
国家 1	0.000	0.004	0.185	0.040	0.209
国家 2	0.004	0.000	0.174	0.036	0.202
国家 3	0.185	0.174	0.000	0.362	0.000
国家 4	0.040	0.036	0.362	0.000	0.407
国家 5	0.209	0.202	0.000	0.407	0.000

$WLQ_{1,2}=0.5\times$(基本类1在国家1支出份额+基本类1在国家2支出份额)$\times$[ln(基本类 1 的$PPP_{1,2}/Fisher_{1,2}$)]^2

$=0.5\times$(基本类 2 在国家 1 支出份额 + 基本类 2 在国家 2 支出份额)$\times$[ln(基本类 2 的$PPP_{1,2}/Fisher_{1,2}$)]^2

$=0.5\times$(基本类 3 在国家 1 支出份额 + 基本类 3 在国家 2 支出份额)$\times$[ln(基本类 3 的$PPP_{1,2}/Fisher_{1,2}$)]^2

$=0.5\times(0.36+0.2275)\times[\ln(9.615/9.909)]^2$

$=0.5\times(0.24+0.1225)\times[\ln(8.939/9.909)]^2$

$=0.5\times(0.4+0.65)\times[\ln(10.439/9.909)]^2$

$=0.004$

表 6-17 五国相似度 WAQ 表(最短距离法)

WAQ 指数	国家 1	国家 2	国家 3	国家 4	国家 5
国家 1	0.000	0.007	0.458	0.083	0.513
国家 2	0.007	0.000	0.463	0.075	0.536
国家 3	0.458	0.463	0.000	1.052	0.000
国家 4	0.083	0.075	1.052	0.000	1.168
国家 5	0.513	0.536	0.000	1.168	0.000

(四)两两国家最优路径

步骤四:根据上步求出的相似度指标矩阵,利用 Dijkstra 算法得到两两国家连接的最优路径。Dijkstra 算法是典型最短路径算法,用于计算一个节点到其他节点的最短路径,分别以 PLS、WLQ、WAQ 为基础形成的两两最优路径如表 6-18、6-19、6-20 所示。

表 6-18 PLS 指标生成的最短距离路径表

国家 1 为基准	国家 2 为基准	国家 3 为基准	国家 4 为基准	国家 5 为基准
1	2—1	3—5—2—1	4—1	5—2—1
1—2	2	3—5—2	4—2	5—2
1—2—5—3	2—5—3	3	4—2—5—3	5—3
1—4	2—4	3—5—2—4	4	5—2—4
1—2—5	2—5	3—5	4—2—5	5

表 6-19 WLQ 指标生成的最短距离路径表

国家 1 为基准	国家 2 为基准	国家 3 为基准	国家 4 为基准	国家 5 为基准
1	2—1	3—2—1	4—2—1	5—3—2—1
1—2	2	3—2	4—2	5—3—2
1—2—3	2—3	3	4—2—3	5—3
1—2—4	2—4	3—2—4	4	5—3—2—4
1—2—3—5	2—3—5	3—5	4—2—3—5	5

表 6-20　WAQ 指标生成的最短距离路径

国家 1 为基准	国家 2 为基准	国家 3 为基准	国家 4 为基准	国家 5 为基准
1	2—1	3—1	4—2—1	5—3—1
1—2	2	3—2	4—2	5—3—2
1—3	2—3	3	4—2—3	5—3
1—2—4	2—4	3—2—4	4	5—3—2—4
1—3—5	2—3—5	3—5	4—2—3—5	5

（五）最短距离

步骤五：基于连接路径和费雪指数矩阵，得到最优路径，即 MD（Fisher）。与原始费雪矩阵不同的是，此双边比较指数矩阵更为可靠，通过将最相似国家的费雪指数进行连接得到。

$$MD_{jk}(Fisher) = F_{ji_1}\left[\prod_{l=1}^{P-1} F_{i_l,i_{l+1}}\right] F_{i_p,k}$$

其中 j、k 分别为基准地区和对比地区，而 l 表示在所求得的最优路径中，基准地区与对比地区之间的“桥梁地区”。

以 PLS 指标为例，按照该指标生成的路径将费雪指数进行连接，计算得到 MD（Fisher），计算步骤如下：

$MD(Fisher_{1,1}) = 1$

$MD(Fisher_{1,2}) = Fisher_{1,2} = 9.909$

$MD(Fisher_{1,3}) = Fisher_{1,2} \times Fisher_{2,5} \times Fisher_{5,3} = 3.159$

$MD(Fisher_{1,4}) = Fisher_{1,4} = 0.882$$MD(Fisher_{1,5}) = Fisher_{1,2} \times Fisher_{2,5} = 4.773$

分别以 PLS、WLQ、WAQ 为基础形成的最短距离如表 6-21、6-22、6-23 所示。

表 6-21　由 PLS 指标得到的最短距离表

MD (FISHER)-PLS	国家 1	国家 2	国家 3	国家 4	国家 5
国家 1	1.000	9.909	3.159	0.882	4.773
国家 2	0.101	1.000	0.319	0.091	0.482
国家 3	0.317	3.136	1.000	0.285	1.511
国家 4	1.134	11.018	3.513	1.000	5.308
国家 5	0.210	2.076	0.662	0.188	1.000

表 6-22　由 WLQ 指标得到的最短距离表

MD (FISHER)-WLQ	国家 1	国家 2	国家 3	国家 4	国家 5
国家 1	1.000	9.909	3.065	0.899	4.631
国家 2	0.101	1.000	0.309	0.091	0.467
国家 3	0.326	3.233	1.000	0.293	1.511
国家 4	1.112	11.018	3.408	1.000	5.149
国家 5	0.216	2.140	0.662	0.194	1.000

表 6-23　由 WAQ 指标得到的最短距离表

MD (FISHER)-WAQ	国家 1	国家 2	国家 3	国家 4	国家 5
国家 1	1.000	9.909	3.353	0.899	5.066
国家 2	0.101	1.000	0.309	0.091	0.467
国家 3	0.298	3.233	1.000	0.293	1.511
国家 4	1.112	11.018	3.408	1.000	5.149
国家 5	0.197	2.140	0.662	0.194	1.000

(六) 五国 PPP

步骤六:将国家 1 选定为基准国,通过 GEKS 法对最短距离 MD (Fisher) 表中的元素进行调整,最终得到 GDP 层级的满足可传递性的 PPP。

以 PLS 指标为例,计算过程如下:

$$PPP_{12} = \left(\frac{PPP_{11} \times PPP_{12} \times PPP_{13} \times PPP_{14} \times PPP_{15}}{PPP_{21} \times PPP_{22} \times PPP_{23} \times PPP_{24} \times PPP_{25}}\right)^{\frac{1}{5}} = 9.869$$

$$PPP_{13} = \left(\frac{PPP_{11} \times PPP_{12} \times PPP_{13} \times PPP_{14} \times PPP_{15}}{PPP_{31} \times PPP_{32} \times PPP_{33} \times PPP_{34} \times PPP_{35}}\right)^{\frac{1}{5}} = 3.147$$

$$PPP_{14} = \left(\frac{PPP_{11} \times PPP_{12} \times PPP_{13} \times PPP_{14} \times PPP_{15}}{PPP_{41} \times PPP_{42} \times PPP_{43} \times PPP_{44} \times PPP_{45}}\right)^{\frac{1}{5}} = 0.892$$

$$PPP_{15} = \left(\frac{PPP_{11} \times PPP_{12} \times PPP_{13} \times PPP_{14} \times PPP_{15}}{PPP_{51} \times PPP_{52} \times PPP_{53} \times PPP_{54} \times PPP_{55}}\right)^{\frac{1}{5}} = 4.754$$

最终得到的五国 GDP 层级 PPP 如表 6-24 所示。

表 6-24 五国 PPP 结果表(最短距离法)

国家	PPP(P1s)	PPP(WLQ)	PPP(WAQ)
国家 1	1.000	1.000	1.000
国家 2	9.869	9.909	10.271
国家 3	3.147	3.065	3.235
国家 4	0.892	0.899	0.932
国家 5	4.754	4.631	4.887

第三节 最优路径法综合评价

最优路径法最大的优势是对较为相似的国家或地区进行 PPP 的计算,这对于实现各国真实经济规模比较非常重要。劣势是该类方法尚未完全成熟,在路径确定上存在提升空间。

一、最优路径法优势分析

最优路径法的优势较为明显,可以将最为相似的地区进行比较,也可以将事先的定性判断引入路径确定方法中,且受第三方国家或地区的影响较小。

（一）对特征最接近的地区进行直接比较

最短距离法致力于求解各地区相对基准地区的最短路径，则每一条连接中的地区在经济特征、消费结构等方面均较为接近，这对于经济实力比较而言，是非常好的特征，可以最大限度地保证了对比地区间的同质可比性，由此所形成的双边指数的可靠性可达到最大，并可以得到较为准确的结果。

（二）可预先对特定国家或地区可能存在的关联设定限制条件

基于最短距离法原理，通过对地区相异度指标值进行改进，来预先对特定地区间可能存在的关联设定限制条件，进而最大可能地得到与现实情况相符的比较路径。比如，我们不希望将北京与西藏连接到一起，则可以用一个较大的虚拟值来代替 k 阶的 PLS、WLQ、WAQ 矩阵中北京与西藏的相异度指标值，来作为限定条件。另外，希尔曾指出，由于各国或各地区统计区的数据质量参差不齐，部分国家的统计局拥有更优化的资源，最短距离法可以对该情况进行改进，使资源条件不足的国家尽量仅与一个国家具有双边关联关系。

（三）任意两区域的数据可得性变强

在国际间经济实力比较中，最短距离法的主要缺陷就是任意两国之间的距离（权值）数据不易获得，从而影响该方法的推广使用。在一国内部，任意两区域之间的数据是可得且易得的。显然，这已不再是该方法推广使用的桎梏。

（四）受第三地区的影响较小

相比其他的多边比较方法，例如 GEKS 法和 GK 法，在对各国或地区进行多边比较时，需要所有参与地区的产品价格和支出数据，其中一个地区的信息变动则会影响整体的比较结果，而最短距离法，由于国家两两比较相对独立，比较结果受第三方的影响较小。

二、最优路径法劣势分析

目前在国际比较项目中较为主流的比较方法主要为 CPD 法、GEKS

法和 GK 法，相对来说，最小间隔树法及其改进方法——最短距离法较不被大家所熟知和认可，很难成为 ICP 的主要方法，其劣势主要表现在相异性指标的确定尚存在不足、最短路径可能不唯一。

（一）相异性指标的确定存在不足

在运用某种相异性指标来衡量国家间的相似性时，目前存在三类指标，即拉氏帕氏差、加权对数二次方指标和加权渐进二次方指标，目前尚不能确定哪种方法较为准确、更能贴合实际。或者是否应寻求其他指标进行相异性判断，尚未可知。

（二）最短路径法可能不唯一

当间隔树中每条边的权重互不相同时，通过最短距离法得到的连接路径是唯一的。但若有两个甚至更多边的权重存在相同数值时，求得的最优化路径将不唯一。此时，在某个连接路径中，两地区会由于权重较小而直接相连；但由于存在不唯一性，在另一个图中，二者可能不会直接连接到一起，由此造成多边比较结果的混乱。

第七章　国家平均价格的计算方法及改进

世界经济真实规模测度的重要基础数据是比较产品列表中各产品的国家平均价格,该数据是计算基本类 PPP 的唯一基础数据,也是计算汇总 PPP 的两大基础数据之一(另一基础数据为支出份额)。

第一节　欧盟的产品国家平均价格计算方法

一、欧盟比较项目产品及适用性

欧盟比较项目是在欧盟成员之间进行的经济真实规模比较,由于欧盟成员国的统计能力整体水平较高,欧盟比较项目使用的数据质量较高、使用的统计技术的理论特性更优。

(一)欧盟比较项目使用的产品规格

欧盟比较项目使用的产品规格类型分为两类:特定品牌和型号规格、通用规格。特定品牌和型号规格是指定特定品牌和规格的产品进行定价。通用规格仅对具有列出的相关参数的产品进行定价,并不指定任何品牌和型号。由于品牌和型号的定义很严格,国家定义特定品牌和型号规格的产品,原则上是定义同一种产品。通用规格是很宽松的定义,国家定义通用规格的产品,原则上是对可比产品进行定价。

(二)产品规格设定上的缺陷

品牌影响力对产品规格非常重要。消费者通常认为某些品牌的产品优于其他品牌销售的类似产品,主要原因是一些品牌被认为具有优于其他品牌的品质。例如,专有药物通常被认为比具有完全相同组成成分和性质的非专利药物更可靠。消费者愿意为具有品牌价值的品牌支付更多费用。具有品牌价值的品牌名称是价格决定特征,因此应包括在产品规格中。

但是,特定品牌和型号规格有两个可能的缺陷:一些特定产品可能在一些国家并不能得到,即使可以得到,也不一定具有代表性;在不同国家进行定价的特定产品在技术参数上可能匹配,但是如果不同国家的相同品牌没有相同的品牌价值,那么它们就不具有可比性。这样的价格差异不仅包括纯粹的价格差异,还有质量差异。

在实践中,不同国家或地区相同品牌和型号的产品不一定相同或甚至不具有可比性,而通用规格(尤其是太宽松的和太开放的规格定义)容易受到质量变化的影响。由于欧盟统计局和经合组织都没有调整价格以适应质量差异,因此产品规格,特别是通用规格,必须足够详细,以确保参与国对相同或相似质量的产品进行采价。

二、空间调整因子

空间调整因子(Spatial Adjustment Factor,SAF)是欧盟产品国家平均价格计算的特殊产品,需要各国有较强的统计能力支撑。目前,在世界银行的国际比较项目中并未推行。

(一)空间调整因子的产生背景

实际中,大多数经济体仅从首都城市或有限数量的地点收集价格,ICP 手册中介绍一种标准化因子,其将会对此类价格进行全国化处理。此类标准化因子可取自 2005 年国际比较项目年数据中的 CPI 指数,或者可取自 2009 年的 ICP 活动实践,具体选择取决于区域实际情况。由于 ICP 产品分类可能不会遵循其在国家 CPI 中的分类规则,因此使用 CPI 指数使城市价格转化为国家价格时,国家协调机构应谨慎对待。

欧盟国家在标准化因子的基础上,提出了空间调整因子的概念,用来将参与国经济领域内的多个区域的平均价格调整为国家平均价格。

（二）空间调整因子的内涵

空间调整因子的本质是衡量各地区价格水平的区域差异，通过衡量在不同地区购买相同一篮子产品或服务所需支付的价格之比，来反映价格水平的区域差异。空间调整因子衡量地区间价格差异，可以将其应用于以下两个方面。

1. 将地区平均价格调整为国家平均价格

在参与 ICP 时，研究者为了得到真实可靠的产品国家平均价格，会从很多地区收集产品的价格。从理论上讲，应该均匀地分配不同地区的权重，即对各地区价格计算简单算术平均值，这样就可以避免地区间价格差异的影响。

2. 比较各地区的贫困程度

贫困是世界性的问题，无论是发达国家还是发展中国家都存在贫困现象，如何有效测量贫困、拟定贫困标准是很多学者和国际发展机构共同关心的问题。

世界银行将每人每日 1 美元定义为最低贫困线标准，但是这个国家标准是否适用于中国各地区，还有待商榷。一方面，由于居住地区、种族和文化的不同，同样收入对应的福利状况可能相差甚远。另一方面，由于地区间货币购买力的差异，购买同样的生活必需品，花费也不一样。因此，选取各地区基本消费品的价格，应使用空间调整因子调整地区价格水平，得出基本生活的必要支出，进而比较各地区的贫困程度。

（三）空间调整因子的计算方法

国家建立空间调整因子可以遵循两种方法：既可以根据可用的 CPI 数据计算，也可以从旨在衡量消费者价格水平的区域差异的特定调查中得出。

空间调整因子的计算与欧盟统计局计算购买力平价 PPP 的方法相同，都使用 GEKS 法。假定国家平均价格 PPP = 1，使用 GEKS 法得到地区 PPP 后，对地区 PPP 取倒数即得空间调整因子。但是需将产品全国平均价格和地区平均价格的比值取几何平均数也可得到地区基本类空间调整因子。

三、产品国家平均价格的空间推算方法

（一）基本类层面的 GEKS 法

GEKS 法是欧盟地区首选的用于基本类以下和基本类以上的汇总方法。

基本类层面计算 PPP 采用不加权的 GEKS 法。首先得到一篮子商品和服务的平均价格，将其代入下面的公式，得到基本类层面的 PPP。基本类层面的 GEKS 法 PPP 是基本类层面的所有商品和服务价格比值的几何平均数，如公式（7-1）所示。

$$ppp_{jk} = \left(\sum_{i=1}^{N} \frac{p_{ik}}{p_{ij}} \right)^{\frac{1}{N}} \tag{7-1}$$

（二）基本类层面以上的汇总

在基本类以上使用加权的 GEKS 法，在得到各地区基本类 PPP 和地区各基本类的支出权重后，首先计算拉氏价格指数、帕氏价格指数，其次对这两个指数几何平均求费雪指数，最后使用 GEKS 法得到具有传递性的购买力平价指数。

拉氏价格指数为各基本类 PPP 的加权平均，权数为基准国各基本类产品消费额占总消费额的比重。如公式（7-2）所示，其中 1 代表基准国，2 代表对比国，每个基本类的 PPP 为 $ppp_i^{1,2} = p_i^1 p_i^2$，$w_i^1$ 代表基本类 i 在基准国 1 的支出份额。

$$ppp_L^{1,2} = \frac{\sum_{i=1}^{n} p_i^2 q_i^1}{\sum_{i=1}^{n} p_{i=1}^1 q_i^1} = \sum_{i=1}^{n} w_i^1 ppp_i^{1,2} \tag{7-2}$$

帕氏价格指数各基本类 PPP 的加权调和平均，权数为对比国各基本类产品消费额占总消费额的比重。如公式（7-3）所示，其中 1 代表参照国，2 代表比较国，每个基本类的 PPP 为 $ppp_i^{1,2} = \frac{p_i^2}{p_i^1}$，$w_i^2$ 代表基本类 i 在比较国 2 的支出份额。

$$ppp_p^{1,2} = \frac{\sum_{i=1}^{n} p_i^2 q_i^2}{\sum_{i=1}^{n} p_{i=1}^1 q_i^2} = \frac{1}{\sum_{i=1}^{n} \frac{w_i^2}{ppp_i^{1,2}}} \tag{7-3}$$

费雪价格指数是迪沃特(1976)提出的精确指数，拉氏指数和帕氏指数的简单几何平均即为费雪指数，如公式(7-4)所示。

$$ppp_F^{1,2} = (ppp_L^{1,2} \times ppp_p^{1,2})^{\frac{1}{2}} \tag{7-4}$$

GEKS 法购买力平价指数是借助第三个国家来间接的计算两国间的 PPP。假设有 C 个国家，以国家 j 为基准国的国家 k 的传递性 GEKS 法 PPP 的计算如公(7-5)所示。

$$ppp_{EKS}^{j,k} = \left\{ \prod_{l=1}^{c} \frac{ppp_{Fisher}^{j,l}}{ppp_{Fisher}^{k,l}} \right\}^{\frac{1}{c}} \tag{7-5}$$

第二节　世界银行的产品国家平均价格计算方法

一、世界银行推荐的加权平均法

世界银行国际比较项目手册 *Measuring the Real Size of he World Economy*(2013)对产品国家平均价格推算方法的说明，内容不足两页，完全是指导性的，建议各国在计算产品国家平均价格时使用加权平均的方法，但并未说明使用什么指标或如何进行加权。

在之前进行的 ICP 调查以及 2011 年开展的调查中，平均价格的计算可按照数学领域使用的方法用于计算产品国家平均价格。这些方法当中，最常见的方法包括算术平均数、几何平均数以及调和平均数。假设有 n 个报价的产品。国家平均价格可计算如公式(7-6)、公式(7-7)和公式(7-8)。

$$\text{算术平均数} = \frac{1}{n}\sum_{i=1}^{n} P_i \tag{7-6}$$

$$\text{几何平均数} = \sqrt[n]{\prod_{i=1}^{n} P_i} \tag{7-7}$$

$$调和平均数=\frac{1}{\frac{1}{n}\sum_{i=1}^{n}\frac{1}{P_i}} \tag{7-8}$$

世界银行鼓励国家协调机构在经济体中的多个地点进行价格采集，以使结果代表全国平均价格。如按建议进行收集价格，则将从市区和郊区均匀地挑选店铺。大多数经济体中，城市地区通常比农村人口多，大部分人口可能集中在少数几个城市。若在不同经济活动水平且不同人口分布的多个地区收集价格，则考虑人口密度和经济活动中的不平等性。经济体应根据不同水平数据的可用性提供不同类别的权重，这些类别包括国家、地区（国家以下一级）、城市/农村、位置/商店类型。

（一）无地理权重

在分配不同位置的权重时会出现困难，因为不同产品或不同组合的产品具有不同的权重，而且城市层面和国家层面的信息并不像商店的信息容易得到。由于操作难度，我们更容易平等的对待每一位置，也就是说，如果从 n 个位置收集价格信息，在每一位置分配一个相同的权重。这相当于不分配权重，因为在平均过程中没有考虑产品价格以外的其他因素。2005 年国际比较项目中采用的方法是从所有地点获得价格的简单算术平均数。这种方法可能不能准确地反映现实，但是它仍然可以将权重考虑在内。由于人口密度较高，更多的商店可能会在人口密集的地区定价，并且这些地区的销售水平也较高。

（二）分级加权

如果一个经济体内不同区域的权重是现成的，如 2005 年国际比较项目建议，可使用分级加权系统，也就是说在任何层级内，该层级总价由它的组成部分构成。这种方法将根据人口、销售量和支出等要素将一个经济体分为不同的区域。

分层加权方案是将一个经济体分为不同的层面，从顶部开始加权。如表 7-1 所示，将经济体分为区域 A 和区域 B 两个部分，如果区域 A 的总权重为 70（即支出或销售额的 70%）且该区域城市和农村区域之比为 3 : 2，那么区域 A 中城市区域的权重为 3/（3 + 2）× 70 = 42。

表 7-1　区域经济体分类示例表

<table>
<tr><td colspan="6">经济体</td></tr>
<tr><td colspan="4">区域 A</td><td colspan="2">区域 B</td></tr>
<tr><td colspan="2">市区</td><td colspan="2">乡村</td><td>市区</td><td>乡村</td></tr>
<tr><td>城市 A</td><td>城市 B</td><td>城镇 A</td><td>农村 A</td><td>城市 C</td><td>乡村 B</td></tr>
</table>

假设经济体中区域 A 和区域 B 的权重比为 70∶30,区域 A 中市区和乡村的比重为 3∶2,区域 B 中市区和乡村之间的比重为 2∶1,则权重的测算结果如表 7-2 所示。

表 7-2　区域经济体权重比表　　（单位:%）

<table>
<tr><td rowspan="4">总计 100</td><td rowspan="2">区域 A 70</td><td>市区 42</td></tr>
<tr><td>乡村 28</td></tr>
<tr><td rowspan="2">区域 B 30</td><td>市区 20</td></tr>
<tr><td>乡村 10</td></tr>
</table>

表 7-2 反映了产品在不同位置的权重。理想情况下,权重应反映销售的产品数量。因此,对于产品 1,如果区域 A 的城市区域占总销售额的 42%,其为决定平均价格的权重。然而,在许多情况下,很难实现这样详细的分解过程,一般采取一些简化的程序。例如,如果我们知道区域 A 的国民食物(或个人消费)支出为 40%,但是并没有获得单个产品的详细数据,区域 A 中组成国家食品(或个人消费)支出的所有产品可使用 40% 这一数值,公式为(7-9)。

$$p_{national} = \frac{\sum_{i=1}^{n} p_{region}^{i} w_{region}^{i}}{\sum_{i=1}^{n} w_{region}^{i}} \tag{7-9}$$

(三)自加权设计

由于我国地区间差异很大,将各省级行政区产品的地区平均价格进行简单算术平均作为全国平均价格是不合理的,如果直接计算全国平均价格,应确保每个区域收集的价格数量都能反映该区域国家支出中的重要性。在每个位置，选择多个网点收集给定产品的价格，利用简单的加权算术平均方法计算均值。这个平均值通常是自加权的，在这个意义上，人口密集的地方往往有更多的网点，因此这些地区的采样数目比较大。对于更高的层次，经济体利用销售量、支出、人口密度或这些指标的结合来计算权重价格。

加权平均的一个重要问题是设计权重。一般情况下，可得详细信息的最低层次是市区和农村，更低层次的位置和商店类型的信息搜集难度较大，数据缺失严重，这时可以赋予各个地区相同的权重，即计算简单算术平均数。销量可以作为市区或农村区域的权重，但是销售数量很难统计，这种情况下以销售额来表示消费权重。当消费额缺失时，可以以支出额代替销售额。一般来说，人口数量与销售量成正比，因此人口因素可以作为权重的一个选项。还可以将以上指标进行组合作为消费权重。表7-3列出了可供选择的权重。

权重选择不仅适用于产品，还适用于更高的等级，如组别、类别。如果并未提供较低水平的权重，这个水平内的所有产品可应用高等级水平的权重。

表7-3　权重设计选择表

等级	选项1	选项2	选项3	选项4	选项5
国内	未加权	销售额	支出	人口	这些指标的组合
区域	未加权	销售额	支出	人口	这些指标的组合
市区/农村	未加权	销售额	支出	人口	这些指标的组合
位置/商店类型	未加权（自加权）				

二、加权平均法在各国的执行与核心问题

（一）不同的权重与产品有关

一般情况下，每个国家都具有一套权重体系，权重应反映产品的销售数量。但是由于地域、宗教、生活习惯等原因，即使处于同一个国家，各地产品的消费结构也大不一样。一套权重体系并不能代表所有产品的消费比例。

以美国为例，美国是出了名的肉食大国，每年牛排、汉堡消耗大量红肉，但并不是美国各地都爱吃肉（见表7-4）。蒙大拿州是最爱吃肉的地区，而缅因州人民不爱吃肉，一周只吃一到两次；美国中部那些种植各类果蔬、农场遍地的地区，是最不爱吃蔬菜的地方，相反，加州、纽约市、佛罗里达州、哥伦比亚特区、俄勒冈州、夏威夷州的人民，则更偏爱每天食用新鲜蔬菜；海岸线上的几大洲人民都爱吃甜点，相反中西部人民就对此很有抵抗力；美国偏爱葡萄酒和喜欢喝啤酒的人数几乎各占一半。然而，这种喜爱却有着鲜明的地域差别，葡萄酒在东部和西部海岸更受欢迎，啤酒则更受中西部人民追捧。

表7-4　地区人民偏爱食物表

	东　部	中　部	西　部
肉类	×	×	
蔬菜	×		×
甜点	×		×
葡萄酒	×		×
啤酒		×	×

中国是一个地域广阔、多民族的国家。首先由于地域和种植作物的原因，南方吃米，北方食面；由于气候原因，导致一些水果的消费量呈地域变化，北方苹果消费量高，南方橘子消费量高；由于天气原因，北方为了抵制寒冷，煤炭消耗量高，南方的煤炭消耗量相对较小。

产品的消费结构不一致，一套权重体系也不能反映所有产品的消费特点。以美国为例，假设东、中、西的权重比为40∶20∶40，东部和西部区域的比重较大，对于蔬菜和葡萄酒来说是恰当的，因为蔬菜和葡萄酒在东部和西部的消费量比中部大，然而对于肉类、啤酒和甜点来说却是不合理的，肉类在中部的消耗量是极大的，赋予的权重较小，将会影响肉类的全国平均价格，测算值会小于实际值。

（二）各国的权重标准不一

权重的确定有利于国家平均价格的准确计算，国际上没有一个统一的权重选择标准,各国在执行上的差异很大。

一些国家由于统计能力有限,在权数收集上面临困难。比如在中国,农村人口基数大,地域分布广泛,产品消费能力十分可观;但是数据缺失较为严重,国家统计局亦不能提供相关数据,不能准确判断农村产品的消费结构和具体消费量。在这种情况下,为了确保各地区的一致性,会采用算术平均值作为国家平均价格。

即使权重可以获得,但各国权重是什么互相并不透明,有的国家选择消费额或支出额,有的选择人口作为权重。因此权重是各国全国平均价格水平计算的核心问题,显然,权重不同,国家平均价格的数据结果也不同,致使国际比较项目结果产生差异,甚至产生极大差异。

第三节　空间统计技术引入国家平均价格计算的分析

一、空间统计技术引入的必要性

长期以来,在考虑经济问题时,由于空间问题的复杂性而假设空间均质,导致研究结果的解释力不强。实际上,任何事物都不是单独存在的,正如地理学第一定律所说:"任何事物之间均相关,而离得较近的事物总比离得较远的事物相关性要高。"

在实际生活中,价格水平和地区位置息息相关。一方面,价格水平具有群聚效应,商品价格水平一般遵循东高西低的原则,根据 GEKS 法得出的各地区 PPP,我们可以发现,价格水平排名前十位的城市中有八个是东部城市,而价格水平排名后十位的城市中有九个是中西部城市。另一方面,由于空间外溢效应的影响,一个省份商品的价格可能会对周边省份商品价格造成影响。

二、基于加权 GEKS 模型引入空间权重

加权 GEKS 法计算指数的核心在于设置权重。首先,考虑到价格水

平较高的省份位于东部地区，价格水平较低的省份位于中西部地区，所以可以按区域设置重要性指标。其次，考虑到各省商品价格间的相互影响，可以考虑引入空间效应计算加权 GEKS 指数。

（一）加权 GEKS 模型

GEKS 模型的使用理念是：（1）两国直接比较，最接近两国真实情况的方法。（2）GEKS 法产生了一种最接近于双边比较矩阵的具有传递性的比较方式。

GEKS 法在使用时赋予所有双边比较相同的权重，但我们明白不是所有的双边比较都是同质的，双边比较的可靠性需要考虑以下方面：（1）基本类的可靠性将取决于通常定价的项目数量。（2）可靠性取决于在一个国家具有代表性的商品在另一个国家定价的商品数量。（3）国家可能处于不同的发展水平：价格结构可能不一致或者数量结构可能不一致。（4）国家的规模不同。

上述考虑就意味着在做传递性比较时，一些连接比较 PPP 应该赋予较少的权重，或者说一些双边比较不那么重要。普若萨达（2009）描述的加权 GEKS 法利用回归方程来解释双边比较的不同的可靠性水平。回归方程为公式（7-10）。

$$\sqrt{w_{jk}}\ln p_{jk} = \sqrt{w_{jk}}\ \pi_k - \sqrt{w_{jk}}\ \pi_j + u_{jk}^{*} \tag{7-10}$$

其中 $E(\mu_{jk}^{*})=0$，$v(\mu_{jk}^{*})=\sigma^2$ 对于任何 $j,k=1\cdots M,j\neq k$。W_{jk} 代表可靠性，值越大代表双边比较越可靠，误差越小。可以通过公式（7-11）的方程得到加权 GEKS 指数。

$$\begin{bmatrix} \sum_{j\neq1}^{M} w_{1j} & -w_{12} & \cdots & -w_{1m} \\ -w_{21} & \sum_{j\neq1}^{M} w_{2j} & \cdots & -w_{2m} \\ \cdots & \cdots & \cdots & \cdots \\ -w_{m1} & -w_{m2} & \cdots & \sum_{j\neq1}^{M} w_{mj} \end{bmatrix} \begin{bmatrix} \hat{\pi}_1 \\ \hat{\pi}_2 \\ \cdots \\ \hat{\pi}_m \end{bmatrix} = \begin{bmatrix} -\sum_{j\neq1}^{M} w_{1j}\ln p_{1j} \\ -\sum_{j\neq1}^{M} w_{2j}\ln p_{2j} \\ \cdots \\ -\sum_{j\neq1}^{M} w_{mj}\ln p_{mj} \end{bmatrix} \tag{7-11}$$

假设 $\hat{\pi}_1=0$ 或者 $PPP_1=1$，根据这个条件可以求出 $\hat{\pi}_2,\hat{\pi}_3,\cdots,\hat{\pi}_m$，

$PPP_{jk}=\frac{e^{\pi_k}}{e^{\pi_j}}$。

（二）研究设想

1. 以区域化分设置重要性指标

当进行双边比较的两个地区的经济水平、消费结构和数量结构相同时，计算得到的 PPP 会更加可靠；反之，当地区间的距离和经济发展水平相差很多时，得到的 PPP 误差会较大。我国区域经济的划分，是依据各自的地理位置、经济发展水平相结合长期演变而形成的。处于同一区域的省份经济水平、消费结构相似，而处于不同区域的省份由于距离和经济水平的差异，在产品消费上的共性很低。

因此，对比国在使用加权 GEKS 法时，要考虑地区间的相似性。处于同一区域的两地区，赋予较高的重要性权重；而处于不同区域的地区间，由于相似程度低，赋予较低的重要性权重。

2. 引入空间效应权重矩阵

由于在以往的研究中，关于 PPP 的测算方法很少考虑空间效应。因此对比国在加权 GEKS 法中引入空间权重，用空间权重调整双边比较指数，得到具有传递性的价格指数。

三、权重矩阵的设置

（一）重要性权重的确定

产品的重要性是世界经济真实规模测度中的一个难点，如第四章内容所示，目前尚无较为科学理性的判断重要性的规则或依据。因此，这里在重要性确定中参考加权 CPD 模型的设置，将同区域的地区间权重设为 3，跨区域的重要性权重设为 1。

（二）空间效应权重矩阵的确定

对比国构建了以下三种空间权重矩阵：地理距离权重矩阵（W_1）、经济距离权重矩阵（W_2）、地理经济距离空间权重矩阵（W_3）。

1. 地理距离权重矩阵（W_1）

由 W_{ij} 表示 i 地区省会与 j 地区省会最近公路里程的倒数，如公式

(7-12)所示，其中 d_{ij} 代表 i 地区省会与 j 地区盛会最近公路里程。

$$w_{ij}=\begin{cases}\dfrac{1}{d_{ij}} & i\neq j\\ 0 & i=j\end{cases} \tag{7-12}$$

2. 经济距离权重矩阵(W_2)

该矩阵考虑了经济发展水平存在空间相关性。W_{ij} 为 i 地区人均 GDP 年均值与 j 地区人均 GDP 年均值绝对差值的倒数，如公式(7-13)所示，其中 x_i 代表 i 地区人均 GDP。

$$w_{ij}=\begin{cases}\dfrac{1}{|x_i-x_j|} & i\neq j\\ 0 & i=j\end{cases} \tag{7-13}$$

3. 地理经济距离空间权重矩阵 (W_3)

只考虑地理距离和经济距离空间权重矩阵会存在一定的局限性，地理经济距离空间权重矩阵把地理因素和经济因素都考虑在内。$W_3=\varphi W_1+(1-\varphi)W_2$，$\varphi$ 介于 0 和 1 之间，表示地理距离权重矩阵所占比重。这里可将对比国的地理因素和经济因素同等看待，因此取 $\varphi=0.5$。既考虑了地理距离的空间影响，也反映了经济因素的空间溢出效应和辐射效应，因而能够更加全面客观地体现截面单位间的空间关联程度。

第 三 篇

世界经济真实规模测度方法的中国试算

第八章　基尼—艾特托—克维斯—斯祖克法中国试算与应用分析

GEKS 法的最大优势是实现传递性，既可用于基本类 PPP 计算，也可用于汇总 PPP 计算。GEKS 法有原始 GEKS 法、GEKS* 法和 GEKS-S 法三种版本，理论上进行了优化。但实践中受各国统计能力强弱的影响，目前使用范围最广的仍然是原始 GEKS 法。这一章侧重讨论由于方法差异引起的真实经济规模、物价水平、消费水平、收入水平、贫困线的变动情况。

第一节　基尼—艾特托—克维斯—斯祖克法基本类购买力平价试算

GEKS 法基本类 PPP 计算的实证分析部分，安排两部分内容：一部分是世界银行手册关于该方法说明的数字示例，用于读者参考和研究；另一部分是根据中国不同地区的产品数据计算基本类 PPP 数据，用于中国地区购买力平价实证研究。

一、世界银行 GEKS 法基本类购买力平价测算示例

（一）基本类 PPP 测算示例

这里以 ICP 手册中"住房维护和维修材料"基本类为例，说明不同 GEKS 法测算基本类 PPP 的具体计算过程及结果比较。该基本类共涉及四个国家和四种产品（见表 8-1），其中产品价格皆以本国货币表示，* 号表示代表性产品。

表 8-1　产品价格和代表性　（单位：本国货币）

产　品	国家 1	国家 2	国家 3	国家 4
室内油漆	33.88	34.90*	753.36*	89.45*
室外油漆	49.19	71.34	1317.93*	149.05
硅酮	4.54*	5.29*	84.74	7.54
水泥	4.57	6.30*	60.07*	5.55

1. 计算产品的直接双边 PPP

根据第四章对 GEKS 法的讨论可知，原始 GEKS 法、GEKS* 法和 GEKS-S 法三种方法的计算步骤较为相似，需要首先计算出单个产品在任意两个国家间的 PPP，有时候也被称为产品价格比率；即基本类中每个产品的直接双边 PPP。示例包含四种产品，计算后可得到一个 4×4 的 PPP 矩阵。如下矩阵 A、B、C、D 分别表示产品“室内油漆”“室外油漆”“硅酮”“水泥”的 PPP 矩阵计算结果，其中矩阵第 i 行第 j 列锁定的元素表示以国家 i 为基准国、国家 j 为对比国的产品购买力平价。

$$A=\begin{bmatrix}1 & 1.03 & 22.236 & 2.64\\ 0.97 & 1 & 21.586 & 2.563\\ 0.044 & 0.046 & 1 & 0.119\\ 0.379 & 0.39 & 8.422 & 1\end{bmatrix}$$

$$B=\begin{bmatrix}1 & 1.45 & 26.793 & 3.03\\ 0.69 & 1 & 18.474 & 2.089\\ 0.037 & 0.054 & 1 & 0.113\\ 0.33 & 0.479 & 8.842 & 1\end{bmatrix}$$

$$C=\begin{bmatrix}1 & 1.165 & 18.665 & 1.661\\ 0.858 & 1 & 16.019 & 1.425\\ 0.054 & 0.062 & 1 & 0.089\\ 0.602 & 0.702 & 11.239 & 1\end{bmatrix}$$

$$D=\begin{bmatrix}1 & 1.379 & 13.144 & 1.214\\ 0.725 & 1 & 9.535 & 0.881\\ 0.076 & 0.105 & 1 & 0.092\\ 0.823 & 1.135 & 10.823 & 1\end{bmatrix}$$

2. 计算基本类的直接双边 PPP

得到产品直接双边 PPP 数据之后，需要计算具有基本类的直接双边 PPP 指数。下面分别按照原始 GEKS 法、GEKS* 法和 GEKS-S 法的计算要求进行计算和结果展示。

（1）原始 GEKS 法的基本类直接双边 PPP

原始 GEKS 法的基本类直接双边 PPP 即产品直接双边 PPP 的 Jevons 指数，该例中需要对基准国和对比国的全部 4 种产品 PPP 进行几何平均，以国家 1 和国家 2 为例，计算结果为 $PPP_{Jev}^{12}=(1.03\times1.45\times1.165\times1.379)^{\frac{1}{4}}=1.245$。

（2）GEKS* 法的基本类直接双边 PPP

以国家 1 和国家 2 为例说明 GEKS* 法中两国的双边 Jevons（*）指数测算。因为国家 1 的代表性产品只有“硅酮”，所以 $PPP_{12}^{Jevons(1-*)}=1.165$，国家 2 的代表性产品有“室内油漆”“硅酮”“水泥”三种产品，其这些代表性产品计算的指数值为 $PPP_{12}^{Jevons(2-*)}=(1.03\cdot1.165\cdot1.379)^{\frac{1}{3}}=1.183$，所以国家 1 和国家 2 的基本类直接双边 PPP 的 Jevons（*）指数值为 $PPP_{12}^{Jevons(*)}=\sqrt{1.165\cdot1.183}=1.174$。

（3）GEKS-S 法的基本类直接双边 PPP

以国家 2 和国家 3 为例说明 GEKS-S 法中两国的双边 Jevons-S 指数测算。只在国家 2 有代表性的产品有“硅酮”，所以国家 2 和国家 3 的基本类直接 PPP 值为 $PPP_{23}^{Jevons(1-*)}=16.019$。只在国家 3 有代表性的产品有“室外油漆”，所以国家 2 和国家 3 的基本类直接 PPP 值为 $PPP_{23}^{Jevons(2-*)}=18.474$。在国家 2 和国家 3 都有代表性的产品有“室内油漆”和“水泥”，所以第三个 Jevons 指数，即国家 2 和 3 的基本类直接 PPP 值为 $PPP_{23}^{Jevons(**)}=(21.586\cdot9.535)^{\frac{1}{2}}=14.347$。

根据原始数据，只在国家 2 有代表性的产品数量为 1，只在国家 3 中有代表性的产品数量为 1，在两国都具有代表性的产品数量为 2，所以根据第四章 GEKS-S 法的内容，权重的计算为 $W^{**}=\dfrac{2\cdot 2}{2\cdot 2+1+1}=0.666$，$W^{2*}=W^{3*}=0.5\cdot\left(\dfrac{1+1}{2\cdot 2+1+1}\right)=0.167$。所以，加权双边指数值为 $PPP_{23}^{Jevons-S}=[14.347]^{0.666}\cdot[16.019]^{0.167}\cdot[18.474]^{0.167}=15.242$。

同理可以测算出任意两个国家的双边 PPP，所有的双边 PPP 结果构成双边 PPP 矩阵。

3. 计算基本类的多边双边 PPP

最后在双边 PPP 矩阵的基础上利用 GEKS 法基本公式实现可传递性。原始 GEKS 法中由于四个国家的产品价格表完整，所以 Jevons 指数本身具有可传递性，不需调整。GEKS* 法由于只利用了代表性产品的价格信息，因产品价格表不完整而丧失可传递性，需借助 GEKS 公式实现传递性，国家 1 和国家 2 值为：

$$PPP_{12}^{Jevons-GEKS(*)}=$$

$$\left[\frac{PPP_{11}^{Jevons(*)}\cdot PPP_{12}^{Jevons(*)}\cdot PPP_{13}^{Jevons(*)}\cdot PPP_{14}^{Jevons(*)}}{PPP_{21}^{Jevons(*)}\cdot PPP_{22}^{Jevons(*)}\cdot PPP_{23}^{Jevons(*)}\cdot PPP_{24}^{Jevons(*)}}\right]^{\frac{1}{4}}=1.170。$$

GEKS-S 法和 GEKS* 法相类似，由于只利用到代表性产品的价格信息，产品价格表不完整，所以最后需利用 GEKS 法基本公式实现可传递性，以国家 2 和国家 3 为例，基本类 PPP 的值为：

$$PPP_{23}^{Jevons-GEKS(S)}=$$

$$\left[\frac{PPP_{21}^{Jevons-S}\cdot PPP_{22}^{Jevons-S}\cdot PPP_{23}^{Jevons-S}\cdot PPP_{24}^{Jevons-S}}{PPP_{31}^{Jevons-S}\cdot PPP_{32}^{Jevons-S}\cdot PPP_{33}^{Jevons-S}\cdot PPP_{34}^{Jevons-S}}\right]^{\frac{1}{4}}=16.966。$$

本例中三种 GEKS 法测算的“住房维护和维修材料”基本类购买力平价结果见表 8-2。

表 8-2 “住房维护和维修材料”类的购买力平价表

	购买力平价			
	国家 1	国家 2	国家 3	国家 4
原始 GEKS 法	1	1. 245	19. 553	2. 004
GEKS* 法	1	1. 170	18. 725	2. 160
GEKS-S 法	1	1. 088	18. 459	2. 339

（二）基本类 PPP 示例结果分析

据表 8-2 可以看出，以国家 1 为基准国，不同 GEKS 法测算出来的结果具有一定的差异性，如“住房维护和维修材料”类在国家 1 购买需要花费 1 单位的本国货币，原始 GEKS 法算得在国家 2 购买需花费 1. 245 单位的本国货币，GEKS* 法算得在国家 2 购买需花费 1. 17 单位的本国货币，GEKS-S 法算得在国家 2 购买需花费 1. 088 单位的本国货币。

按照原始 GEKS 法、GEKS* 法和 GEKS-S 法的顺序，各国的 PPP 出现逐渐降低的规律，比如国家 2 的 PPP 数值在三种方法下的值分别为 1. 245、1. 170 和 1. 088，国家 3 和国家 4 也出现类似的情况。根据本例来看，考虑产品代表性时，有些价格信息不能纳入计算，或会引起数值降低。与 GEKS 法相比，GEKS* 法和 GEKS-S 法的结果值更为接近。

（三）特殊情况的处理

在实际测算过程中需要注意，尽管 GEKS* 法和 GEKS-S 法都以 * 号标记代表性产品，但二者对代表性产品的分组有所不同。GEKS* 法将代表性产品分为两组：一组是在基准国有代表性的产品；另一组是在对比国有代表性的产品。GEKS-S 法将代表性产品分为三组：第一组是在两国都有代表性的产品；第二组是只在基准国有代表性的产品；第三组是只在对比国有代表性的产品。分组后可能会出现某一组没有代表性产品的情况，如本例中，测算国家 1 和国家 2 的购买力平价时，只在国家 1 有代表性的产品组并没有产品。表 8-3 列出使用 GEKS* 法和 GEKS-S 法测算购买力平价时所有可能出现的情况，并针对不同情况的测算方法予以说明。

表 8-3 GEKS-S 法和 GEKS* 法的特殊情况处理说明表

PPP（只在基准国）	PPP（两国）	PPP（只在对比国）	GEKS-S 法中的双边 Jevons 指数	GEKS* 法中的双边 Jevons 指数
√	√	√	三组 PPP 按照权重加权几何平均	拉氏指数与帕氏指数的几何平均
√	√	×	PPP(两国)	拉氏指数与帕氏指数的几何平均
×	√	√	PPP(两国)	拉氏指数与帕氏指数的几何平均
×	√	×	PPP(两国)	PPP(两国)
√	×	√	PPP(只在基准国)和PPP(只在对比国)的简单几何平均	拉氏指数与帕氏指数的几何平均
√	×	×	缺失值	缺失值
×	×	√	缺失值	缺失值
×	×	×	缺失值	缺失值

二、中国 GEKS 法基本类购买力平价测算

（一）数据及说明

测算国内购买力平价所需数据的收集主要涉及两方面：(1)各地区商品及服务的价格的收集；(2)各地区基本类所占消费权重的确定。因此如何确定具有代表性和可比性的“商品篮子”，使其能够真实地反映居民的实际生活消费情况，是测算购买力平价的关键环节。

1. 数据来源

本书将 31 个省区市①作为研究对象，测算各地区的购买力平价。需要具体产品的价格数据和在 GDP 基本类支出层面的权重数据。鉴于具体单个产品价格数据的保密问题，研究能够取得的在单个产品层面的最新价格数据为 2010 年 65 种产品在 31 个省区市的 2015 个价格数据。其他数据来自官方统计资料，主要来自《中国统计年鉴》《中国物价年鉴》

① 这里的 31 个省区市不包括港澳台地区。

《中国价格及城镇居民收支调查》、中国价格信息网、各地统计年鉴等。

2. 产品选取

由于中国目前尚未形成统一的国内购买力平价的编制方法，因此对于该问题的研究，笔者借鉴居民消费价格指数（Consumer Price Index, CPI）的分类方式。居民消费价格指数，是根据居民日常所消费的篮子商品和服务项目的价格所计算的衡量不同时期平均价格水平变动的相对数，在一定程度上反映了国家通货膨胀的程度，是真实生活成本指数的一个近似指标。而事实上，国内购买力平价可以称作“基于购买力平价的地区消费价格指数”，与居民消费价格指数相似，旨在反映等额货币在不同地区购买力的差异。

目前居民消费价格指数的指标体系已较为完备，其选择的商品或服务类别已基本涵盖居民生活消费的方方面面，故借鉴居民消费价格指数编制中商品及服务的分类方式，按照 8 大类消费支出的分类，其中包括：食品、烟酒及用品、衣着、家庭设备用品及维修服务、医疗保健和个人用品、交通和通信、娱乐教育文化用品及服务、居住等，并进一步将基本类细分为 12 个子类来收集产品价格。

在产品价格的收集上，按照已有的基本类划分，甄选出在各省区市之间可能存在价格差异的商品或服务，以此构建国内购买力平价测度的指标体系。而在产品的选择上主要秉承三大准则：同质可比性、代表性及重要性。根据上述原则，主要收集产品见表 8-4。

表 8-4 代表产品表

中 类	基本类	产 品
食品	粮食	豆腐、菜籽油、大豆油
	肉禽制品及蔬菜	鲜羊肉、鲜猪肉、活鸡、鸡肉、芹菜、油菜、黄瓜、萝卜、茄子、土豆、带鱼、草鱼、鲤鱼、芦柑、苹果、西瓜、食用盐
烟酒及用品	烟	国产烟、进口烟
	酒	啤酒、白酒、葡萄酒
衣着	衣着	女士衬衣、男士衬衣

续表

中类	基本类	产品
家庭设备用品及维修服务	耐用消费品	液晶彩电、滚筒式洗衣机、波轮式洗衣机、空调、冰箱、燃气灶、电热水器
医疗保健和个人用品	医疗项目	挂号费、诊疗费、注射费、手术费、住院费、检查费、检验费
交通和通信	交通	公共汽车月票、公共汽车普票、出租汽车起步价、长途公共汽车汽车票
	通信	本地网营业区内通话、本地网营业区间通话、移动电话资费、有线电视收费、上网费
娱乐教育文化用品及服务	教育	普通大学学费、专科大学学费、高中学费、普通职业高中学费、普通初中学杂费、普通小学学费、托儿保育费
居住	住房	住房综合租金、物业管理费、大学公寓住宿费
	燃料	水费、污水处理费、电费、管道天然气、管道煤气、液化石油气、蜂窝煤、居民采暖

3. 购买力平价测度的权重确定

GEKS 法汇总 PPP 计算时，需要相应基本类的支出权重数据。进行购买力平价测度时，由于各基本类在居民消费性支出中的占比不同，对总指数的影响程度也有所差别，故不能将各基本类的购买力平价进行简单平均来得到最终结果，需要考虑不同基本类的支出权重。因此，如何科学、合理地设立各商品类别的权重来真实地反映居民消费结构，对于国内购买力平价指数的编制具有极其重要的意义。

考虑到居民消费价格指数与国内购买力平价在编制过程中有相似之处，均需要确定各基本类的支出权重，故借鉴居民消费价格指数的调整权数。居民消费价格指数所需权重是根据每一类商品或者服务项目在居民消费总支出中所占比重来计算的，用来反映各基本类价格变动对总指数的影响程度。

4. 基准地区的选择

这里将北京选为基准地区，利用 GEKS 法测算国内 31 个省区市基本类一级的购买力平价，分析其他地区的居民消费支出类别物价水平相比于北京市的高低程度。若某地区购买力平价的测算值高于1,则表明该地区的物价水平高于北京地区,反之低于北京。同样,与全国平均购买力平价相比,当某地区购买力平价大于全国平均购买力平价时,则说明该地区物价水平高于全国平均水平,人民币购买力水平低于全国平均水平;反之亦反。

(二)原始GEKS法基本类PPP测算结果

原始GEKS法基本类购买力平价指数的测算结果见表8-5,通过观察数据,可以发现,与大陆地区其余省份相比,北京市物价水平相对较高的基本类包括:"居住"类、"家庭设备用品及服务"类、"交通"类、"通信"类四种。

1."食品烟酒"类PPP的地区差异

将31个省区市依照物价水平进行排名,"食品烟酒"类价格水平指数排名前五的地区有福建(1.11)、浙江(1.11)、西藏(1.11)、上海(1.13)、海南(1.22),排名后五的地区有河南(0.83)、河北(0.92)、湖北(0.92)、新疆(0.92)、山东(0.92),高于全国水平的地区共计14个。

2."衣着"类PPP的地区差异

"衣着"类价格水平指数排名前五的地区有江苏(1.46)、海南(1.47)、内蒙古(1.51)、西藏(1.67)、浙江(1.73),排名后五的地区有天津(0.59)、河南(0.60)、贵州(0.61)、上海(0.65)、江西(0.67),31个地区中有18个地区的物价水平高于全国平均物价水平。

3."居住"类PPP的地区差异

"居住"类价格水平指数排名前五的地区有天津(1.02)、重庆(1.05)、广西(1.07)、福建(1.11)、广东(1.14),排名后五的地区有甘肃(0.64)、宁夏(0.67)、青海(0.71)、内蒙古(0.75)、山西(0.80),高于全国水平的地区有24个。

4."家庭设备用品及服务"类PPP的地区差异

"家庭设备用品及服务"类排名前五的地区有重庆(0.98)、黑龙江(1.00)、北京(1.00)、浙江(1.02)、天津(1.24),排名后五的地区有湖南(0.69)、新疆(0.74)、广东(0.75)、四川(0.75)、湖北(0.77),共有16个地区高于全国水平。

5.“医疗保健”类 PPP 的地区差异

“医疗保健”类排名前五的地区有陕西(1.46)、青海(1.53)、重庆(1.55)、广东(1.67)、上海(1.93),排名后五的地区有河南(0.87)、安徽(0.93)、广西(0.97)、西藏(0.98)、北京(1.00),物价水平高于全国平均物价水平的地区共计16个。

6.“交通”类 PPP 的地区差异

“交通”类价格水平排名前五的地区有湖南(1.02)、吉林(1.02)、上海(1.02)、海南(1.06)、广东(1.21),排名后五的地区有陕西(0.61)、甘肃(0.70)、新疆(0.77)、西藏(0.77)、湖北(0.78),超过全国水平的地区共有17个。

7.“通信”类 PPP 的地区差异

“通信”类价格水平指数排名前五的地区有宁夏(1.07)、山东(1.07)、浙江(1.10)、重庆(1.18)、河南(1.20),排名后五的地区有西藏(0.50)、上海(0.69)、甘肃(0.69)、天津(0.73)、广西(0.74),超过全国水平的地区共有15个。

8.“教育文化娱乐服务”类 PPP 的地区差异

“教育文化娱乐服务”类价格水平指数排名前五的地区有江苏(1.06)、天津(1.09)、浙江(1.13)、上海(1.26)、广东(1.34),排名后五的地区有青海(0.54)、河南(0.57)、江西(0.58)、辽宁(0.64)、西藏(0.69),物价水平高于全国水平的地区有16个。

表 8-5　31 个省区市原始 GEKS 法基本类 PPP 表

地区	食品烟酒	衣着	居住	家庭设备用品及服务	医疗保健	交通	通信	教育文化娱乐服务
北　京	1.00	1.00	1.00	1.00	1.00	1.00	1.00	1.00
天　津	0.96	0.59	1.02	1.24	1.28	0.93	0.73	1.09
河　北	0.92	0.90	0.91	0.90	1.03	0.80	0.82	0.76
山　西	0.95	0.78	0.80	0.82	1.27	0.92	1.04	0.86

续表

地区	食品烟酒	衣着	居住	家庭设备用品及服务	医疗保健	交通	通信	教育文化娱乐服务
内蒙古	1.00	1.51	0.75	0.81	1.22	0.94	0.76	1.02
辽　宁	0.97	1.05	0.80	0.90	1.17	0.88	1.01	0.64
吉　林	1.00	0.96	0.83	0.96	1.16	1.02	0.78	0.82
黑龙江	1.01	1.37	0.84	1.00	1.18	0.80	0.97	0.78
上　海	1.13	0.65	1.02	0.95	1.93	1.02	0.69	1.26
江　苏	1.08	1.46	0.94	0.92	1.43	0.97	0.90	1.06
浙　江	1.11	1.73	0.95	1.02	1.11	0.94	1.10	1.13
安　徽	0.95	0.95	0.83	0.83	0.93	0.97	0.83	0.86
福　建	1.11	0.72	1.11	0.97	1.38	0.94	0.98	0.99
江　西	0.93	0.67	0.86	0.81	1.43	0.99	0.79	0.58
山　东	0.92	0.95	0.97	0.91	1.40	0.81	1.07	0.89
河　南	0.83	0.60	0.87	0.86	0.87	0.85	1.20	0.57
湖　北	0.92	0.89	0.90	0.77	1.41	0.78	0.88	0.91
湖　南	1.04	0.78	0.82	0.69	1.32	1.02	0.93	1.06
广　东	1.09	0.82	1.14	0.75	1.67	1.21	0.85	1.34
广　西	1.00	1.09	1.07	0.78	0.97	0.91	0.74	0.73
海　南	1.22	1.47	0.91	0.95	1.16	1.06	0.90	0.90
重　庆	1.01	0.99	1.05	0.98	1.55	0.86	1.18	0.84
四　川	1.03	1.02	0.84	0.75	1.39	0.98	0.96	0.77
贵　州	1.04	0.61	0.99	0.77	1.42	0.85	0.77	0.82
云　南	0.95	0.70	0.87	0.87	1.28	0.94	0.81	0.92
西　藏	1.11	1.67	0.82	0.93	0.98	0.77	0.50	0.69
陕　西	1.00	1.04	0.86	0.92	1.46	0.61	0.75	0.85
甘　肃	1.02	1.15	0.64	0.91	1.20	0.70	0.69	0.72
青　海	1.10	0.86	0.71	0.82	1.53	0.86	0.76	0.54
宁　夏	0.93	1.41	0.67	0.84	1.16	0.80	1.07	0.71
新　疆	0.92	1.14	0.80	0.74	1.17	0.77	0.77	0.87
全　国	1.00	0.90	0.80	0.88	1.25	0.89	0.86	0.85

(二)GEKS*法基本类PPP测算结果

表8-6反映的是31个省区市GEKS*法购买力平价指数测算结果,观察发现,居民消费支出中“居住”“交通”“通信”三类在北京市物价水平相对较高。

1.“食品烟酒”类PPP的地区差异

全国购买力平价指数排序后,列出各类别物价水平较高前5个地区和较低的后5个地区。“食品烟酒”类前五名广西(1.06)、浙江(1.07)、福建(1.07)、青海(1.09)、海南(1.16),后五名河南(0.86)、江西(0.93)、河北(0.94)、山西(0.95)、云南(0.95),15个地区高于全国平均水平。

2.“衣着”类PPP的地区差异

“衣着”类前五名内蒙古(1.52)、江苏(1.53)、宁夏(1.60)、西藏(1.74)、浙江(1.85),后五名天津(0.61)、河南(0.64)、贵州(0.66)、上海(0.70)、江西(0.74),14个地区物价水平高于全国平均物价水平。

3.“居住”类PPP的地区差异

“居住”类前五名重庆(1.02)、贵州(1.03)、广东(1.04)、福建(1.09)、广西(1.29),后五名甘肃(0.73)、宁夏(0.73)、青海(0.79)、西藏(0.80)、内蒙古(0.81),高于全国平均水平的地区有15个。

4.“家庭设备用品及服务”类PPP的地区差异

“家庭设备用品及服务”类前五名浙江(1.11)、福建(1.11)、吉林(1.13)、黑龙江(1.15)、天津(1.24),后五名湖南(0.86)、青海(0.89)、广东(0.89)、新疆(0.91)、四川(0.94),16个地区高于全国平均水平。

5.“医疗保健”类PPP的地区差异

“医疗保健”类前五名江西(1.44)、山东(1.44)、贵州(1.46)、上海(1.55)、广东(1.68),后五名河南(0.79)、西藏(1.00)、北京(1.00)、安徽(1.01)、云南(1.04),物价水平高于全国平均水平的地区共计14个。

6.“交通”类PPP的地区差异

“交通”类价格水平前五名江苏(1.00)、湖南(1.00)、上海

(1.02)、海南(1.02)、广东(1.34),后五名陕西(0.70)、甘肃(0.75)、黑龙江(0.80)、山东(0.83)、新疆(0.84),超过全国平均物价水平的地区共有16个。

7.“通信”类PPP的地区差异

“通信”类前五名宁夏(1.11)、浙江(1.13)、重庆(1.16)、山东(1.22)、河南(1.41),后五名西藏(0.60)、上海(0.72)、天津(0.81)、甘肃(0.82)、广西(0.84),超过全国平均物价水平的地区共有15个。

8.“教育文化娱乐服务”类PPP的地区差异

“教育文化娱乐服务”类前五名福建(1.07)、宁夏(1.08)、湖南(1.10)、山东(1.17)、河南(1.24),后五名西藏(0.82)、上海(0.84)、新疆(0.91)、广东(0.91)、天津(0.94),14个地区的物价水平高于全国平均物价水平。

表8-6 GEKS* 法基本类PPP表

地区	食品烟酒	衣着	居住	家庭设备用品及服务	医疗保健	交通	通信	教育文化娱乐服务
北　京	1.00	1.00	1.00	1.00	1.00	1.00	1.00	1.00
天　津	0.96	0.61	1.02	1.24	1.16	0.91	0.81	0.94
河　北	0.94	0.90	0.94	1.08	1.14	0.87	0.93	0.99
山　西	0.95	0.86	0.82	1.00	1.30	0.96	1.10	1.06
内蒙古	1.02	1.52	0.81	0.99	1.19	0.97	0.84	0.99
辽　宁	1.00	1.12	0.86	1.06	1.20	0.87	1.08	1.04
吉　林	1.02	1.05	0.87	1.13	1.14	0.97	0.92	1.03
黑龙江	1.01	1.45	0.86	1.15	1.15	0.80	1.00	1.00
上　海	1.04	0.70	1.00	1.03	1.55	1.02	0.72	0.84
江　苏	1.04	1.53	0.93	1.09	1.29	1.00	0.97	1.02
浙　江	1.07	1.85	0.99	1.11	1.19	0.98	1.13	1.06
安　徽	0.98	0.99	0.87	1.03	1.01	0.98	0.99	1.05
福　建	1.07	0.78	1.09	1.11	1.24	0.98	1.09	1.07
江　西	0.93	0.74	0.93	0.98	1.44	0.99	0.91	0.98
山　东	0.98	1.03	0.95	1.08	1.44	0.83	1.22	1.17

续表

地区	食品烟酒	衣着	居住	家庭设备用品及服务	医疗保健	交通	通信	教育文化娱乐服务
河　南	0.86	0.64	0.86	1.06	0.79	0.90	1.41	1.24
湖　北	0.96	0.88	0.86	0.96	1.31	0.85	1.03	1.05
湖　南	1.01	0.85	0.85	0.86	1.18	1.00	1.10	1.10
广　东	1.04	0.88	1.04	0.89	1.68	1.34	0.85	0.91
广　西	1.06	1.20	1.29	1.01	1.07	0.98	0.84	0.95
海　南	1.16	1.39	0.90	1.06	1.11	1.02	0.91	0.98
重　庆	1.01	0.87	1.02	0.99	1.38	0.90	1.16	1.06
四　川	1.03	1.08	0.85	0.94	1.30	0.99	0.99	0.99
贵　州	1.04	0.66	1.03	0.97	1.46	0.85	0.91	1.04
云　南	0.95	0.78	0.93	1.04	1.04	0.95	0.90	1.00
西　藏	1.05	1.74	0.80	0.98	1.00	0.85	0.60	0.82
陕　西	1.02	1.08	0.93	1.07	1.38	0.70	0.88	0.98
甘　肃	1.02	1.29	0.73	1.10	1.18	0.75	0.82	0.97
青　海	1.09	0.94	0.79	0.89	1.30	0.91	0.85	0.96
宁　夏	0.98	1.60	0.73	0.97	1.22	0.87	1.11	1.08
新　疆	0.96	1.30	0.82	0.91	1.20	0.84	0.86	0.91
全　国	1.01	1.03	0.91	1.02	1.21	0.92	0.95	1.01

（三）分地区 GEKS-S 法 PPP 测算结果

表 8-7 所示为 GEKS-S 法购买力平价指数测算结果，通过观察，可以发现，相比于其他地区，北京市物价水平相对较高的居民消费支出类别包括：“家庭设备用品及服务”“交通”两类。

1.“食品烟酒”类 PPP 的地区差异

将 PPP 测算结果排序后，“食品烟酒”类前五名天津（1.06）、青海（1.06）、湖南（1.06）、安徽（1.07）、西藏（1.09），后五名广西（0.98）、陕西（0.98）、宁夏（0.98）、内蒙古（0.99）、云南（1.00），高于全国平均物价水平的地区共计 14 个。

2.“衣着”类 PPP 的地区差异

“衣着”类前五名湖南（1.03）、山西（1.03）、青海（1.03）、江西

(1.04)、福建(1.04),后五名天津(0.73)、河南(0.91)、上海(0.96)、贵州(0.96)、四川(0.97),31个地区中有18个地区物价水平高于全国平均物价水平。

3.“居住”类PPP的地区差异

“居住”类前五名四川(1.02)、广西(1.04)、内蒙古(1.04)、安徽(1.04)、青海(1.05),后五名西藏(0.94)、河南(0.95)、吉林(0.95)、重庆(0.96)、辽宁(0.97),高于全国平均水平的地区有11个。

4.“家庭设备用品及服务”类PPP的地区差异

“家庭设备用品及服务”类前五名湖北(1.04)、天津(1.05)、四川(1.08)、湖南(1.09)、新疆(1.10),后五名黑龙江(0.91)、山西(0.91)、安徽(0.92)、江苏(0.93)、福建(0.93),13个地区高于全国平均水平。

5.“医疗保健”类PPP的地区差异

“医疗保健”类前五名宁夏(1.19)、山西(1.20)、河北(1.20)、辽宁(1.21)、广东(1.22),后五名河南(0.99)、云南(0.99)、北京(1.00)、西藏(1.04)、湖北(1.04),物价水平高于全国平均水平的地区共计12个。

6.“交通”类PPP的地区差异

“交通”类前五名新疆(0.90)、上海(0.99)、湖南(1.00)、北京(1.00)、海南(1.00),后五名福建(0.66)、广东(0.66)、黑龙江(0.68)、浙江(0.73)、陕西(0.74),19个地区超过全国平均物价水平。

7.“通信”类PPP的地区差异

“通信”类前五名山西(1.34)、宁夏(1.34)、辽宁(1.34)、浙江(1.35)、重庆(1.35),后五名安徽(0.91)、湖北(0.95)、黑龙江(0.96)、四川(0.97)、湖南(0.97),15个地区超过全国平均物价水平。

8.“教育文化娱乐服务”类PPP的地区差异

“教育文化娱乐服务”类前五名天津(1.07)、云南(1.08)、广东(1.08)、海南(1.08)、江苏(1.09),后五名上海(0.85)、浙江(0.94)、湖南(0.95)、新疆(0.95)、福建(0.96),高于全国平均物价水平的地区共计16个。

表 8-7 GEKS-S 法基本类 PPP 表

地区	食品烟酒	衣着	居住	家庭设备用品及服务	医疗保健	交通	通信	教育文化娱乐服务
北京	1.00	1.00	1.00	1.00	1.00	1.00	1.00	1.00
天津	1.06	0.73	0.98	1.05	1.04	0.76	1.02	1.07
河北	1.02	1.02	1.01	0.93	1.20	0.85	1.17	0.99
山西	1.04	1.03	1.02	0.91	1.20	0.85	1.34	1.03
内蒙古	0.99	0.97	1.04	0.98	1.08	0.85	1.12	1.07
辽宁	1.04	1.00	0.97	0.95	1.21	0.86	1.34	1.04
吉林	1.02	0.99	0.95	0.95	1.18	0.88	1.16	1.01
黑龙江	1.04	0.98	1.02	0.91	1.10	0.68	0.96	1.00
上海	1.01	0.96	0.97	1.02	1.13	0.99	1.02	0.85
江苏	1.05	0.99	1.01	0.93	1.10	0.83	1.26	1.09
浙江	1.03	1.00	0.99	1.00	1.14	0.73	1.35	0.94
安徽	1.07	1.02	1.04	0.92	1.09	0.87	0.91	0.97
福建	1.02	1.04	1.00	0.93	1.09	0.66	1.21	0.96
江西	1.04	1.04	1.00	0.98	1.17	0.87	1.26	1.02
山东	1.01	0.99	1.00	0.97	1.16	0.86	0.99	0.97
河南	1.03	0.91	0.95	0.94	0.99	0.84	1.03	1.06
湖北	1.04	0.97	1.00	1.04	1.04	0.86	0.95	0.97
湖南	1.06	1.03	1.02	1.09	1.05	1.00	0.97	0.95
广东	1.02	1.01	0.98	1.03	1.22	0.66	1.01	1.08
广西	0.98	0.99	1.04	1.01	1.09	0.81	1.02	0.98
海南	1.01	1.02	0.98	0.99	1.05	1.00	1.07	1.08
重庆	1.02	1.01	0.96	1.03	1.07	0.80	1.35	1.04
四川	1.02	0.97	1.02	1.08	1.06	0.82	0.97	1.00
贵州	1.03	0.96	1.00	1.03	1.15	0.88	1.21	1.06
云南	1.00	1.01	1.00	0.99	0.99	0.89	1.23	1.08
西藏	1.09	1.00	0.94	1.03	1.04	0.88	1.02	1.03
陕西	0.98	1.02	1.01	0.98	1.08	0.74	1.21	0.98
甘肃	1.00	1.01	1.00	0.94	1.07	0.77	1.28	1.04
青海	1.06	1.03	1.05	0.94	1.06	0.85	1.18	1.04
宁夏	0.98	1.00	1.00	0.98	1.19	0.85	1.34	1.03
新疆	1.02	0.99	1.00	1.10	1.18	0.90	1.01	0.95
全国	1.02	0.99	1.00	0.99	1.10	0.84	1.12	1.01

三、不同方法基本类 PPP 差异原因分析

表 8-5、表 8-6 和表 8-7 分别显示了三种 GEKS 法下 31 个省区市 8 大类别的购买力平价和全国平均购买力平价，通过对原始 GEKS 法、GEKS* 法和 GEKS-S 法价格指数进行对比分析，可知，物价水平排名原始 GEKS 法、GEKS* 法排名结果比较相似，如“衣着”类两种方法物价水平较低的后五名排名完全相同。而 GEKS-S 法的 31 个省区市物价水平排名结果与这两种方法差别较大，甚至出现有些地区的某些类别在原始 GEKS 法、GEKS* 法中处于较低物价水平而在 GEKS-S 法中处于较高物价水平的情况，例如“居住”类中的青海和内蒙古两地，它们的原始 GEKS 法、GEKS* 法购买力平价排名处于较低物价水平，然而 GEKS-S 法购买力平价排名却出现了反转，变成物价水平前五名高的地区。

（一）方法机理差异会引起结果差异

从 GEKS 法、GEKS* 法和 GEKS-S 法下食品烟酒基本类 PPP 的数值来看，每个省区市皆因为方法差异而出现数值差异，甚至有些省份出现矛盾数值。比如河南省在原始 GEKS 法和 GEKS* 法下的 PPP 小于 1，即物价水平低于北京，货币购买能力高于北京；但在 GEKS-S 法下的 PPP 值大于 1，物价水平高于北京，货币购买力低于北京。显然，从个人经验来看，河南物价应是低于北京的。为什么理论上更优的 GEKS-S 法得出的结果更不符合现实。这与方法机理不同、对信息的利用率不同最为相关。

原始 GEKS 法采用不加权的简单几何平均测算 PPP，使用到的价格数据是覆盖 69 种产品的完整价格数据，与原始 GEKS 法相比，GEKS* 法和 GEKS-S 法都考虑了产品的代表性，仅利用到代表性产品的价格数据；测算双边 PPP 时 GEKS* 法平等地对待了所有选出的代表性产品，而 GEKS-S 法对不同的代表性产品赋予了不同的权重。

从对信息的利用率上看，GEKS 法、GEKS* 法使用了更多的数据信息，而 GEKS-S 法的信息利用率更低。GEKS 法、GEKS* 法在计算拉氏指数、帕氏指数、费雪指数过程中使用了产品价格数据的次数更多。

(二)数据信息缺失会引起结果差异

在 GEKS* 法中基准地区和比较地区这两组双边 Jevons 指数测算时没有出现 PPP 缺失的情况,而 GEKS-S 法的双边 Jevons-S 指数计算过程中,对于只在基准地区有代表性产品、只在比较地区有代表性产品、在两地都有代表性产品这三组 Jevons 指数,存在某组 Jevons 指数有缺失值。

例如,以北京市作为基准地区,测算 30 个省区市相对于北京的双边指数时,只有"食品烟酒"类不存在某组指数缺失,其余七大类都存在某一组指数缺失,在测算北京和青海两地"家庭设备用品及服务"类 Jevons-S 指数时,在两地都有代表性产品 Jevons 指数缺失,GEKS-S 法中测算双边购买力平价时会损失掉该组的信息,从而影响最终 GEKS-S 法多边购买力平价的数值。

(三)代表性产品的差异

31 个省区市的经济发展程度、消费习惯和要素禀赋不尽相同,甚至有些地方差异极大,因此,每个省区市的代表性产品不尽相同。由此在关注了产品代表性之后,在对代表性产品使用更高的权重之后(见表 8-8),计算得到的 PPP 值有差异是必然的。这与产品代表性相关,也与方法对代表性的处理方式不同相关。

表 8-8 GEKS* 和 GEKS-S 法汇总 PPP 计算使用的权重表

地区	食品烟酒	衣着	居住	家庭设备用品及服务	医疗保健	交通	通信	教育文化娱乐服务
北　京	0.33	0.11	0.08	0.07	0.07	0.12	0.05	0.15
天　津	0.37	0.10	0.10	0.07	0.08	0.10	0.05	0.12
河　北	0.34	0.12	0.14	0.07	0.09	0.09	0.05	0.10
山　西	0.32	0.13	0.13	0.06	0.08	0.08	0.06	0.13
内蒙古	0.32	0.17	0.10	0.07	0.08	0.09	0.04	0.12
辽　宁	0.37	0.13	0.10	0.06	0.09	0.09	0.05	0.12
吉　林	0.34	0.14	0.12	0.06	0.10	0.07	0.05	0.11

续表

地区	食品烟酒	衣着	居住	家庭设备用品及服务	医疗保健	交通	通信	教育文化娱乐服务
黑龙江	0.37	0.16	0.11	0.06	0.09	0.06	0.06	0.10
上　海	0.35	0.08	0.10	0.08	0.05	0.13	0.05	0.15
江　苏	0.38	0.11	0.09	0.07	0.06	0.09	0.05	0.15
浙　江	0.35	0.10	0.08	0.05	0.06	0.14	0.05	0.15
安　徽	0.39	0.11	0.11	0.06	0.07	0.07	0.06	0.13
福　建	0.41	0.09	0.11	0.07	0.04	0.09	0.06	0.13
江　西	0.41	0.11	0.11	0.08	0.05	0.07	0.05	0.11
山　东	0.33	0.14	0.11	0.07	0.07	0.12	0.05	0.11
河　南	0.34	0.14	0.10	0.08	0.09	0.08	0.05	0.11
湖　北	0.40	0.13	0.11	0.08	0.06	0.06	0.05	0.11
湖　南	0.38	0.11	0.10	0.08	0.07	0.08	0.06	0.12
广　东	0.38	0.07	0.11	0.07	0.05	0.13	0.07	0.13
广　西	0.39	0.08	0.10	0.08	0.06	0.12	0.06	0.11
海　南	0.46	0.06	0.10	0.06	0.05	0.11	0.06	0.09
重　庆	0.39	0.13	0.10	0.08	0.08	0.05	0.06	0.11
四　川	0.41	0.11	0.10	0.08	0.06	0.08	0.06	0.11
贵　州	0.41	0.11	0.09	0.07	0.06	0.06	0.07	0.13
云　南	0.43	0.11	0.08	0.05	0.06	0.13	0.06	0.09
西　藏	0.53	0.13	0.08	0.04	0.04	0.06	0.07	0.05
陕　西	0.38	0.13	0.10	0.06	0.08	0.05	0.05	0.14
甘　肃	0.39	0.13	0.10	0.06	0.09	0.05	0.06	0.12
青　海	0.41	0.13	0.10	0.07	0.08	0.07	0.05	0.10
宁　夏	0.35	0.13	0.11	0.07	0.08	0.10	0.05	0.12
新　疆	0.38	0.16	0.09	0.07	0.07	0.08	0.05	0.10

（四）基本类 PPP 结果差异综合分析

综上，造成三种 GEKS 法测算的购买力平价排名结果差异的原因在于：一是不同的方法计算机理不同。导致在测算过程中使用到的产品信息不同,比如 GEKS* 法和 GEKS-S 法只利用到了具有代表性产品的价格,相比原始 GEKS 法会损失掉一部分产品价格信息。二是不同的方法权重不同。原始 GEKS 法和 GEKS* 法在计算双边购买力平价时是简单几何平均,每个产品和服务 PPP 权重相同,GEKS-S 法对使用到的代表性产品 PPP 赋予不同的权重。三是代表性产品的差异。选取何种代表性产品决定了测算 PPP 使用到什么样的价格信息,31 个省区市中每个省区市代表性产品的数目多少影响双边 PPP 计算过程中是否会出现某组 Jevons 指数缺失的情况,也是通过影响产品价格信息的使用影响最终 PPP 的测算结果。

第二节　基尼—艾特托—克维斯—斯祖克法汇总购买力平价试算

一、GEKS 法汇总 PPP 计算需要的数据

与 GEKS 法基本类 PPP 计算相比,GEKS 法汇总 PPP 的计算除了需要基本类 PPP 数据之外(沿用上一节计算的基本类 PPP 数据),还需要基本类 PPP 及以上各层级的支出份额数据。这里使用城镇居民家庭平均每人年均消费性支出中各消费类别的支出份额为权重,如表 8-7 所示,数据来自《中国统计年鉴》。

需要说明的是,为了对方法进行检验,且因数据获取异常困难,直接使用了年鉴上较为相关的支出份额数据。在实践操作中,需根据世界银行推荐的五种拆分方法进行基本类及各层级支出份额的拆分(可参考本书第三章第一节的内容)。

二、GEKS 法汇总 PPP 的计算结果及分析

(一)汇总 PPP 的总体趋势

表 8-9 是 GEKS 法、GEKS* 法和 GEKS-S 法三种方法下汇总 PPP 的计算结果数值,根据 PPP 的数值进行了排序。可见,三种 GEKS 法汇总

PPP 和基本类一级 PPP 的比较结果的大趋势较为相似，即原始 GEKS 法和 GEKS* 法的测算结果相似度较高，GEKS-S 法与这两种方法的测算结果差别较大。

出现汇总 PPP 和基本类一级 PPP 比较结果类似的原因主要来源于数据惯性，即基本类层面购买力平价水平对汇总购买力平价的影响，即数据惯性。汇总购买力平价中，三种 GEKS 法的全国平均购买力平价分别为 0.955、1.005、1.002，说明原始 GEKS 法测算的全国平均物价水平低于北京地区，GEKS* 法和 GEKS-S 法测算的全国平均物价水平高于北京地区。

需要说明的是，各地区支出权重数据对结果也有较大影响，会直接影响各地区汇总 PPP 数值的大小。这里因为直接使用了表 8-8 的权重数据，未体现出权重变化对汇总 PPP 数值的影响。但仍需警醒的是支出权重数据对结果的影响是非常显著的，需非常谨慎。

（二）汇总 PPP 的分地区趋势

1. 基于原始 GEKS 法基本类 PPP 的计算结果

原始 GEKS 法测算的 PPP 结果显示：物价水平排名前五的是浙江（1.128）、海南（1.107）、广东（1.094）、江苏（1.086）、上海（1.057）；排名后五的是新疆（0.905）、甘肃（0.902）、河北（0.880）、江西（0.849）、河南（0.783）。

2. 基于 GEKS* 法基本类 PPP 的计算结果

GEKS* 法 PPP 结果表明：物价水平排名前五的是浙江（1.138）、海南（1.095）、江苏（1.084）、广西（1.060）、福建（1.047）；排名后五的是湖北（0.964）、河北（0.956）、江西（0.943）、云南（0.941）、河南（0.894）。

3. 基于 GEKS-S 法基本类 PPP 的计算结果

GEKS-S 法购买力平价结果表明：物价水平排名前五的是山西（1.030）、江西（1.027）、辽宁（1.027）、湖南（1.026）、江苏（1.026）；排名后五的是福建（0.979）、黑龙江（0.978）、河南（0.977）、广西（0.976）、天津（0.971）。

表 8-9 各地区汇总 PPP 及排名对比表

排名	原始 GEKS 法		GEKS* 法		GEKS-S 法	
	地区	PPP	地区	PPP	地区	PPP
1	浙 江	1.128	浙 江	1.138	山 西	1.030
2	海 南	1.107	海 南	1.095	江 西	1.027
3	广 东	1.094	江 苏	1.084	辽 宁	1.027
4	江 苏	1.086	广 西	1.060	湖 南	1.026
5	上 海	1.057	福 建	1.047	江 苏	1.026
6	福 建	1.026	广 东	1.046	青 海	1.025
7	重 庆	1.011	内蒙古	1.041	西 藏	1.024
8	内蒙古	1.009	黑龙江	1.038	贵 州	1.022
9	北 京	1.000	宁 夏	1.033	海 南	1.015
10	黑龙江	0.988	山 东	1.031	河 北	1.010
11	西 藏	0.982	重 庆	1.017	重 庆	1.009
12	四 川	0.961	四 川	1.014	新 疆	1.007
13	湖 南	0.958	辽宁	1.012	宁 夏	1.007
14	山东	0.947	西 藏	1.009	云 南	1.006
15	天 津	0.947	吉 林	1.008	安 徽	1.006
16	吉 林	0.943	北 京	1.000	吉 林	1.006
17	陕 西	0.939	陕 西	1.000	北 京	1.000
18	广 西	0.936	青 海	0.988	内蒙古	0.998
19	宁 夏	0.915	甘 肃	0.987	甘 肃	0.997
20	辽 宁	0.913	天 津	0.987	湖 北	0.994
21	安 徽	0.910	湖 南	0.985	四 川	0.994
22	湖 北	0.910	安 徽	0.980	浙 江	0.992
23	贵 州	0.909	贵 州	0.977	山 东	0.991
24	山 西	0.907	新 疆	0.974	上 海	0.985
25	青 海	0.906	上 海	0.972	广 东	0.985
26	云 南	0.905	山 西	0.967	陕 西	0.981
27	新 疆	0.905	湖 北	0.964	福 建	0.979
28	甘 肃	0.902	河 北	0.956	黑龙江	0.978
29	河 北	0.880	江 西	0.943	河 南	0.977
30	江 西	0.849	云 南	0.941	广 西	0.976
31	河 南	0.783	河 南	0.894	天 津	0.971
全 国	0.955		1.005		1.002	

三、汇总 PPP 结果差异及原因分析

（一）汇总 PPP 结果差异

根据表 8-9 可知，原始 GEKS 法和 GEKS* 法中物价水平排名前两名的地区相同，均为浙江和海南，最后一名也相同，为河南地区。GEKS-S 法中物价水平高于北京市的地区中新增一些经济不算发达的省份，如新疆、贵州、云南，与原始 GEKS 法和 GKES* 法相比，GEKS-S 法中某些经济发展水平较低地区购买力平价较大（如新疆），某些经济发展水平较高的地区反而购买力平价较小（如天津、福建）。

从数量来看，三种 GEKS 法下物价水平高于北京市的地区分别有 8 个、15 个、16 个，与原始 GEKS 法中北京市的物价水平相比，GEKS* 法和 GEKS-S 法中相应的物价水平排名分别降低了 7 名和 8 名。

（二）方法差异对汇总 PPP 的影响

显然，上述有些结论与现实并不相符，分析思路有两种：一种是假定数据是准确的，这时的原因应该是方法差异；另一种是假定数据是不准确的，这时的原因应该是数据和方法差异的共同作用。这里能分析的是第一种情况。

表 8-10 反映了 GEKS 法、GEKS* 法、GEKS-S 法三种方法汇总 PPP 的差异。可以看出，绝大多数地区 GEKS* 法与 GEKS-S 法的购买力平价绝对差值较小。

表 8-10　GEKS 法、GEKS* 法、GEKS-S 法汇总 PPP 两两差值表

	GEKS* -GEKS	GEKS-S-GEKS	GEKS-S-GEKS*
安　徽	0.07	0.096	0.026
北　京	0	0	0
福　建	0.021	-0.047	-0.068
甘　肃	0.085	0.095	0.01
广　东	-0.048	-0.109	-0.061
广　西	0.124	0.04	-0.084
贵　州	0.068	0.113	0.045

续表

	GEKS* -GEKS	GEKS-S-GEKS	GEKS-S-GEKS*
海 南	-0.012	-0.092	-0.08
河 北	0.076	0.13	0.054
河 南	0.111	0.194	0.083
黑龙江	0.05	-0.01	-0.06
湖 北	0.054	0.084	0.03
湖 南	0.027	0.068	0.041
吉 林	0.065	0.063	-0.002
江 苏	-0.002	-0.06	-0.058
江 西	0.094	0.178	0.084
辽 宁	0.099	0.114	0.015
内蒙古	0.032	-0.011	-0.043
宁 夏	0.118	0.092	-0.026
青 海	0.082	0.119	0.037
山 东	0.084	0.044	-0.04
山 西	0.06	0.123	0.063
陕 西	0.061	0.042	-0.019
上 海	-0.085	-0.072	0.013
四 川	0.053	0.033	-0.02
天 津	0.04	0.024	-0.016
西 藏	0.027	0.042	0.015
新 疆	0.069	0.102	0.033
云 南	0.036	0.101	0.065
浙 江	0.01	-0.136	-0.146
重 庆	0.006	-0.002	-0.008
全 国	0.050	0.047	-0.003

另外,从全国平均 PPP 来看,GEKS* 法与 GEKS-S 法的测算结果在绝对数值上相差 0.03;GEKS* 法与原始 GEKS 法的差值为 0.050,GEKS-S 法与原始 GEKS 法的差值为 0.047。

（三）区域差异对汇总 PPP 的影响

根据表 8-10，可以分析同种方法下汇总 PPP 的差异性。利用购买力平价的最大值与最小值之比可以算出 31 个省区市最高物价水平与最低物价水平的倍率关系。原始 GEKS 法中最高价格水平为最低价格水平的 1.44 倍，GEKS* 法中最高价格水平为最低价格水平的 1.27 倍，GEKS-S 法中最高价格水平为最低价格水平的 1.06 倍。三种 GEKS 法测算的价格水平指数的离散系数分别为 0.082、0.049 和 0.018，呈现数值上递减的趋势，说明三种方法中 GEKS-S 法算得的价格水平指数的地区间差异度最小，GEKS* 法差异度次之。可见，三种购买力平价测度方法中 GEKS-S 法测算所得地区间购买力平价差异性最小。

第三节　基尼—艾特托—克维斯—斯祖克法购买力平价应用分析

PPP 是世界银行国际比较项目的核心产品，用它实现世界各国真实经济规模及比较。此外，PPP 还可用于反映物价水平、消费水平、收入水平、贫困程度等。

一、应用领域 1：真实经济规模及比较

（一）真实经济规模比较的基本思路

世界真实经济规模比较至关重要，不仅影响着各国的经济政策和政治策略，也是“超国家”属性的国际机构进行决策的重要依据，直接影响各国利益与多国关系。各国以本币表示的 GDP 为各国名义价值量，需要转换为按照同一标准计算的价值量，才能进行真实规模比较。这种转换需要一个货币转换系数，即各国 PPP 的倒数，即可转换为按同等价值表示的真实 GDP（扣除了世界物价水平变动的影响），实现真实经济规模比较。

从理论上讲，PPP 是根据世界各国通用的比较产品列表的“一揽子产品”计算得到，能够代表世界的总体情况。在用于调整各类指标时，具

有较强的说服力。

（二）名义GDP的比较

GDP是衡量经济状况的常用指标，PPP计算同一年份各地区的GDP总量（见表8-11），排名前五位的地区分别为广东、江苏、山东、浙江、河南，后五位的地区为甘肃、海南、宁夏、青岛、西藏。整体可以看出东部地区经济实力强于中西部地区，全国平均GDP总量为14082亿元。经测算，地区间变异系数为0.81。这与全国区域发展不均衡相关。

（三）真实GDP的比较

经原始GEKS法、GEKS*法、GEKS-S法调整后的各地区GDP总量见表8-11，排名前五位的依旧是广东、山东、江苏、河南、浙江，其中地区排名略有不同；排名后五位的同为甘肃、海南、宁夏、青岛、西藏，且地区排名不变。原始GEKS法下全国实际平均GDP总量为14500亿元，GEKS*法下全国实际平均GDP总量为13901亿元，GEKS-S法下全国实际平均GDP总量为14098亿元。原始GEKS法下地区间变异系数为0.76，GEKS*法下地区间变异系数为0.78，GEKS-S法下地区间变异系数为0.81。

（四）名义GDP与真实GDP的对比分析

表8-11显示了名义GDP与经原始GEKS法、GEKS*法和GEKS-S法调整后的真实GDP的绝对数值。可以看出，原始GEKS法、GEKS-S法调整后的全国实际经济实力增强，GEKS*法调整后的全国经济经济实力减弱。经计算原始GEKS法、GEKS*法调整后名义GDP总量与实际GDP总量变动幅度最大的均为河北地区，分别较名义经济实力涨幅14%、5%；GEKS-S法调整后涨幅最大的地区为广东，幅度为2%。较为特殊的是广东地区经原始GEKS法、GEKS*法调整后实际经济实力皆下降，并且为原始GEKS法下跌幅最大的地区，为9%；但在GEKS-S法调整下不仅变动趋势相反，为经济实力增强，且为涨幅最大的地区。

表 8-11　名义 GDP 与真实 GDP 对比表　（单位:亿元）

排名	调整前		调整后					
	地区	名义 GDP	地区	GEKS GDP	地区	GEKS* GDP	地区	GEKS-S GDP
1	广　东	46013	广　东	42064	广　东	43977	广　东	46724
2	江　苏	41425	山　东	41346	江　苏	38202	江　苏	40392
3	山　东	39170	江　苏	38144	山　东	37991	山　东	39538
4	浙　江	27222	河　南	29500	河　南	25827	浙　江	27441
5	河　南	23092	浙　江	24134	浙　江	23920	河　南	23632
6	河　北	20394	河　北	23171	河　北	21340	河　北	20194
7	辽　宁	18457	辽　宁	20211	辽　宁	18247	辽　宁	17974
8	四　川	17185	四　川	17877	上　海	17669	上　海	17421
9	上　海	17166	湖　北	17551	四　川	16946	四　川	17291
10	湖　南	16038	湖　南	16742	湖　北	16557	湖　北	16062
11	湖　北	15968	上　海	16244	湖　南	16289	湖　南	15626
12	福　建	14737	福　建	14363	北　京	14114	福　建	15059
13	北　京	14114	北　京	14114	福　建	14081	北　京	14114
14	安　徽	12359	安　徽	13584	安　徽	12609	安　徽	12286
15	内蒙古	11672	内蒙古	11571	内蒙古	11210	内蒙古	11691
16	黑龙江	10369	江　西	11128	陕　西	10123	黑龙江	10601
17	陕　西	10123	陕　西	10778	江　西	10019	陕　西	10322
18	广　西	9570	黑龙江	10497	黑龙江	9985	广　西	9806
19	江　西	9451	广　西	10223	山　西	9513	天　津	9497
20	天　津	9224	山　西	10147	天　津	9344	江　西	9201
21	山　西	9201	天　津	9744	广　西	9032	山　西	8937
22	吉　林	8668	吉　林	9190	吉　林	8603	吉　林	8620
23	重　庆	7926	云　南	7978	重　庆	7796	重　庆	7856
24	云　南	7224	重　庆	7841	云　南	7676	云　南	7180
25	新　疆	5437	新　疆	6009	新　疆	5582	新　疆	5397
26	贵　州	4602	贵　州	5064	贵　州	4710	贵　州	4502
27	甘　肃	4121	甘　肃	4567	甘　肃	4173	甘　肃	4135
28	海　南	2065	海　南	1866	海　南	1886	海　南	2035
29	宁　夏	1690	宁　夏	1847	宁　夏	1636	宁　夏	1678
30	青　海	1350	青　海	1490	青　海	1367	青　海	1317
31	西　藏	507	西　藏	516	西　藏	503	西　藏	495
	全　国	14082	全　国	14500	全　国	13901	全　国	14908

表8-12显示了名义GDP与经原始GEKS法、GEKS*法和GEKS-S法调整后的真实GDP的绝对数值的差异。可以看出，原始GEKS法、GEKS*法和GEKS-S法调整后GDP与名义GDP的差异曲线和不同方法之间的数值差异曲线，虽然数值大小不同，但趋势完全相同。明显可以发现，广东、河南、江苏、山东、浙江几个地区，出现了分布于横轴上下两侧的数值，说明数据差值有的为正有的为负，说明这几个地区受方法的影响较大，甚至出现反向变动。进一步分析可以遵循两条思路：一是方法差异影响；二是方法或数据与各地区真实情况的相符程度。

表8-12　名义GDP与真实GDP差异对比表　（单位：亿元）

	GEKS-名义	GEKS*-名义	GEKS-S-名义	GEKS*-GEKS	GEKS-S-GEKS	GEKS-S-GEKS*
安徽	1225	250	-73	-975	-1297	-323
北京	0	0	0	0	0	0
福建	-374	-656	322	-283	695	978
甘肃	446	52	14	-393	-432	-39
广东	-3949	-2036	711	1912	4659	2747
广西	653	-538	236	-1191	-418	774
贵州	462	108	-100	-354	-562	-207
海南	-199	-179	-30	20	170	150
河北	2778	946	-200	-1832	-2977	-1146
河南	6408	2735	540	-3674	-5868	-2195
黑龙江	128	-384	232	-512	104	616
湖北	1584	589	94	-994	-1490	-495
湖南	704	251	-412	-454	-1117	-663
吉林	522	-65	-48	-587	-570	17
江苏	-3281	-3223	-1033	58	2248	2190
江西	1677	568	-250	-1110	-1927	-817
辽宁	1754	-210	-483	-1964	-2237	-273
内蒙古	-101	-462	19	-361	120	481
宁夏	157	-54	-12	-211	-169	42
青海	140	17	-33	-123	-173	-50

续表

	GEKS-名义	GEKS*-名义	GEKS-S-名义	GEKS*-GEKS	GEKS-S-GEKS	GEKS-S-GEKS*
山　东	2177	-1179	368	-3355	-1809	1546
山　西	946	312	-264	-634	-1210	-577
陕　西	655	0	199	-655	-457	199
上　海	-922	503	255	1425	1177	-248
四　川	692	-239	106	-931	-586	345
天　津	520	120	273	-400	-247	153
西　藏	9	-4	-12	-13	-21	-8
新　疆	572	145	-40	-427	-612	-185
云　南	754	452	-44	-302	-799	-496
浙　江	-3087	-3302	219	-215	3307	3521
重　庆	-85	-130	-70	-45	15	60

二、应用领域2:真实物价水平及比较

(一)真实物价水平比较的基本思路

真实物价水平可以反映人民生活的真实状态,可以作为企业决策的参考,也是国家宏观调控政策的重要手段或目的。真实物价水平的推导思路与真实经济规模的思路相似,需要乘以货币转换系数,将不同的物价水平转换为可比的物价水平。货币转换系数即各国或各地区的PPP。

(二)名义物价水平比较

总体来看,对PPP计算使用的69种产品价格数据的离散系数进行计算,得到平均离散系数为27%,离散系数最小的产品是“本地网营业区内通话费”,数值为6%,说明在31个省区市该产品的价格差异度最小。69种产品中离散系数超过15%的产品有55种,表明大多数产品在地区间具有价格差异。31个省区市产品最高价与最低价之比最高为14倍,最小为1.33倍,其中最高价与最低价比率大于等于3倍的产品有33种,同样说明产品在不同地区有着不一样的价格水平,且差异较大。

表 8-13 产品名义价格离散系数表

支出类别	离散系数 CV			
	全 国	东 部	中 部	西 部
食品烟酒	0.08	0.08	0.05	0.09
衣着	0.32	0.34	0.33	0.30
居住	0.20	0.15	0.20	0.24
家庭设备用品及服务	0.12	0.12	0.11	0.11
医疗保健	0.23	0.29	0.24	0.13
交通	0.19	0.13	0.14	0.27
通信	0.19	0.15	0.18	0.26
教育文化娱乐服务	0.22	0.18	0.16	0.27
居民总消费支出	0.12	0.10	0.07	0.11

从东中西区域来看(见表 8-13),“衣着”类产品的价格在 31 个省区市的差别最大,离散系数分别是 0.32、0.34、0.33、0.30,表明居民消费支出中“衣着”类价格水平地区间有较为显著的差异。从全国水平来看,离散系数 0.2 以上的基本消费支出类别有“衣着”“教育文化娱乐服务”“医疗保健”,从分区域水平来看,居民消费支出类别离散系数在 0.2 以上的东部地区有“衣着”“医疗保健”,中部地区有“衣着”“医疗保健”,西部地区有“衣着”“居住”“交通”“通信”“教育文化娱乐服务”,反映出西部地区的价格差异相对较大。

(三)真实物价水平比较

利用各地区 PPP 可以将各地产品价格转换为以北京货币购买力为判断标准的可比价格,计算这些价格的离散系数(见表 8-14),发现原始 GEKS 法、GEKS* 法和 GEKS-S 法调整前后的离散系数变化方向和变化幅度不尽相同。如“衣着”“家庭设备用品及服务”类等地区间的实际差距小于名义差距,“食品烟酒”类的地区间实际差距大于名义差距。综合来看,绝大多数居民消费支出的地区间实际差距要小于名义差距。说明实际物价水平的变化程度,不像名义物价水平看起来那么高。

表 8-14　产品价格调整前后离散系数对比表

支出类别	调整前 离散系数 CV	调整后离散系数 CV		
		原始 GEKS 法	GEKS* 法	GEKS-S 法
食品烟酒	0.08	0.10	0.09	0.09
衣着	0.32	0.05	0.10	0.10
居住	0.20	0.20	0.21	0.21
家庭设备用品及服务	0.12	0.05	0.09	0.09
医疗保健	0.23	0.16	0.16	0.16
交通	0.19	0.16	0.18	0.18
通信	0.19	0.03	0.08	0.08
教育文化娱乐服务	0.22	0.18	0.27	0.27

表 8-15 为使用原始 GEKS 法、GEKS* 法和 GEKS-S 法 PPP 调整后的基本类产品价格的平均水平。从基本类产品来看，调整前后的平均价格水平有升高也有降低，如“食品烟酒”“医疗保健”类调整后的平均价格水平降低，“交通”“通信”类调整后的平均价格水平升高。从单个产品来看，GEKS 法差异也带来了产品真实价格的差异，甚至出现反向变化。显然，方法决定了 PPP 的差异，PPP 的差异决定了产品真实价格水平的差异。

表 8-15　产品价格调整前后基本类平均价格对比表　（单位：元）

支出类别	调整前 平均价格	调整后平均价格		
		原始 GEKS 法	GEKS* 法	GEKS-S 法
食品烟酒	34.36	34.24	34.18	34.18
衣着	168.03	165.36	156.86	156.86
居住	99.23	112.36	109.41	109.41
家庭设备用品服务	2510.73	2847.90	2447.56	2447.56
医疗保健	105.91	83.51	86.27	86.27
交通	12.38	13.73	13.29	13.29
通信	0.26	0.30	0.27	0.27
教育文化娱乐服务	1393.68	1625.18	1394.21	1394.21

需要说明的是，这里对单个产品价格变动的分析，遵从了国际比较需要的产品“同质”的前提。实践来看，各地区产品质量不尽相同。所以，如何将产品质量也反映到真实价格水平中需进行更多研究。

三、应用领域3:真实消费水平及比较

（一）真实消费水平比较的基本思路

真实消费水平是体现国计民生的又一重要指标，也是国家经济保持持续稳定发展的重要“源头”。真实消费水平的推导思路与真实经济规模、真实物价水平的思路相似，需要乘以货币转换系数，将不同的消费水平转换为可比的消费水平。货币转换系数即各国或各地区的PPP。

（二）名义消费水平比较

表8-16前三列数据列出了各地区年消费支出额绝对值和各地排名情况，可以看出排名前五的是广东、山东、江苏、浙江、河南，排名后五的是甘肃、海南、宁夏、青海、西藏。显然，这与PPP值的排名情况相去较远。主要原因是受到各地区版图、人口规模、经济发达程度等情况的影响。从绝对数值来看，消费能力最强的广东为16722亿元，是西藏133亿元的125.7倍，差距很大。

表8-16　名义与真实消费支出额对比表　（单位:亿元）

排名	调整前		调整后					
			原始GEKS法		GEKS*法		GEKS-S法	
	地区	支出额	地区	支出额	地区	支出额	地区	支出额
1	广　东	16722	广　东	15287	广　东	15982	广　东	16981
2	山　东	11059	山　东	11674	山　东	10726	山　东	11163
3	江　苏	10943	江　苏	10076	江　苏	10092	江　苏	10670
4	浙　江	9702	河　南	9457	浙　江	8525	浙　江	9780
5	河　南	7403	浙　江	8602	河　南	8279	河　南	7576
6	上　海	7282	四　川	6906	上　海	7495	上　海	7390
7	四　川	6639	上　海	6891	四　川	6546	四　川	6680
8	湖　南	5789	河　北	6512	河　北	5997	河　北	5675

续表

排名	调整前		调整后					
			原始 GEKS 法		GEKS* 法		GEKS-S 法	
	地区	支出额	地区	支出额	地区	支出额	地区	支出额
9	河　北	5731	辽宁	6157	湖　南	5879	湖　南	5640
10	辽　宁	5622	湖　南	6043	辽　宁	5558	辽　宁	5475
11	湖　北	5137	湖　北	5646	湖　北	5326	湖　北	5167
12	安　徽	4873	安　徽	5356	安　徽	4972	安　徽	4845
13	福　建	4711	北　京	4648	北　京	4648	福　建	4814
14	北　京	4648	福　建	4591	福　建	4501	北　京	4648
15	广　西	3657	江　西	4175	江　西	3758	广　西	3747
16	江　西	3546	广　西	3907	广　西	3452	黑龙江	3486
17	黑龙江	3410	黑龙江	3452	黑龙江	3283	江　西	3452
18	陕　西	3106	云　南	3404	云　南	3275	陕　西	3167
19	云　南	3082	陕　西	3307	陕　西	3106	云　南	3063
20	山　西	2855	山　西	3149	山　西	2952	山　西	2773
21	重　庆	2792	重　庆	2762	重　庆	2747	重　庆	2768
22	内蒙古	2711	内蒙古	2687	内蒙古	2603	内蒙古	2715
23	吉　林	2511	吉　林	2662	吉　林	2492	吉　林	2497
24	天　津	2248	天　津	2374	天　津	2277	天　津	2314
25	贵　州	2137	贵　州	2352	贵　州	2188	贵　州	2091
26	新　疆	1579	新　疆	1745	新　疆	1621	甘　肃	1573
27	甘　肃	1568	甘　肃	1737	甘　肃	1588	新　疆	1567
28	海　南	654	宁　夏	618	海　南	598	海　南	645
29	宁　夏	566	海　南	591	宁　夏	548	宁　夏	562
30	青　海	405	青　海	447	青　海	410	青　海	395
31	西　藏	133	西　藏	136	西　藏	132	西　藏	130
全国	4620		4753		4566		4627	

（三）真实消费水平比较

表 8-16 的后六列数据为使用 GEKS 法、GEKS* 法和 GEKS-S 法 PPP 调整后的各地消费支出额。从排名来看，三种方法下的各地排名变化不大，多数省份排名推后或提前 1 个位次，且排名前五的省份未发生变化。

出现这种情况，应该是支出总额的巨大差距，掩盖了因方法差异引起差距。显然，实力差距较大时，方法对排名无大影响。

为了清晰比较 GEKS 法、GEKS* 法和 GEKS-S 法差异引起的变化，计算了三种方法调整后各地支出额的差值。可见，仅仅方法差异引起的变动值也较为显著，最大差异值来自 GEKS-S 法对 GEKS 法的差异，其中广东因方法差异产生 1693 亿元变动，河南产生负的 1881 亿元变动。另外，江苏、上海、山东、浙江的变化也较大。

值得注意的是，虽然变化幅度较大，但 GEKS 法、GEKS* 法和 GEKS-S 法引起差异的方向基本一致。这与真实经济规模比较和真实物价水平比较差异较大。估计主要原因来自原始支出额数据差距较大，这有待进一步研究。

四、应用领域 4：真实人均收入及比较

（一）真实人均收入水平比较的基本思路

真实人均收入与人民生活水平直接关联，也是国家宏观调控的重要参考指标，是国家经济运行的主要经济指标。真实人均收入水平的推导思路与真实经济规模、真实物价水平、真实消费支出水平的思路相似，需要乘以货币转换系数将不同的人均收入水平转换为可比的人均收入水平。货币转换系数即各国或各地区的 PPP。

（二）名义人均收入水平比较

表 8-17 前三列数据列出了各地区人均收入水平绝对值和各地排名情况。从绝对数值来看，人均收入水平最高的上海为 29802 元，是甘肃 6613 元的 4.5 倍，相比消费支出额极值比为 125.7 来说，差距不大。从收入水平绝对值来说，中国各地区收入水平存在的差距非常显著。从排名来看，前五的是上海、北京、天津、浙江、广东，排名后五的是云南、青海、西藏、贵州、甘肃。显然，与对消费支出额的情况不同，这与 PPP 值的排名情况较为相似。主要原因是人均收入水平指标剔除了各地区版图、人口规模、经济发达程度等情况的影响。

表 8-17　名义与真实人均收入额对比表　（单位:元）

排名	调整前		调整后					
			原始 GEKS 法		GEKS* 法		GEKS-S 法	
	地区	人均收入	地区	人均收入	地区	人均收入	地区	人均收入
1	上　海	29802	上　海	28201	上　海	30675	上　海	30244
2	北　京	26701	北　京	26701	北　京	26701	北　京	26701
3	天　津	21166	天　津	22360	天　津	21442	天　津	21794
4	浙　江	20599	浙　江	18263	浙　江	18101	浙　江	20765
5	广　东	18039	广　东	16491	广　东	17241	广　东	18318
6	江　苏	16806	江　苏	15475	江　苏	15498	江　苏	16387
7	福　建	14805	辽　宁	14705	福　建	14146	福　建	15128
8	辽　宁	13429	福　建	14430	辽　宁	13276	山　东	13375
9	山　东	13250	山　东	13987	山　东	12852	辽　宁	13077
10	内蒙古	12028	河　南	12069	内蒙古	11552	内蒙古	12047
11	重　庆	11599	内蒙古	11924	重　庆	11410	重　庆	11498
12	吉　林	11129	河　北	11805	吉　林	11045	吉　林	11067
13	湖　北	10536	吉　林	11799	湖　北	10925	黑龙江	10688
14	黑龙江	10454	江　西	11744	河　北	10872	湖　北	10598
15	河　北	10390	湖　北	11581	江　西	10573	河　北	10288
16	湖　南	10350	重　庆	11475	河　南	10566	海　南	10187
17	海　南	10335	湖　南	10804	湖　南	10512	湖　南	10084
18	江　西	9974	山　西	10758	山　西	10086	江　西	9710
19	山　西	9754	安　徽	10669	黑龙江	10067	广　西	9684
20	安　徽	9707	黑龙江	10583	安　徽	9903	河　南	9668
21	宁　夏	9591	宁　夏	10483	海　南	9439	安　徽	9650
22	广　西	9451	广　西	10097	宁　夏	9288	宁　夏	9525
23	河　南	9447	陕　西	9739	陕　西	9147	山　西	9474
24	陕　西	9147	四　川	9468	四　川	8975	陕　西	9327
25	四　川	9102	海　南	9337	广　西	8920	四　川	9158
26	新　疆	8229	新　疆	9094	云　南	8576	新　疆	8168
27	云　南	8070	云　南	8913	新　疆	8448	云　南	8021
28	青　海	8044	青　海	8877	青　海	8144	青　海	7846
29	西　藏	6719	贵　州	7330	贵　州	6818	甘　肃	6635
30	贵　州	6661	甘　肃	7328	甘　肃	6696	西　藏	6559
31	甘　肃	6613	西　藏	6840	西　藏	6661	贵　州	6517
全国	12320		12688		12211		12329	

需要说明的是,《中国统计年鉴》中没有分地区人均收入指标数据,本身使用了借鉴王磊(2012)的做法,将 PPP 计算年度的城镇人口数量和农村人口数量作为权重,将各地区城镇居民人均可支配收入和农村居民家庭人均纯收入进行加权平均,可以得到各地区人均收入指标值。

(三)真实人均收入水平比较

表 8-17 的后六列数据为使用 GEKS 法、GEKS* 法和 GEKS-S 法 PPP 调整后的各地人均支出。从排名来看,三种方法下各地人均收入相对位置发生了更大的变化。在消费支出额比较中,绝大多数地区的位次未发生变化或只变化一个位次,但在人均收入水平比较中,发生四个左右位次变化的地区较多,甚至河南地区在 GEKS 法下被提升 13 个位次。

由此可以认为,真实人均收入水平的变化较大,受方法差异的影响非常显著,这与其原始数据极值比较小有关,越小的原始数据经调整后受方法差异的影响越大。

通过对三种 GEKS 法购买力平价调整后的地区排名变化情况进行对比,可以发现,GEKS-S 法购买力平价调整后的地区排名发生变化的地区数量最少,且地区的排名变动幅度在三种方法调整后的结果中最小,而原始 GEKS 法购买力平价调整后的地区排名发生变化的地区数量最多,且地区相对位置的变动幅度在三种方法调整后的结果中最大,说明经过 GEKS-S 法 PPP 调整后的地区排名与原始地区排名最为相似,原始 GEKS 法 PPP 调整后的地区排名与原始地区排名差别最大。

调整前后人均收入水平排名前五位的地区相同,均为上海、北京、天津、浙江、广东,意味着在参与比较的 31 个省区市中,这五个地区的经济发展水平属于领先水平,这与实际情况相吻合,北上广聚集各种传统和新兴产业,经济结构和发展条件优于其他地区,真实的经济实力和人民生活水平在全国依旧名列前茅。相比较而言,西部地区的云南、青海、西藏、贵州、甘肃的名义和实际排名皆为后五名,表明这五个地区的经济发展比较落后。

五、应用领域5:真实贫困线及比较

(一)真实贫困线比较的基本思路

脱贫攻坚是中国发展工作长久以来的主旋律,是关系国计民生的大事。确定科学合理真实的贫困线,才能准确衡量脱贫程度,才能使贫困人口的生活得到真正保障。真实贫困线的推导思路与真实经济规模、真实物价水平、真实消费支出水平、真实收入水平的思路相似,需要乘以货币转换系数将不同的贫困线转换为可比的贫困线。货币转换系数即各国或各地区的PPP。

(二)名义贫困线比较

中国目前的现实情况是国家每年发布新的贫困线,以适应中国的不断发展。使用的指标是年均家庭收入,自2014—2019年,该指标值从2800元/年逐年递增,分别为2968、3146、3335、3535、3747。显然,中国各地区经济发展程度、物价水平等情况不尽相同,用同一条贫困线,显然有偏。

如果使用货币购买力调整因子,可以将同一条贫困线调整为适合各地区的货币数量,满足当地脱贫标准设定的需要。这里对2019年的贫困线3747元/年进行调整,重点探讨方法差异引起的贫困线结果差异。

(三)真实贫困线比较

表8-18列出了经GEKS法、GEKS*法和GEKS-S法PPP调整后的各地贫困线,可以看出各地的贫困线都发生了变动,差异较大。

表8-18　经GEKS法、GEKS*法和GEKS-S法调整的各地贫困线表

(单位:元/年)

地区	GEKS贫困线	GEKS*贫困线	GEKS-S贫困线
安　徽	3410	3672	3769
北　京	3747	3747	3747
福　建	3844	3923	3668
甘　肃	3380	3698	3736
广　东	4099	3919	3691

续表

地区	GEKS 贫困线	GEKS* 贫困线	GEKS-S 贫困线
广　西	3507	3972	3657
贵　州	3406	3661	3829
海　南	4148	4103	3803
河　北	3297	3582	3784
河　南	2934	3350	3661
黑龙江	3702	3889	3665
湖　北	3410	3612	3725
湖　南	3590	3691	3844
吉　林	3533	3777	3769
江　苏	4069	4062	3844
江　西	3181	3533	3848
辽　宁	3421	3792	3848
内蒙古	3781	3901	3740
宁　夏	3429	3871	3773
青　海	3395	3702	3841
山　东	3548	3863	3713
山　西	3399	3623	3859
陕　西	3518	3747	3676
上　海	3961	3642	3691
四　川	3601	3799	3725
天　津	3548	3698	3638
西　藏	3680	3781	3837
新　疆	3391	3650	3773
云　南	3391	3526	3769
浙　江	4227	4264	3717
重　庆	3788	3811	3781

从各地区情况来看，河南因 PPP 因子较小，货币购买能力较强，而出现最低的贫困线值，变动幅度最大的 GEKS 法下，其贫困线仅为 2934 元，与国家的 3474 相比，减少了 540 元。浙江因 PPP 因子较大，货币购买能力较弱，而出现最高的贫困线值，变动幅度最大的 GEKS 法下，其贫困线为 4227 元，与国家的 3474 相比，减少了 753 元。

实际上，各省区市内部也有可能存在极大的不均衡，也仍然需要根据本省内情况，参考下辖各市进行更具体的贫困线设定。

第九章　国家产品虚设法中国试算与应用分析

CPD 法的最大优势是更科学地处理了价格数据缺失问题，不会发生数据信息损失的情况。同时该方法也能保证 PPP 结果的基准国不变性、可传递性和无偏性等特征，可提供估算 PPP 的标准误差和残差估计，便于分析数据质量的潜在问题。

CPD 法主要用于基本类 PPP 计算，发展至 CPD-W 版本后也可用于汇总 PPP 计算，但尚不成熟。GEKS 法有原始 CPD、CPRD 和 CPD-W 三种版本，理论上进行了优化。但实践中受各国统计能力强弱的影响，目前使用范围最广的仍然是原始 CPD 法。这一章侧重讨论数据缺失对 CPD 法的影响，以及因方法差异引起的真实经济规模、物价水平、消费水平、收入水平、贫困线的变动情况。

第一节　数据缺失对国家产品虚设法的影响

实践中，各国因消费结构差异、统计能力差异等，无法获得完整的国际比较产品列表中所有产品的价格数据，显然，数据缺失是实践中极大概率出现的情况。CPD 法充分利用全部可用的价格数据，估计的精度更高。

一、数据缺失是现实中的常态

（一）数据缺失不可回避

在国际比较项目中，为了得到更加客观准确的 PPP，往往会选择各国既有代表性又有可比性的产品进行比较。然而由于各国经济水平、消费倾向、风俗习惯、地理因素等各方面的差异较大，以致消费产品的种类、品质大不相同，各国在本国具有代表性的产品往往在国家间比较时不具可比性；国家间比较时具有可比性的产品在本国内却不具有代表性。为了权衡，各参比国只能对部分产品进行采价，从而导致价格表的不完整。比如东南亚国家和北欧国家相比，气候环境、风俗习惯相差甚远，二者参与比较的产品必有很大差异，价格缺失的情况也在所难免。另外，在采集某些产品价格的难度较大时，也会导致价格数据的缺失。

（二）数据缺失导致结果偏颇

无论出于什么原因导致的价格数据缺失，都会对购买力平价的计算结果造成偏差。若缺失的数据为随机的价格数据，尽管与完整数据条件下计算出的购买力平价相比有一定的偏差，但仍会对价格水平作出相对公正的估计；若因为种种原因，缺失的数据恰好为极具重要性的产品或一组产品价格中的极值，价格水平的估计偏差将会很大。

当价格表不完整时，CPD 法依然可以计算购买力平价。此外，还可以通过估计 CPD 模型来填补缺失的价格数据，从而得到完整的价格表。如果对填补缺失价格以后的数据再次使用 CPD 模型，那么得到的购买力平价将与缺失数据时用 CPD 法计算的 PPP 保持一致。这说明 CPD 法对价格数据信息的使用较为充分。

二、数据完整时 CPD 法示例

（一）示例使用的数据

本节示例使用的数据见表 9-1，为中国华东七省的六种蔬菜产品的价格数据。假设这六种蔬菜为某一基本类的所有产品，拟进行完整数据、缺失数据模拟情况下七省份该基本类 PPP 数值，其中，以江苏省为基准地区。

表 9-1　华东七省的部分蔬菜价格数据　　（单位:元）

蔬菜＼地区	江　苏	上　海	浙　江	安　徽	福　建	江　西	山　东
芹菜	3.30	3.90	3.97	2.83	5.15	3.03	1.90
油菜	1.82	1.75	2.12	1.62	2.89	2.29	1.68
黄瓜	2.93	2.78	3.14	2.31	2.72	1.79	2.11
萝卜	1.63	2.05	1.99	1.37	2.09	1.30	1.08
茄子	3.29	3.68	3.89	2.53	2.84	2.36	2.27
土豆	2.36	3.10	2.63	1.97	2.52	2.15	1.99
算数平均	2.55	2.88	2.95	2.10	3.04	2.15	1.84
价格比率的几何平均值	1.00	1.12	1.16	0.83	1.18	0.85	0.73

令 p_{ij} 代表产品 i 在 j 省区市的价格，下角标 $i=1,2,\cdots,6$；$j=1,2,\cdots,7$；D_1、D_2、D_3、D_4、D_5、D_6、D_7 为地区虚拟变量，D_1^*、D_2^*、D_3^*、D_4^*、D_5^*、D_6^* 为产品虚拟变量。代表性矩阵如公式(9-1)所示。在该 6×7 的矩阵中，元素 r_{ij} 为 j 省区市第 i 种蔬菜的代表性信息，其中 0 为具有代表性的产品，1 为不具代表性的产品。

$$R=\begin{bmatrix}1&1&1&1&1&1&0\\0&0&1&0&1&1&0\\1&1&1&1&1&0&1\\1&1&1&0&1&0&0\\1&1&1&1&0&1&1\\0&1&1&0&1&1&0\end{bmatrix} \tag{9-1}$$

（二）数据完整时 CPD 法的计算与结果

1. 原始 CPD 法 PPP 计算

在价格数据完整时，共有 42 个价格观测值，建立公式(9-2)的回归方程，包含七个地区虚拟变量和六个产品虚拟变量。

$$\ln p_{ij}=\alpha_1 D_1+\alpha_2 D_2+\alpha_3 D_3+\alpha_4 D_4+\alpha_5 D_5+\alpha_6 D_6+\alpha_7 D_7+\eta_1 D_1^*+\eta_2 D_2^*+\eta_3 D_3^*+\eta_4 D_4^*+\eta_5 D_5^*+\eta_6 D_6^*+v_{ij} \tag{9-2}$$

以江苏省为基准地区，则 $\alpha_1 = 0$，$\alpha_1 D_1 = 0$。$PPP_j = exp(\hat{\alpha}_j)$，$j = 1, 2, \cdots, 7$。表示以江苏省为基准地区 j 省区市的购买力平价。用 SPSS 21.0 进行回归，得到结果见公式(9-3)。由于地区虚拟变量的系数是相应 PPP 的对数，反求 e 的系数次方，即可得到 PPP，见表 9-2 第一列数据。

$$\ln p_{ij} = 0.116 D_2 + 0.148 D_3 - 0.188 D_4 + 0.168 D_5 - 0.166 D_6 - 0.319 D_7 + 1.229 D_1^* + 0.719 D_2^* + 0.949 D_3^* + 0.502 D_4^* + 1.105 D_5^* + 0.892 D_6^* \quad (9-3)$$

2. CPRD 法 PPP 计算

与 CPD 模型相比，CPRD 模型中增加了一个代表性虚拟变量，本示例使用的 CPRD 回归方程见公式(9-4)。其中，R 为代表性虚拟变量。

$$\ln p_{ij} = \alpha_1 D_1 + \alpha_2 D_2 + \alpha_3 D_3 + \alpha_4 D_4 + \alpha_5 D_5 + \alpha_6 D_6 + \alpha_7 D_7 + \eta_1 D_1^* + \eta_2 D_2^* + \eta_3 D_3^* + \eta_4 D_4^* + \eta_5 D_5^* + \eta_6 D_6^* + \delta R + v_{ij} \quad (9-4)$$

仍然使用表 9-1 的原始数据，再次进行回归得到结果如公式(9-5)所示，相应的 PPP 结果见表 9-2 的第二列数据。

表 9-2　价格完整时 CPD、CPRD、CPD-W 法 PPP 对比表

地　区	CPD 法	CPRD 法	CPD-W 法
江　苏	1.000	1.000	1.000
上　海	1.123	1.086	1.091
浙　江	1.159	1.085	1.204
安　徽	0.829	0.856	0.843
福　建	1.183	1.145	1.163
江　西	0.847	0.847	0.832
山　东	0.727	0.776	0.738

$$\ln p_{ij} = 0.083 D_2 + 0.082 D_3 - 0.155 D_4 + 0.135 D_5 - 0.166 D_6 - 0.253 D_7 + 1.064 D_1^* + 0.639 D_2^* + 0.784 D_3^* + 0.394 D_4^* + 0.940 D_5^* + 0.784 D_6^* + 0.198R \quad (9-5)$$

3. CPD-W 法 PPP 计算

CPD-W 模型与原始 CPD 模型形式上一样，回归时使用加权最小二乘回归方法。仍然使用表 9-1 的原始数据,其中将代表性产品视为重要性产品,有代表性的产品赋权为 3,不具代表性的产品赋权为 1,所以权重矩阵见公式(9-6)。

$$W = \begin{bmatrix} 1 & 1 & 1 & 1 & 1 & 1 & 3 \\ 3 & 3 & 1 & 3 & 1 & 1 & 3 \\ 1 & 1 & 1 & 1 & 1 & 3 & 1 \\ 1 & 1 & 1 & 3 & 1 & 3 & 3 \\ 1 & 1 & 1 & 1 & 3 & 1 & 1 \\ 3 & 1 & 1 & 3 & 1 & 1 & 3 \end{bmatrix} \tag{9-6}$$

再次进行回归得到结果见公式(9-7),相应的 PPP 结果见表 9-2 的第三列数据。

$$\begin{aligned} \ln p_{ij} = {} & 0.087\,D_2 + 0.186\,D_3 - 0.170\,D_4 + 0.151\,D_5 - 0.184\,D_6 - \\ & 0.304\,D_7 + 1.165\,D_1^* + 0.674\,D_2^* + 0.907\,D_3^* + 0.470\,D_4^* + \\ & 1.057\,D_5^* + 0.895\,D_6^* \end{aligned} \tag{9-7}$$

4. 三种方法得到的 PPP 结果对比分析

可以看出,三种方法得到的 PPP 结果有明显差异。不同方法中差异最大的为用 CPD 法和 CPRD 法得到的上海的 PPP,偏差为 11.64%,可能的原因是,虽然上海的平均蔬菜价格高于江苏的平均蔬菜价格,但是上海市的代表性产品为油菜,其价格比江苏省的低,因此,油菜价格在考虑代表性变量的 CPRD 法下的影响较大,从而拉低了上海市相对于江苏省的 PPP,说明价格数据考虑代表性信息后使用 CPRD 法估计购买力平价可能对价格水平造成较大影响。

另外,值得注意的是,价格数据完整的 CPD 法得到的结果与各省区市的价格比率的几何平均值得到的结果相同。

三、缺失高值数据时 CPD 法示例

(一)示例使用的数据

以数据完整时的原始数据为基础对数据进行人为高值数据剔除,这可以对应数据出现系统性缺失的现实情况之一。将表 9-1 中的具体价

格数据视为 6×7 的矩阵 P,矩阵中的元素 p_{ij} 代表产品 i 在 j 省区市的价格。将每种产品在 7 个省区市中的最高价格设为缺失数据。如芹菜价格中福建省的价格为 5.15 元,为六省中最高价,因此假设福建省的芹菜价格为缺失价格。依此类推,共有 6 个缺失值,分别为 p_{15} ,p_{25} ,p_{33} ,p_{45} ,p_{53} ,p_{62} 。去掉缺失数据后,价格表共有 36 个观测值。

(二)缺失高值数据时 CPD 法的计算与结果

这里使用的 CPD、CPRD、CPD-W 的理论模型与前文一致,不再列出。关于代表性和重要性的设定也与前文一致。

采用高值缺失数据时,原始 CPD 法得到的回归方程如公式(9-8),计算得到的 PPP 如表 9-3 的第一列数据。

$$\ln p_{ij} = 0.094 D_2 + 0.121 D_3 - 0.188 D_4 - 0.011 D_5 - 0.166 D_6 - 0.319 D_7 + 1.197 D_1^* + 0.699 D_2^* + 0.975 D_3^* + 0.499 D_4^* + 1.121 D_5^* + 0.906 D_6^* \quad (9-8)$$

从 PPP 结果可知,除了安徽省和山东省的购买力平价保持不变外,其他省份的 PPP 都有所降低。通过观察价格表知道,安徽省和山东省的蔬菜价格不存在缺失值,故和由完整价格表计算的购买力平价的结果相同;其他 4 个省份由于存在 7 个省份中的产品最高价格,故被剔除,导致计算的购买力平价值有所降低。由此可知,若在价格比较中,缺失的数据为较高价格数据,那么计算出的购买力平价会降低。

类似地,当缺失数据为较高价格时用 CPRD 法和 CPD-W 法计算得到的回归方程为(9-9)和(9-10),计算得到的 PPP 见表 9-3 的第二、三列数据。

$$\ln P_{ij} = 0.075 D_2 + 0.038 D_3 - 0.158 D_4 + 0.011 D_5 - 0.166 D_6 - 0.259 D_7 + 1.049 D_1^* + 0.641 D_2^* + 0.810 D_3^* + 0.411 D_4^* + 0.956 D_5^* + 0.812 D_6^* + 0.180R \quad (9-9)$$

$$\ln P_{ij} = 0.067 D_2 + 0.158 D_3 - 0.169 D_4 - 0.018 D_5 - 0.188 D_6 - 0.298 D_7 + 1.129 D_1^* + 0.662 D_2^* + 0.926 D_3^* + 0.464 D_4^* + 1.108 D_5^* + 0.897 D_6^* \quad (9-10)$$

表 9-3　缺失高值时 CPD、CPRD、CPD-W 法 PPP 对比表

地　区	CPD 法	CPRD 法	CPD-W 法
江　苏	1.000	1.000	1.000
上　海	1.099	1.078	1.069
浙　江	1.128	1.039	1.171
安　徽	0.829	0.854	0.844
福　建	0.989	1.011	0.982
江　西	0.847	0.847	0.829
山　东	0.727	0.772	0.743

（三）利用 CPD 补填高值数据

获得 CPD 法、CPRD 法和 CPD-W 法的基本类 PPP 之后，可以结合基准地区相同产品的价格数据，推算缺失值。比如 P_{15} 为缺失值，基准地区该产品的价格 P_{11} 为 3.295，又原始 CPD 方法下 PPP_{15} 的值为 0.989，所以填补的缺失值 $P_{15}=P_{11}\times PPP_{15}=3.258$，与原 P_{15} 相比，估计值明显偏小。

表 9-4　利用 CPD 填补高值数据对比表　　（单位：元）

	P_{15}	P_{25}	P_{33}	P_{45}	P_{53}	P_{62}
原数据	5.15	2.89	3.135	2.09	3.885	3.1
CPD 法	3.258	1.795	3.300	1.607	3.712	2.593
CPRD 法	3.331	1.835	3.038	1.643	3.417	2.544
CPD-W 法	3.235	1.782	3.425	1.595	3.852	2.522

在填补所有缺失值后，结果见表 9-4。可以看出，CPD 法填充数据时，P_{33}、P_{53} 的填补数据与原始数据较接近，其他 4 个填补数据与原始数据差距较大，主要因为剔除的价格为各省中的相对价格高的观测值，这些价格对各省的价格水平影响程度较大，用剔除这些数据计算的购买力平价只能反映剩下未被剔除的价格数据的空间关系，若用这样计算出的购买力平价填补缺失的极端价格数据，数值上差距较大是合理的。在实际中，缺失数据全为极端值的可能性很小。

四、缺失低值数据时 CPD 法示例

（一）示例使用的数据

与高值数据缺失的处理情况类似，以数据完整时的原始数据为基础对数据进行人为低值数据剔除，这可以对应数据出现系统性缺失的现实情况之一。将表 9-1 中的具体价格数据视为 6×7 的矩阵 P，矩阵中的元素 p_{ij} 代表产品 i 在 j 省区市的价格。去掉各产品中价格最低的观测值，如山东省的芹菜价格为 1.9 元，为 7 省区市的最低价格，因此假设山东省的芹菜价格为缺失价格。依此类推，共有 6 个缺失值，分别为 P_{17}、P_{24}、P_{36}、P_{47}、P_{57}、P_{64}。去掉缺失数据后，共有 36 个价格观测值。

（二）缺失低值数据时 CPD 法的计算与结果

与上文类似，利用 CPD 法、CPRD 法、CPD-W 法得到回归方程分别见公式（9-11）、公式（9-12）、公式（9-13）。计算得到的基本类 PPP 见表 9-5。

$$\ln p_{ij} = 0.116\,D_2 + 0.148\,D_3 - 0.178\,D_4 + 0.168\,D_5 - 0.124\,D_6 - 0.193\,D_7 + 1.265\,D_1^* + 0.700\,D_2^* + 0.960\,D_3^* + 0.512\,D_4^* + 1.091\,D_5^* + 0.869\,D_6^* \tag{9-11}$$

$$\ln \mathrm{P}_{ij} = 0.086\,D_2 + 0.089\,D_3 - 0.177\,D_4 + 0.139\,D_5 - 0.157\,D_6 - 0.138\,D_7 + 1.113\,D_1^* + 0.628\,D_2^* + 0.793\,D_3^* + 0.419\,D_4^* + 0.969\,D_5^* + 0.796\,D_6^* + 0.177R \tag{9-12}$$

$$\ln \mathrm{P}_{ij} = 0.080\,D_2 + 0.167\,D_3 - 0.169\,D_4 + 0.138\,D_5 - 0.137\,D_6 - 0.161\,D_7 + 1.273\,D_1^* + 0.645\,D_2^* + 0.961\,D_3^* + 0.488\,D_4^* + 1.051\,D_5^* + 0.866\,D_6^* \tag{9-13}$$

由表 9-5 的 PPP 数据可以看出，相对于完整数据的购买力平价，上海、浙江、福建相对于江苏的 PPP 保持不变，而安徽、江西、山东有不同程度的提高。这是由于剔除各省之间最低价格对上海、浙江、福建的价格观测值没有影响，故 PPP 保持不变；而其余三省不同程度地剔除了较低价格，导致购买力平价有所提高。特别地，由于山东的三个较低的价格观测都被剔

除，故山东相对于江苏的 PPP 由 0.727 提高到了 0.825，提高幅度较大。

表 9-5　缺失低值时 CPD、CPRD、CPD-W 法 PPP 对比表

地　区	CPD 法	CPRD 法	CPD-W 法
江　苏	1.000	1.000	1.000
上　海	1.123	1.090	1.083
浙　江	1.159	1.093	1.181
安　徽	0.837	0.837	0.845
福　建	1.183	1.149	1.149
江　西	0.883	0.854	0.872
山　东	0.825	0.871	0.851

（三）利用 CPD 补填低值数据

使用和前文一致的方法，进行低值缺失数据填补，结果见表 9-6。从填补数据来看，除填补的 P_{24} 、P_{64} 与原数据十分接近外，P_{17} 、P_{36} 、P_{47} 、P_{57} 均比原数据有不同程度的提高。其主要原因是将各产品中价格较低的观测值去掉，得到的相对价格水平应比完整价格表时有所提高，因此以 PPP 为转化因子填补的缺失数据也会有所提高。

表 9-6　利用 CPD 填补高值数据对比表　（单位：元）

	P_{17}	P_{24}	P_{36}	P_{47}	P_{57}	P_{64}
原数据	1.9	1.615	1.79	1.075	2.265	1.965
CPD 法	2.718	1.519	2.584	1.340	2.714	1.975
CPRD 法	2.871	1.520	2.499	1.416	2.866	1.976
CPD-W 法	2.804	1.533	2.551	1.383	2.800	1.994

五、缺失随机数据时 CPD 法示例

（一）示例使用的数据

与高值、低值数据缺失的处理情况类似，以数据完整时的原始数据为基础对数据进行人为数据剔除，这可能对应更为普遍的现实情况。将表

9-1 中的具体价格数据视为 6×7 的矩阵 P,矩阵中的元素 P_{ij} 代表产品 i 在 j 省区市的价格,随机去掉的数据分别为 P_{12}、P_{23}、P_{37}、P_{44}、P_{55}、P_{66},共剩余 36 个价格观测值。需要说明的是,数据随机缺失会有很多情况,这里只做了一种情况的说明,结论仅仅适用于本例。

(二)缺失随机数据时 CPD 法的计算与结果

与上文类似,利用 CPD 法、CPRD 法、CPD-W 法得到回归方程分别见公式(9-14)、公式(9-15)、公式(9-16)所示。计算得到的基本类 PPP 见表 9-7。

$$\ln p_{ij} = 0.111 D_2 + 0.174 D_3 - 0.188 D_4 + 0.222 D_5 - 0.176 D_6 - 0.348 D_7 + 1.219 D_1^* + 0.737 D_2^* + 0.919 D_3^* + 0.497 D_4^* + 1.146 D_5^* + 0.879 D_6^* \tag{9-14}$$

$$\ln P_{ij} = 0.074 D_2 + 0.115 D_3 - 0.172 D_4 + 0.132 D_5 - 0.152 D_6 - 0.247 D_7 + 1.036 D_1^* + 0.661 D_2^* + 0.759 D_3^* + 0.359 D_4^* + 0.918 D_5^* + 0.780 D_6^* + 0.221R \tag{9-15}$$

$$\ln P_{ij} = 0.064 D_2 + 0.207 D_3 - 0.176 D_4 + 0.265 D_5 - 0.181 D_6 - 0.311 D_7 + 1.137 D_1^* + 0.681 D_2^* + 0.875 D_3^* + 0.457 D_4^* + 1.141 D_5^* + 0.884 D_6^* \tag{9-16}$$

表 9-7　缺失随机值时 CPD、CPRD、CPD-W 法对比表

地　区	CPD 法	CPRD 法	CPD-W 法
江　苏	1.000	1.000	1.000
上　海	1.117	1.077	1.066
浙　江	1.191	1.122	1.230
安　徽	0.828	0.842	0.839
福　建	1.249	1.142	1.304
江　西	0.838	0.859	0.834
山　东	0.706	0.781	0.733

从计算的购买力平价可以看出,与完整价格数据计算的购买力平价相比,有 2 个省区市的购买力平价变大,4 个省区市的购买力平价变小,但是都非常接近完整价格计算的 PPP。说明缺失数据不为极端值时,用

CPD 法、CPRD 法和 CPD-W 法对缺失数据计算购买力平价效果接近完整数据的计算结果。

(三)利用 CPD 补填缺失值数据

使用和前文一致的方法,进行低值缺失数据填补,结果见表 9-8。从填补数据的结果来看,利用 CPD 法填补数据时,除 P_{55} 外,其他填补的缺失数据与原始数据都非常接近,说明 CPD 法充分利用价格数据之间及地区之间的关系,在不考虑出现极端值时,填补效果是很好的。P_{55}(福建省茄子价格)与原始数据差异较大的原因在于福建省的大多数蔬菜产品的价格水平都比江苏省高,只有黄瓜和茄子价格低于江苏省,若将福建省茄子价格设为缺失值,用其他产品价格计算,将会计算出更高的购买力平价。再根据此 PPP 填补缺失数据,得到的填补价格一定比江苏省的产品价格高。这里和缺失数据为极端价格数据的情况非常类似。

表 9-8 利用 CPD 填补高值数据对比表 (单位:元)

	P_{12}	P_{23}	P_{37}	P_{44}	P_{55}	P_{66}
原数据	3.9	2.12	2.105	1.365	2.84	2.145
CPD 法	3.681	2.161	2.066	1.346	4.109	1.978
CPRD 法	3.548	2.036	2.284	1.369	3.756	2.027
CPD-W 法	3.514	2.233	2.144	1.363	4.290	1.969

六、CPD 法应对数据缺失的综合评价

下面以原始 CPD 法为例,纵向对比数据缺失程度不同的四种情况下得到的 PPP,见表 9-9。若对比地区的缺失数据为较高价格时,计算出的购买力平价会比实际情况偏小;若对比地区的缺失数据为较低价格时,计算出的购买力平价会比实际情况偏大;若对比地区的缺失数据为接近平均水平的价格时,计算出的购买力平价与实际情况差别不大。用 CPD 法填补缺失数据时,填补数据的大小与对比地区和基准地区之间总体价格水平密切相关。

另外,以上填补的数据与原价格表中的数据有一定差异,还有一个重要原因是样本量太小。本例中仅有7个地区及6种产品,缺失特定的价格观测值对相对价格水平的估测影响很大。若增加样本量后再进行分析,填补数据的差异会大大缩小。

表9-9　缺失数据不同时原始CPD法PPP结果对比表

地　区	完整价格表	缺失较高数据	缺失较低数据	随机缺失价格
江　苏	1.000	1.000	1.000	1.000
上　海	1.123	1.099	1.123	1.117
浙　江	1.159	1.128	1.159	1.191
安　徽	0.829	0.829	0.837	0.828
福　建	1.183	0.989	1.183	1.249
江　西	0.847	0.847	0.883	0.838
山　东	0.727	0.727	0.825	0.706

在获得不完整价格表的情况下,如果缺失的是"随机"一组数据,那么利用剩下的可知数据进行回归,仍然可以获得与真实情况非常接近的估计结果。如果缺失的数据全为某类产品中的最高价格或最低价格,那么得到的结果可能会与真实情况差异较大,理论上这种情况一般很少,除非蓄意而为。

总之,CPD法克服了指数法计算PPP无法应用不完备数据的不足,可以充分利用每个国家每个产品的价格数据信息,能得到接近真实情况的价格水平。

第二节　国家产品虚设法购买力平价试算

一、数据来源与说明

(一)数据来源

为了研究方法差异,这里选取了69种居民消费类产品与服务,价格数据来自国家发改委及各省区市的价格监测中心。本书按照支出类别将产品划分为八个产品类别，分别为食品类、烟酒及用品类、衣着类、居住类、家庭设备用品及其维修服务类、医疗保健及个人用品类、交通及通信类、娱乐教育文化用品及服务类共八大类。

从涵盖的地区来看，选取了参与多边比较的中国大陆31个省区市。从权重数据来看，根据PPP计算年份各地区城镇居民家庭平均每人全年消费性支出计算得到，这些支出数据来源于《中国统计年鉴》。

二、原始CPD法PPP结果与分析

（一）原始CPD法PPP结果

前文已有多处内容说明CPD方法的使用过程，这里就不再一一列出，直接对八个基本类用原始CPD法进行PPP计算，见表9-10。需要说明的是，通过原始CPD法计算出八大类中每一类的购买力平价后，利用加权CPD法，以各地区居民家庭平均每人全年消费性支出为权重，进行汇总得到各地居民消费PPP，具体数值参考表9-11的第二列。

表9-10 原始CPD法基本类PPP表

地区	CPD PPP	食品类	烟酒及用品类	衣着类	居住类	家庭设备用品及其维修服务类	医疗保健及个人用品类	交通及通信类	娱乐教育文化用品及服务类
北京	1.000	1.000	1.000	1.000	1.000	1.000	1.000	1.000	1.000
天津	0.967	0.924	1.147	0.555	1.023	1.240	1.275	0.840	1.162
河北	0.876	0.879	1.082	0.839	0.906	0.903	1.033	0.778	0.779
山西	0.901	0.900	1.159	0.726	0.802	0.819	1.274	0.910	0.897
内蒙古	1.079	0.980	1.105	1.737	0.752	0.814	1.218	0.901	1.000
辽宁	0.903	0.943	1.094	0.983	0.803	0.904	1.167	0.876	0.624
吉林	0.929	0.975	1.115	0.900	0.829	0.963	1.160	0.891	0.813
黑龙江	0.985	0.971	1.182	1.281	0.841	0.996	1.177	0.835	0.795
上海	1.112	1.163	0.991	0.606	1.022	0.948	1.926	0.869	1.395
江苏	1.082	1.011	1.399	1.366	0.944	0.916	1.431	0.943	1.096

续表

地　区	CPD PPP	食品类	烟酒及用品类	衣着类	居住类	家庭设备用品及其维修服务类	医疗保健及个人用品类	交通及通信类	娱乐教育文化用品及服务类
浙　江	1.143	1.080	1.260	1.617	0.946	1.023	1.111	0.945	1.260
安　徽	0.902	0.875	1.370	0.890	0.831	0.828	0.932	0.870	0.903
福　建	1.042	1.102	1.139	0.667	1.113	0.965	1.379	0.896	1.086
江　西	0.850	0.857	1.315	0.629	0.861	0.807	1.434	0.847	0.546
山　东	0.944	0.884	1.115	0.884	0.974	0.908	1.404	0.878	0.926
河　南	0.788	0.777	1.083	0.556	0.869	0.860	0.869	0.883	0.563
湖　北	0.908	0.864	1.198	0.829	0.903	0.770	1.406	0.790	0.982
湖　南	0.965	1.016	1.143	0.724	0.821	0.688	1.315	0.928	1.158
广　东	1.144	1.109	1.009	0.764	1.142	0.752	1.671	1.021	1.474
广　西	0.933	0.988	1.051	1.014	1.067	0.784	0.972	0.815	0.728
海　南	1.122	1.222	1.207	1.373	0.910	0.953	1.163	1.049	0.809
重　庆	1.000	0.977	1.149	0.926	1.049	0.975	1.549	0.934	0.855
四　川	0.948	0.969	1.325	0.952	0.835	0.754	1.392	0.907	0.788
贵　州	0.918	0.989	1.277	0.570	0.985	0.773	1.419	0.843	0.791
云　南	0.906	0.897	1.178	0.657	0.871	0.873	1.282	0.886	0.929
西　藏	1.032	1.080	1.264	1.556	0.815	0.927	0.979	0.678	0.649
陕　西	0.949	0.941	1.312	0.967	0.864	0.920	1.458	0.661	0.913
甘　肃	0.909	0.964	1.312	1.072	0.644	0.912	1.195	0.719	0.698
青　海	0.929	1.078	1.215	0.801	0.714	0.823	1.528	0.802	0.485
宁　夏	0.917	0.878	1.163	1.317	0.669	0.835	1.157	0.891	0.671
新　疆	0.907	0.879	1.137	1.065	0.802	0.741	1.169	0.722	

表 9-11　CPD、CPRD 和 CPD-W 法居民消费 PPP 表

地　区	原始 CPD	CPRD	CPD-W
北　京	1.000	1.000	1.000
天　津	0.967	0.931	0.929
河　北	0.876	0.871	0.877

续表

地 区	原始 CPD	CPRD	CPD-W
山 西	0.901	0.879	0.893
内蒙古	1.079	1.059	1.076
辽 宁	0.903	0.896	0.920
吉 林	0.929	0.912	0.934
黑龙江	0.985	0.954	0.973
上 海	1.112	1.110	1.122
江 苏	1.082	1.023	1.060
浙 江	1.143	1.075	1.108
安 徽	0.902	0.878	0.894
福 建	1.042	1.041	1.064
江 西	0.850	0.843	0.852
山 东	0.944	0.897	0.921
河 南	0.788	0.797	0.794
湖 北	0.908	0.872	0.881
湖 南	0.965	0.966	0.987
广 东	1.144	1.114	1.148
广 西	0.933	0.936	0.966
海 南	1.122	1.168	1.176
重 庆	1.000	0.958	0.964
四 川	0.948	0.935	0.948
贵 州	0.918	0.932	0.946
云 南	0.906	0.885	0.900
西 藏	1.032	1.049	1.057
陕 西	0.949	0.904	0.945
甘 肃	0.909	0.910	0.931
青 海	0.929	0.969	0.996
宁 夏	0.917	0.891	0.920
新 疆	0.907	0.886	0.894

图9-1是CPD、CPRD、CPD-W三种方法下居民消费PPP趋势图,从三条几乎重合的曲线可以看出,三类方法下的PPP数值较为接近,趋势

一致。显然,并未因 CPD 方法本身的差异而使结果出现较大波动,这与 GEKS 法下基本类 PPP 和汇总 PPP 波动较大形成鲜明对比。

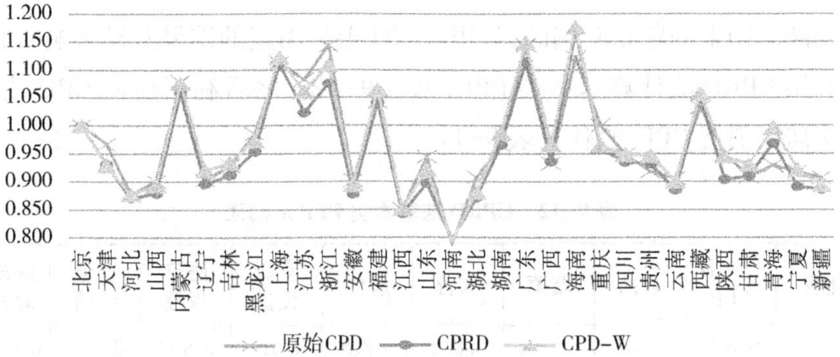

图 9-1　CPD、CPRD、CPD-W 法居民消费 PPP 趋势图

(二)原始 CPD 法实证结果分析

由计算结果发现,中国地区价格水平存在较明显差异。从居民消费购买力平价来看,以北京为基准地区,价格水平最高的地区为广东,是北京的 1. 14 倍;最低的地区为河南,价格水平为北京的 0. 79 倍。PPP 大于 1 的省区有内蒙古、上海、浙江、江苏、福建、广东、海南、重庆、西藏;PPP 小于 0. 9 的有河北、江西、河南三个省份。购买力最高的 3 个省区分别为广东、浙江、海南;购买力最低的 3 个省区分别为河南、江西、河北。

原始 CPD 法得到的居民消费八大类各省区市之间的价格差异较明显。分类别看,衣着类和娱乐教育文化用品及服务类在各地区之间差异较大,最高价格水平与最低价格水平的比值大于 3 倍。烟酒类、食品类、交通与通信类地区之间价格水平比较平均,最高价格水平与最低价格水平的比值在 1. 5 倍左右。

三、CPRD 法 PPP 结果与分析

(一)CPRD 法实证结果

CPRD 法在原始 CPD 法的基础上考虑了代表性因素,在本例中,根据 31 个省区市经济发展水平、消费习惯、产品的市场性等,对 69 种产品

在各省区市是否具有代表性作出了主观判断。如新疆、内蒙古、宁夏、北京等地鲜羊肉为代表性产品，这些地区由于民族信仰、饮食习惯等原因，对羊肉的消费量很大，位于全国前列，故将鲜羊肉设置为代表性产品。主观判断的结果一定是有偏的，只用于方法差异引起的结果差异影响研究。先利用 CPRD 法计算基本类 PPP，见表 9-12。之后利用加权 CPD 法汇总至居民消费 PPP，具体见表 9-11。

表 9-12　CPRD 法基本类 PPP 汇总表

地区	CPRD PPP	食品	烟酒	衣着	居住	家庭设备	医疗保健	交通通信	娱乐教育
安　徽	0.878	0.875	1.252	0.892	0.805	0.828	0.932	0.814	0.975
北　京	1.000	1.000	1.000	1.000	1.000	1.000	1.000	1.000	1.000
福　建	1.041	1.080	1.041	0.934	1.113	0.924	1.250	0.839	1.045
甘　肃	0.910	0.960	1.147	1.074	0.707	0.912	0.981	0.743	0.725
广　东	1.114	1.095	0.964	0.904	1.142	0.785	1.244	0.956	1.532
广　西	0.936	0.976	1.005	1.016	1.067	0.893	0.972	0.763	0.728
贵　州	0.932	0.981	1.116	0.797	1.016	0.843	1.057	0.789	0.854
海　南	1.168	1.212	1.154	1.376	0.939	0.995	1.054	0.982	0.841
河　北	0.871	0.871	1.035	0.994	0.935	0.943	0.848	0.752	0.809
河　南	0.797	0.769	0.990	0.778	0.869	0.860	1.058	0.826	0.608
黑龙江	0.954	0.956	1.182	1.284	0.816	0.996	1.067	0.782	0.826
湖　北	0.872	0.857	1.047	0.982	0.932	0.805	1.155	0.765	0.982
湖　南	0.966	1.011	1.044	0.725	0.874	0.784	1.192	0.841	1.158
吉　林	0.912	0.965	1.020	0.902	0.829	0.922	1.051	0.862	0.782
江　苏	1.023	1.011	1.279	1.369	0.944	0.916	1.176	0.912	1.096
江　西	0.843	0.848	1.202	0.881	0.861	0.880	1.178	0.820	0.613
辽　宁	0.896	0.943	1.000	0.984	0.803	0.904	0.958	0.820	0.674
内蒙古	1.059	0.970	1.010	1.749	0.801	0.887	1.001	0.872	0.962
宁　夏	0.891	0.878	1.063	1.320	0.758	0.872	0.950	0.807	0.725
青　海	0.969	1.046	1.111	0.949	0.784	0.897	1.255	0.802	0.566
山　东	0.897	0.879	1.066	0.885	0.974	0.908	1.153	0.849	0.962
山　西	0.879	0.891	1.060	0.860	0.802	0.855	1.047	0.851	0.897

续表

地区	CPRD PPP	食品	烟酒	衣着	居住	家庭设备	医疗保健	交通通信	娱乐教育
陕　西	0.904	0.918	1.147	0.969	0.864	0.961	1.321	0.640	0.913
上　海	1.110	1.152	0.948	0.849	1.022	0.990	1.434	0.813	1.395
四　川	0.935	0.961	1.211	0.953	0.835	0.858	1.143	0.878	0.852
天　津	0.931	0.915	1.097	0.657	1.056	1.295	1.048	0.840	1.162
西　藏	1.049	1.071	1.155	1.558	0.815	1.011	0.887	0.701	0.701
新　疆	0.886	0.868	1.039	1.067	0.881	0.844	1.059	0.771	1.021
云　南	0.885	0.882	1.076	0.779	0.928	0.912	1.162	0.829	0.965
浙　江	1.075	1.053	1.101	1.620	0.946	1.023	0.827	0.856	1.310
重　庆	0.958	0.972	1.004	0.928	1.049	1.019	1.272	0.904	0.923

（二）CPRD 法实证结果分析

从结果可以看出，以北京为基准地区，价格水平最高的地区为海南，价格水平为北京的 1.168 倍；价格水平最低的为河南，价格水平为北京的 0.797 倍。PPP 大于 1 的省区有内蒙古、上海、浙江、江苏、福建、广东、海南、西藏。与原始 CPD 法相比，PPP 大于 1 的地区中少了重庆。PPP 小于 0.9 的有河北、山西、辽宁、安徽、江西、山东、河南、湖北、云南、宁夏、新疆。相比原始 CPD 法，PPP 小于 0.9 的地区增加了 8 个地区。

从类别看，相对于原始 CPD 法，CPRD 法得到的价格水平结果更加均衡，价格差异更小，价格水平极值比都在 3 倍以下。价格水平差异较大的为衣着类和娱乐教育类，最高价格水平分别为最低价格水平的 2.662 倍和 2.519 倍；其他类别的价格差异较小，最高水平与最低价格水平比值在 1.6 倍左右。

四、CPD-W 法 PPP 结果与分析

（一）CPD-W 法实证结果

CPD-W 法在原始 CPD 法的基础上对每个价格观测值赋予了不同的权重，在本例中，首先根据各产品的价格数据使用 CPD-W 法进行计算基

本类PPP，见表9-13。其中，使用的权重数据是根据各省区市的经济水平、消费习惯等对各产品作出重要性判断，根据世界银行的建议，重要的产品赋权为3，不重要的产品赋权为1。得到八大类购买力平价后，再利用CPD-W法进行回归，此时的权重数据根据各地区城镇居民家庭平均每人全年消费性支出计算支出权重得到。

表9-13 CPD-W法基本类PPP汇总表

地区	CPDW PPP	食品	烟酒	衣着	居住	家庭设备	医疗保健	交通通信	娱乐教育
北 京	1.000	1.000	1.000	1.000	1.000	1.000	1.000	1.000	1.000
天 津	0.929	0.940	1.149	0.450	1.052	1.153	1.319	0.829	1.049
河 北	0.877	0.889	1.064	0.783	0.955	0.957	1.204	0.787	0.720
山 西	0.893	0.898	1.205	0.685	0.861	0.846	1.480	0.916	0.859
内蒙古	1.076	0.953	1.128	1.718	0.746	0.855	1.381	0.887	1.037
辽 宁	0.920	0.952	1.113	0.980	0.828	0.953	1.357	0.880	0.601
吉 林	0.934	0.962	1.130	0.898	0.816	1.059	1.290	0.936	0.843
黑龙江	0.973	0.970	1.078	1.278	0.887	1.059	1.192	0.820	0.710
上 海	1.122	1.153	0.904	0.605	1.030	0.952	2.418	0.797	1.472
江 苏	1.060	1.023	1.395	1.362	0.947	0.985	1.502	0.993	1.130
浙 江	1.108	1.044	1.305	1.613	1.003	1.037	1.395	1.020	1.200
安 徽	0.894	0.865	1.287	0.888	0.894	0.910	1.061	0.918	0.977
福 建	1.064	1.089	1.085	0.666	1.103	1.061	1.496	0.922	1.126
江 西	0.852	0.868	1.297	0.628	0.875	0.842	1.672	0.871	0.531
山 东	0.921	0.872	1.157	0.882	0.966	0.972	1.645	0.940	0.920
河 南	0.794	0.800	1.055	0.554	0.855	0.926	0.900	0.917	0.616
湖 北	0.881	0.874	1.240	0.737	0.909	0.832	1.556	0.805	0.964
湖 南	0.987	1.009	1.075	0.722	0.828	0.723	1.320	1.003	1.203
广 东	1.148	1.114	0.957	0.752	1.186	0.801	2.100	1.017	1.498
广 西	0.966	0.999	0.992	1.011	1.090	0.785	1.074	0.879	0.708
海 南	1.176	1.207	1.214	1.370	0.942	0.963	1.224	1.055	0.836
重 庆	0.964	0.959	1.190	0.924	1.031	0.921	1.800	0.940	0.826
四 川	0.948	0.967	1.344	0.949	0.850	0.811	1.543	0.934	0.723
贵 州	0.946	0.991	1.323	0.568	1.012	0.862	1.782	0.906	0.752

续表

地区	CPDW PPP	食品	烟酒	衣着	居住	家庭设备	医疗保健	交通通信	娱乐教育
云 南	0.900	0.879	1.186	0.612	0.936	0.894	1.294	0.994	0.902
西 藏	1.057	1.079	1.260	1.551	0.771	0.884	0.908	0.647	0.618
陕 西	0.945	0.944	1.359	0.965	0.934	0.974	1.639	0.710	0.922
甘 肃	0.931	0.971	1.359	1.068	0.651	0.968	1.338	0.750	0.692
青 海	0.996	1.097	1.225	0.758	0.761	0.751	1.744	0.786	0.464
宁 夏	0.920	0.898	1.181	1.314	0.693	0.853	1.297	0.963	0.640
新 疆	0.894	0.875	1.092	1.062	0.762	0.769	1.365	0.746	0.981

居民消费 PPP 的数据参考表 9-11 第三列。可以看出,以北京为基准地区,PPP 最高的地区为海南,价格水平为北京的 1.176 倍;PPP 最低的地区为河南,价格水平为北京的 0.794 倍。这与 CPRD 法得到的结果类似。PPP 大于 1 的省区有海南、广东、上海、浙江、内蒙古、福建、江苏、西藏;PPP 小于 0.9 的有河南、江西、河北、湖北、山西、新疆、安徽。PPP 大于 1 的地区里除内蒙古与西藏为西部地区外,其他六个地区均来自东部。PPP 小于 0.9 的地区均来自中西部地区。

(二)CPD-W 法实证结果分析

从类别看,价格水平差异较大的为衣着类和娱乐教育类,最高价格水平和最低价格水平的比值分别为 3.818 倍和 3.228 倍;价格水平差异最小的为食品类和烟酒类,最高水平与最低价格水平的比值约为 1.5 倍。

可以看出,原始 CPD 法及两种改进模型得到的结果略有不同,两种改进模型分别考虑了代表性和重要性因素,得出的结果应该与原始 CPD 法相比更合理一些。

五、SCPD 法 PPP 结果与分析

SCPD 法是一种正在探讨中的方法,有较大提升空间。针对不同国家或地区存在区域不平衡、地区差异较大的现状,对 SCPD 法进行深入研究十分必要。这里遵循价格空间属性检验、空间统计基础上的 PPP 推

断、结果分析的基本思路进行研究，尚不成熟，抛砖引玉。

（一）价格空间属性检验

存在空间相关性是进行空间模型拟合的基础必要条件。因此，实证部分，首先对产品价格的空间相关性进行检验；对具有显著性的产品价格数据，再进行空间模型拟合实证。

1. 产品价格空间属性检验

本书选择了部分产品，为了比较不同种类产品价格的空间属性，对这些产品重新分组，主要考虑了价格的市场性、具有较强市场性的产品和服务以及市场性较弱的产品和服务。具体区分为政府限价商品、政府补贴商品、市场性商品。其空间属性检验的最终结果见表 9-14。

表 9-14　物业费空间模型检验参数表

监测结果	MI/DF	统计值	概率
Moran's I(误差)	0. 267899	2. 8064411	0. 0050093
Lagrange Multiplier(lag)	1	0. 1582653	0. 6907586
Robust LM(lag)	1	1. 3269820	0. 2493428
Lagrange Multiplier(误差)	1	4. 2047362	0. 0403112
Robust LM(误差)	1	5. 3734529	0. 0204455
Lagrange Multiplier(SARMA)	2	5. 5317182	0. 0629220

针对每个产品都做了空间属性检验，主要结果为莫兰指数值、莫兰指数散点图和莫兰指数序列经验分布，用以判断产品价格的空间属性是否显著。这里以物业费为代表进行说明。中国 31 个省区市全部纳入空间属性检验时，物业管理费的 Moran's I 值为负值并且值很小，接近于$-\frac{1}{30}$，说明不同地区之间物业管理费不存在空间效应，但是，由莫兰指数散点图可以看出大部分地区分布在第一和第三象限，第二和第四象限分别存在着一个脱离群体数据的异常数据，其地区是编码为 3 的新疆和编码为 27 的贵州，从原始数据也可以看出贵州和新疆的物业管理费价格明显偏高，一方面可能是价格收集过程中采样点主要集中在大城市导致的，

另一方面可能是省域内部进行价格数据的处理时方法不当，所以先将两个值进行异常数据的剔除处理。建立物业管理费 29 个省区市的 Moran 散点图，Moran's I 值为 0.324122，说明其价格水平之间存在着一定的空间相关性。

为了进一步说明其相关性的显著性，可绘制 Moran's I 序列经验分布。对莫兰指数的推断是以随机序列为基础的，经过多次同条件计算之后，会形成一个类似于总体分布的莫兰指数值的参考分布。莫兰指数值为 0.3241，单纯从数值来看，空间属性较为明显。莫兰指数值的数学期望为-0.0357，接近零，说明与标准整体分布差异可能较小。莫兰指数值的变异程度标准差为 0.1181，显著性检验的上分位点 z 的坐标值为 3.0553，可见 z 值为正且高度显著，所以有充分的理由拒绝原假设，认为中国各省区市物业费价格数据并非完全随机，而是表现出较为明显的空间相关性。空间集聚规律为正相关，即物业费高的省份，其周围省份的物业费也比较高；反之亦然。

居民生活用水费、大学学费、住院费是具有非市场性质的商品/服务，居民个人在使用这些商品/服务时，除了个人需要支付相应价格的费用外，政府也需要进行相应支付。而且，个人支付的价格不具有显著经济意义，且政府会对相应价格进行统一调控。因此，进行空间相关性检验之前，笔者认为这类商品/服务应该不具有空间相关性，实证分析并未完全支持该结论。从实证分析结果来看（见表 9-15），居民生活用水费、大学学费、住院费对应的莫兰指数值分别为 0.362、0.321、0.100，看出前两者的空间相关性较为显著，而住院费的空间相关性很弱。

表 9-15　空间属性与空间统计模型检验结果表

	产　品	莫兰指数	适合的模型	非常显著的变量	备　注
普通服务	物业费	-0.006 0.324 （不含贵州、新疆）	空间误差模型	小区绿化率	贵州、新疆为离群点，物业费明显偏高

续表

	产　品	莫兰指数	适合的模型	非常显著的变量	备　注
政府补贴商品/服务	居民生活用水费	0.362	空间误差模型	人均水资源	政府补贴使商品/服务价格空间相关性偏弱
	大学学费	0.321	空间误差模型	教育经费	
	住院费	0.100	空间误差模型	医院数量	
政府限价商品	国产烟	0.112	空间误差模型	品牌	有效的政府限价，也限制了商品价格空间相关性
	白酒	0.023 0.199 （不含北京）	空间滞后模型	商品零售价格指数	
普通食品	带鱼	0.403	空间误差模型	居民年底储蓄额	易损程度、保鲜技术、运输距离影响价格空间属性
	鸡肉	0.269	空间误差模型	地区农林牧渔总产值、居民人均消费支出、居民平均工资水平、地区常住人口数、牛肉价格	
	鸡蛋	0.809	空间误差模型	人均食品消费支出、人均 GDP 和地方财政支出	
	苹果	0.309	空间误差模型	苹果产量	

烟酒属政府限价商品，其空间相关性受限价数值高低的影响。如果政府限价数值高，且限价商品市场供应充足、需求旺盛的前提下，这些商品的成交价格仍然会由市场供求决定，这时候的政府限价形同虚设，则商品的空间相关性会较为显著。反之，如果政府限价数值较低，无论市场供需如何，都需要按照政府限价进行购买。如果市场需求旺盛，会出现黑市或其他非官方/非法交易市场。若考察全部数据，仍会出现空间相关性显著的结论；如果数据只有官方数据，商品价格皆接近限价，其空间相关性会不显著。从实证数据结果来看，国产烟的莫兰指数为 0.112，存在较弱的空间相关性。白酒的莫兰指数为 0.023，空间相关性几乎不存在。从莫兰指数图来看，白酒都存在一个显著离群点（北京），在将该数据删除

后，莫兰指数变为0.199，呈现出不是很强的正相关性。显然，该结果说明中国对特殊商品的限价是起作用的。北京作为显著离群点的原因，有待进一步考察。

食品价格是否具有空间相关性，应该与商品变质时间、运输距离密切相关。容易变质的商品，运输距离越长，损耗越大，价格会更高；反之更低，比如原产地商品价格往往更低。在交通越来越发达、产品保鲜技术越来越先进的条件下，上述两种因素的影响会变小。另，中国大力提倡产业园发展、生态建设的前提下，部分地区在部分食品（比如蔬菜）的供应上，实现了自给自足，这对价格空间相关性检验存在一定影响。本书选择了带鱼、鸡肉、鸡蛋、苹果四种食品，它们的莫兰指数分别为0.403、0.269、0.809和0.309，存在较为显著的正空间相关性，即本地区的食品类商品价格会受到邻近地区食品类商品价格的正向影响，价格高的地区聚堆、价格低的地区聚堆。其中，鸡蛋的空间相关性非常显著，从地区价格分布来看，高产区价格低，地产区价格高，显然，易损程度、变质时间、运输距离对该产品的影响非常大。

从上文的分析可以认为：政府补贴商品/服务的空间属性不强；政府限价商品的空间属性更弱；普通食品的空间属性强弱受易损程度、变质时间、运输距离的影响较大；存在对空间属性判断影响很大的离群点（特殊地区）。

2. 产品价格空间影响因素分析

具有显著空间属性的产品，需要进一步分析其影响因素，这里仍然以物业管理费为例进行说明。物业管理费（PMF）为被解释变量，可能影响其数值大小的变量初步选择为：人均生产总值（PGDP）、行业人均工资水平（PCW）、住宅商品房平均销售价格（AP）、住宅商品房销售面积（S）及小区绿化率（GS），最终确定后三者为解释变量，利用Geoda软件进行省域物业管理费的空间滞后和空间误差模型检验，结果见表9-14。可见，显著性水平为0.005时，莫兰指数的检验值为2.806，说明回归误差具有很显著的空间依赖性，显然，变量在地区间相互关系通过误差项体现。在同样的显著性水平下，LMERR显著，LMLAG不显著；R-LMERR高度显著,R-LMLAG 不显著。根据安赛林(Anselin)的判断标准,物业费价格更适合的模型是空间误差模型。

通过模型实证分析发现,物业费空间误差系数值为 0.630,显著性水平为 0.01 时,通过检验,说明其高度显著,物业费因地理区域不同而差异显著。与此水平相当的指标是小区绿化率,它也在 0.01 的显著性水平上通过检验,说明小区绿化率对物业费的影响几乎不低于地理位置对它的影响。住宅商品房平均价格指标在显著性水平 0.01 时未通过检验,说明该指标对物业费的影响低于地理位置的影响;在显著性水平 0.05 时,该指标通过显著性检验,说明其对物业费的形成有一定程度的影响。同样地,住宅商品房销售面积在显著性水平为 0.05 和 0.01 时都未通过检验,只在 0.1 的水平上通过显著性检验,说明该指标是影响物业费更次要的因素。从系数的正负来看,住宅商品房的平均价格、小区绿化率系数为正,住宅商品房的销售面积系数为负值。这说明房价、绿化率越高,物业费越高,这与现实基本符合;住宅商品房销售面积与物业费成反比,这不完全符合现实。分析认为需要对住房进行更细致分类,比如分为公寓、普通住宅、别墅等,以再考察其对物业费的影响。

采用与物业费相同的方法,分别对居民生活用水费、大学学费、住院费、国产烟、白酒、带鱼、鸡肉鸡蛋、苹果进行了空间统计模型检验,并进行了实证分析(参考表 9-15)。对于政府补贴商品来说,居民生活用水费适合空间误差模型(LM-err 对应的 P 值为 0.0036),未通过显著性检验的变量是人口密度;通过的变量为地区总人口 R2、地区生产总值 R3、人均水资源总量 R5,其中变量 R2 和 R5 的系数为负,R3 为正,R5 为最显著的影响变量。大学学费适合空间误差模型(LM-err 对应的 P 值为 0.0065),未通过显著性检验的变量包括人均生产总值、高等学校所数、招生人数和人均可支配收入;通过的变量为报考人数和教育经费,后者的影响最显著。住院费适合空间误差模型(RLM-err 对应的 P 值为 0.0070),未通过显著性检验的变量包括医院床位数、执业医师数、地区人均收入及城镇居民医疗保健类消费支出;通过的变量为地区医院数量和地区生产总值,前者影响最显著。

对于政府限价商品来说，国产烟适合空间误差模型（RLM-err 对应的 P 值为 0.0063），品牌、城镇居民食品及其他食品消费支出、烟民数量、总成本四个变量均通过显著性检验，其中品牌变量影响最显著。白酒适合空间滞后模型（RLM-lag 对应的 P 值为 0.0268），未通过显著性检验的变量包括白酒产量和人口；通过的变量为农产品生产价格指数，商品零售价格指数与货物周转量，其中商品零售价格指数影响最显著。

对于其他市场性产品来说，带鱼、鸡肉、鸡蛋、苹果均适合空间误差模型，影响带鱼价格最显著的变量是居民年底储蓄额；影响鸡肉价格最显著的变量有 5 个（P 值都非常接近 0）：地区农林牧渔总产值、居民人均消费支出、居民平均工资水平、地区常住人口数、牛肉价格；影响鸡肉价格最显著的变量有 3 个（P 值都非常接近 0）：人均食品消费支出、人均 GDP 和地方财政支出；影响带鱼价格最显著的变量是苹果产量。

（二）基本类层面空间属性判断

这里以 CPD 法基本类 PPP 为例，进行基本类层面空间属性判断依据。表 9-16 给出了八类产品的 Moran'I 指数值及其对应的检验统计量。由表中的 Moran's I 可以看出，各种类别的 Moran 指数都通过了显著性检验，说明了八类产品的价格在空间上都存在着相关性，具有集聚效应；并且所有类型的 Moran'I 值都是正值，说明了一个地区的价格会对周边地区的价格产生积极的影响。Z 值都大于 2.58，说明 Moran 指数都在 1%水平下显著，这说明各省区市产品价格都表现了非常明显的空间集聚效应，也就是说价格水平较高的地区在空间位置上靠近其他价格水平较高的地区；价格水平低的地区和其他价格水平较低的地区相互邻近。从莫兰检验，可以初步断定中国地区间产品价格具有较强的空间相关性。因此，有必要在传统 CPD 模型的基础上引入空间效应来修正传统 CPD 模型对产品价格空间相关性的忽略。

表 9-16　原始 CPD 法基本类 PPP 的 Moran'I 指数值

类　别	Moran'I	Z 统计量
食品	0.9530	34.2532
烟酒	0.9871	17.5916
衣着	0.3411	4.0951
居住	0.9834	25.6978
家庭设备	0.7525	15.7949
医疗保健	0.9754	20.4436
交通通信	0.9862	23.3582
娱乐教育	0.9474	19.8602

基于上述分析，各类别产品价格在空间上都存在集聚效应，之后需讨论空间计量模型的选择。对各类模型的拉格朗日乘子检验和稳健的拉格朗日乘子检验结果见表 9-17。可以看出，对于食品类而言，LM Lag 和 LM Error 统计量均十分显著，然而 Robust LM Error 统计量相对于 Robust LM Lag 统计量来说是显著的，所以应考虑空间误差模型。对于烟酒类和居住类而言，LM Error 统计量显著，LM Lag 统计量不显著，因此选用空间误差模型。至于衣着类、家庭设备类、医疗保健类和娱乐类，LM Lag 和 LM Error 统计量均不显著，然而莫兰指数统计量十分显著，两种检验结果

表 9-17　拉格朗日乘子和稳健的拉格朗日乘子检验结果表

类　别	LM Lag	Robust LM Lag	LM 误差	Robust LM 误差
食品	21.7009(0.000)	1.0726(0.300)	105.4642(0.000)	84.8359(0.000)
烟酒	0.2250(0.635)	0.6361(0.425)	3.3639(0.067)	3.7749(0.052)
衣着	1.2591(0.262)	0.9851(0.321)	1.2789(0.258)	1.0050(0.316)
居住	0.3290(0.566)	0.0149(0.903)	10.3809(0.001)	10.0668(0.002)
家庭设备	0.0049(0.944)	0.6954(0.404)	1.2541(0.263)	1.9446(0.163)
医疗保健	0.7887(0.375)	0.3404(0.560)	1.6568(0.198)	1.2086(0.272)
交通通信	5.0582(0.025)	6.3330(0.012)	1.9137(0.167)	3.1886(0.074)
娱乐教育	0.5100(0.475)	0.1307(0.718)	2.2487(0.134)	1.8693(0.172)

注：括号中的值表示 P 值，若 $P<0.1$ 时表示显著。

出现了矛盾，在中等规模或小样本的情况下应优先考虑 Moran'I 指数统计量，因此本书选择相对显著的空间误差模型对其进行估计。对于交通通信类，LM Lag 显著而 LM Error 不显著，因此选用空间滞后模型进行估计。

（三）SCPD 法 PPP 结果

利用 SCPD 模型估计，回归后的结果见表 9-18。对 SCPD 模型进行估计后可以发现，SCPD 模型中 R^2 值比原始 CPD 模型有所提高，R^2 数值十分接近 1，说明方程拟合效果很好。食品类、衣着类、居住类、医疗保健类的空间误差项的系数均在 5%的水平上显著，且系数 λ 均为正数，说明存在空间误差影响的相邻地区的价格水平随机性冲击比较强烈。烟酒类、家庭设备类、交通通信类、娱乐教育类的空间滞后项的系数或空间误差项的系数都不显著，可能由于这些基本类只是存在边缘空间效应，所以溢出系数不显著。

表 9-18　SCPD 模型回归结果表

类　别	原始 CPD 模型 R^2	SCPD 模型 R^2	ρ	λ
食品	0.9490	0.9578	—	0.425(0.000)
烟酒	0.9892	0.9893	—	0.122(0.258)
衣着	0.8877	0.8972	—	0.328(0.030)
居住	0.9825	0.9833	—	0.221(0.001)
家庭设备	0.8112	0.8123	—	-0.087(0.371)
医疗保健	0.9759	0.9765	—	0.174(0.050)
交通通信	0.9895	0.9895	0.092(0.258)	—
娱乐教育	0.9871	0.9784	—	-0.127(0.195)

注：ρ 和 λ 分别为空间滞后项和空间误差项的系数，括号里为 p 值。

基于上述 SCPD 模型计算出的每一类购买力平价，本书进一步使用加权 CPD 法，以 2010 年各地区城镇居民家庭平均每人全年消费性支出为权重，计算居民消费类购买力平价，结果见表 9-19。

表 9-19 SCPD 法居民消费 PPP 结果表

地区	SCPD-PPP	食品	烟酒	衣着	居住	家庭设备	医疗保健	交通通信	娱乐教育
北　京	1.000	1.000	1.000	1.000	1.000	1.000	1.000	1.000	1.000
天　津	0.940	0.942	1.147	0.563	1.036	1.240	0.810	0.840	1.162
河　北	0.884	0.897	1.082	0.838	0.917	0.903	0.999	0.778	0.779
山　西	0.884	0.917	1.159	0.711	0.812	0.819	0.955	0.910	0.897
内蒙古	1.051	0.999	1.105	1.662	0.761	0.814	0.915	0.901	1.000
辽　宁	0.891	0.961	1.094	0.958	0.812	0.904	0.909	0.876	0.624
吉　林	0.918	0.994	1.115	0.875	0.839	0.963	0.923	0.891	0.813
黑龙江	1.023	0.989	1.182	1.241	0.852	0.996	1.510	0.835	0.795
上　海	1.073	1.186	0.991	0.599	1.034	0.948	1.122	0.869	1.395
江　苏	1.049	1.030	1.399	1.349	0.956	0.916	0.871	0.943	1.096
浙　江	1.120	1.101	1.260	1.596	0.958	1.023	0.731	0.945	1.260
安　徽	0.914	0.892	1.370	0.879	0.841	0.828	1.081	0.870	0.903
福　建	1.031	1.123	1.139	0.659	1.126	0.965	1.125	0.896	1.086
江　西	0.835	0.874	1.315	0.621	0.871	0.807	1.101	0.847	0.546
山　东	0.902	0.901	1.115	0.874	0.986	0.908	0.681	0.878	0.926
河　南	0.813	0.792	1.083	0.548	0.880	0.860	1.103	0.883	0.563
湖　北	0.889	0.881	1.198	0.818	0.914	0.770	1.031	0.790	0.982
湖　南	0.970	1.035	1.143	0.714	0.831	0.688	1.310	0.928	1.158
广　东	1.094	1.131	1.009	0.754	1.156	0.752	0.762	1.021	1.474
广　西	0.932	1.008	1.051	1.001	1.080	0.784	0.912	0.815	0.728
海　南	1.128	1.246	1.207	1.356	0.921	0.953	1.215	1.049	0.809
重　庆	0.972	0.996	1.149	0.914	1.061	0.975	1.091	0.934	0.855
四　川	0.935	0.988	1.325	0.938	0.845	0.754	1.113	0.907	0.788
贵　州	0.900	1.008	1.277	0.562	0.997	0.773	1.005	0.843	0.791
云　南	0.881	0.914	1.178	0.649	0.882	0.873	0.767	0.886	0.929
西　藏	1.037	1.101	1.264	1.535	0.825	0.927	1.143	0.678	0.649
陕　西	0.916	0.959	1.312	0.947	0.875	0.920	0.937	0.661	0.913
甘　肃	0.917	0.983	1.312	1.048	0.652	0.912	1.198	0.719	0.698
青　海	0.892	1.099	1.215	0.790	0.723	0.823	0.907	0.802	0.485
宁　夏	0.903	0.895	1.163	1.282	0.677	0.835	0.916	0.891	0.671
新　疆	0.892	0.896	1.137	1.050	0.812	0.741	0.866	0.722	0.982

（四）SCPD 法 PPP 分析

比较 SCPD 模型与原始 CPD 模型下购买力平价的结果，可知考虑空间效应后，除参照地区北京外的 30 个省区市中，8 个地区的 PPP 结果有所增加，21 个地区的 PPP 结果有所减小。其中变化比较大的有，广东、山东、上海、青海、陕西、江苏、内蒙古、重庆、天津、云南、浙江，黑龙江、河南的 PPP 有所增高，其他省份变化不算太大。

基于 SCPD 模型下的地区间价格水平的结果（见图 9-2），可以看出，中国地区间价格水平呈现出东高西低的特征。其中东部地区的价格水平比全国平均水平高出 5.8%，中部地区和西部地区价格水平低于全国平均水平，分别为全国平均水平的 94.9%和 98%。

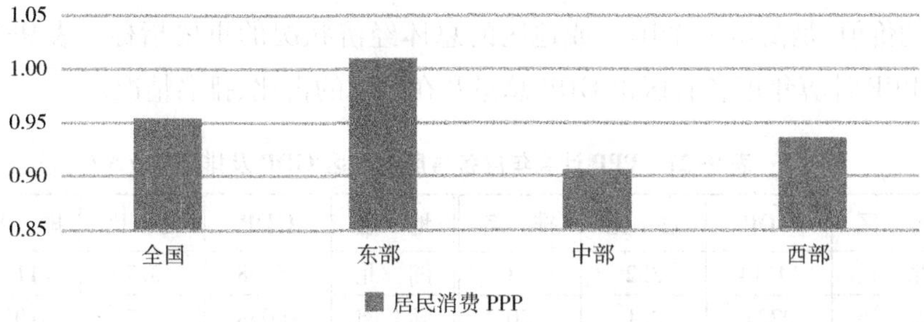

图 9-2　分区域 SCPD 法居民消费 PPP 对比图

基于 SCPD 模型下购买力平价的估计结果，将全国 31 个省区市分为东部、中部和西部地区三个区域，分别计算居民消费类和 8 个基本类购买力平价的变异系数（样本标准差/均值），如表 9-20 所示。可以看出中国地区间价格差异较大，分类别看，食品类、烟酒类、衣着类、家庭设备类、医疗保健类、娱乐教育类的东部地区差异均高于中部和西部。

表 9-20　分区域 SCPD 基本类 PPP 变异系数表

	居民消费	食品	烟酒	衣着	居住	家庭设备	医疗保健	交通通信	娱乐教育
东　部	0.087	0.108	0.103	0.338	0.093	0.117	0.182	0.086	0.237
中　部	0.070	0.081	0.077	0.249	0.035	0.111	0.161	0.048	0.230
西　部	0.058	0.065	0.072	0.303	0.158	0.087	0.126	0.113	0.186

第三节 国家产品虚设法购买力平价应用分析

购买力平价是经济比较的重要工具，利用 PPP 为货币转换因子和价格缩减指数，可以从不同角度了解各省区市的经济发展水平和其间差距。

一、应用领域 1：真实经济规模及比较

（一）名义 GDP 与名义人均 GDP

GDP 总量和人均 GDP 是衡量每个地区经济发展程度的重要指标。利用购买力平价进行调整，将 GDP 总量和人均 GDP 剔除价格水平差异因素。GDP 指的是一个国家或地区在一定时期内所生产和提供的最终产品和服务的价值，是衡量一个国家或地区的总体经济状况的重要指标。表 9-21 为 PPP 计算年度各省区市 GDP 总量及在全国的占比、排名情况。

表 9-21 PPP 计算年度各省区市地区 GDP 及排名 （单位：亿元）

地区	GDP	占比	排名	地区	GDP	占比	排名
北京	14114	3.2	13	湖北	15968	3.7	11
天津	9224	2.1	20	湖南	16038	3.7	10
河北	20394	4.7	6	广东	46013	10.5	1
山西	9201	2.1	21	广西	9570	2.2	18
内蒙古	11672	2.7	15	海南	2065	0.5	28
辽宁	18457	4.2	7	重庆	7926	1.8	23
吉林	8668	2.0	22	四川	17185	3.9	8
黑龙江	10369	2.4	16	贵州	4602	1.1	26
上海	17166	3.9	9	云南	7224	1.7	24
江苏	41425	9.5	2	西藏	507	0.1	31
浙江	27222	6.2	4	陕西	10123	2.3	17
安徽	12359	2.8	14	甘肃	4121	0.9	27
福建	14737	3.4	12	青海	1350	0.3	30
江西	9451	2.2	19	宁夏	1690	0.4	29
山东	39170	9.0	3	新疆	5437	1.2	25
河南	23092	5.3	5	全国	436542	100.0	—

人均 GDP 为一个国家或地区在一定时期内所实现的 GDP 与该国家或地区的常住人口（或户籍人口）相比进行计算所得到的人均国内生产总值，人均 GDP 是国民富裕程度的重要体现，是了解和把握国家或地区宏观经济运行状况的有效工具。表 9-22 为 PPP 计算年度各省区市人均 GDP 及排名，由各省区市 GDP 总量除以年末总人口得到。

表 9-22 PPP 计算年度各省区市地区生产总值及排名 （单位：元/每人）

地 区	人均 GDP	排 名	地 区	人均 GDP	排 名
北 京	71935	2	湖 北	27876	13
天 津	71012	3	湖 南	24411	21
河 北	28349	12	广 东	44070	7
山 西	25744	18	广 西	20759	26
内蒙古	47217	6	海 南	23757	23
辽 宁	42188	8	重 庆	27472	14
吉 林	31553	11	四 川	21362	24
黑龙江	27051	16	贵 州	13228	31
上 海	74537	1	云 南	15698	30
江 苏	52644	4	西 藏	16859	28
浙 江	49977	5	陕 西	27104	15
安 徽	20748	27	甘 肃	16097	29
福 建	39906	10	青 海	23986	22
江 西	21182	25	宁 夏	26693	17
山 东	40853	9	新 疆	24885	19
河 南	24553	20	全 国	30808	—

（二）真实 GDP 与真实人均 GDP

1. 真实 GDP

将各省区市的 GDP 总量用 CPD 法、CPRD、CPD-W 和 SCPD 法 PPP 进行调整，结果见表 9-23。可以看出，实际 GDP 总量与调整后的结果相差不多，且四种调整方法得到的结果相似。实际 GDP 总量最高的分别为山东、广东、江苏；后三个省份分别为西藏、青海、宁夏。以 SCPD 法得到的 PPP 调整后的结果为例，调整后的前三个省份为山东、广东、江苏；后三个省份分别为西藏、青海、海南。实际 GDP 总量中最大值为广东省（46013 亿元），最小值为西藏（507 亿元）；经 PPP 调整后最大值为山东省（43405 亿元），最小值仍为西藏（489 亿元）。其原因在于山东相对于北京的 PPP 为 0.902，广东的 PPP 为 1.094，将 PPP 作为价格缩减调整 GDP 后，山东有所增高，而广东有所降低。虽然山东省的价格水平低于广东，按 PPP 转换的 GPD 总量大于广东。

表 9-23　经 CPD 法 PPP 调整后各省区市 GDP 及排名表

地区	原始 CPD 法		CPRD 法		CPD-W 法		SCPD	
	GDP	排名	GDP	排名	GDP	排名	GDP	排名
北　京	14114	13	14114	13	14114	12	14114	13
天　津	9544	21	9911	21	9930	20	9811	21
河　北	23293	6	23419	6	23254	6	23082	6
山　西	10217	20	10472	19	10302	19	10409	18
内蒙古	10817	16	11019	17	10848	16	11110	16
辽　宁	20429	7	20594	7	20069	7	20725	7
吉　林	9330	22	9503	22	9283	22	9446	22
黑龙江	10528	18	10865	18	10656	18	10139	20
上　海	15432	11	15462	11	15297	11	16000	11
江　苏	38302	3	40480	3	39076	3	39491	3
浙　江	23814	5	25332	5	24574	5	24302	5
安　徽	13709	14	14074	14	13819	14	13521	14
福　建	14142	12	14156	12	13854	13	14299	12
江　西	11124	15	11212	15	11089	15	11314	15
山　东	41491	1	43649	1	42511	1	43405	1
河　南	29301	4	28984	4	29078	4	28397	4
湖　北	17585	9	18312	9	18133	8	17952	9
湖　南	16618	10	16595	10	16252	10	16535	10
广　东	40206	2	41316	2	40092	2	42075	2
广　西	10254	19	10221	20	9903	21	10269	19

续表

地区	原始 CPD 法		CPRD 法		CPD-W 法		SCPD	
	GDP	排名	GDP	排名	GDP	排名	GDP	排名
海　南	1841	29	1768	29	1756	29	1830	29
重　庆	7925	24	8275	23	8225	23	8152	24
四　川	18128	8	18380	8	18129	9	18385	8
贵　州	5011	26	4937	26	4866	26	5115	26
云　南	7975	23	8166	24	8028	24	8202	23
西　藏	491	31	483	31	480	31	489	31
陕　西	10667	17	11193	16	10715	17	11052	17
甘　肃	4534	27	4529	27	4428	27	4496	27
青　海	1454	30	1393	30	1356	30	1513	30
宁　夏	1844	28	1898	28	1836	28	1871	28
新　疆	5992	25	6139	25	6085	25	6094	25
全　国	446112	—	456851	—	448038	—	453593	—

另外，从变异系数看，实际 GDP 总量的变异系数等于 0.795，原始 CPD 法、CPRD 法、CPD-W 法、SCPD 法得到 PPP 调整后的结果的变异系数分别为 0.747、0.759、0.753、0.758，说明经 PPP 调整后的 GDP 差异略微有所减小，且原始 CPD 法得到 PPP 调整后的结果的变异系数最小。

2. 真实人均 GDP

将各省区市人均 GDP 用 CPD 法、CPRD、CPD-W 和 SCPD 法 PPP 进行调整，结果见表 9-24。可以看出，人均 GDP 最高的三个省区市分别为天津、北京、上海；最低的三个省为贵州、西藏、云南。经 PPP 调整后的人均 GDP 最高的三个省区分别为天津、北京、上海；最低的三个省分别为甘肃、西藏、贵州；看 SCPD 法 PPP 调整后的结果，调整后最大值为天津市（75528 元/人），最小值仍为贵州省（14703 元/人）。与 GDP 总量的情况类似，上海市的价格水平高于天津市，经 PPP 调整的人均 GDP 低于天津市。从变异系数看，调整前 CV 为 0.496，四种方法调整后的变异系数分别为 0.448、0.453、0.458、0.454，结论与 GDP 总量的类似。

表 9-24 经 CPD 法 PPP 调整后各省区市人均 GDP 及排名表

地区	原始 CPD 法		CPRD 法		CPD-W 法		SCPD 法	
	人均 GDP	排名	人均 GDP	排名	人均 GDP	排名	人均 GDP	排名
北 京	71935	2	71935	2	71935	2	71935	2
天 津	73473	1	76297	1	76450	1	75528	1
河 北	32379	12	32555	12	32325	12	32085	12
山 西	28585	16	29301	17	28825	16	29123	17
内蒙古	43759	6	44574	8	43882	8	44943	7
辽 宁	46697	5	47073	5	45873	5	47372	5
吉 林	33963	11	34593	11	33792	11	34384	11
黑龙江	27466	19	28345	19	27798	20	26451	21
上 海	67009	3	67137	3	66423	3	69476	3
江 苏	48675	4	51443	4	49659	4	50186	4
浙 江	43720	7	46507	6	45115	6	44616	8
安 徽	23014	24	23626	24	23198	24	22698	25
福 建	38295	10	38332	10	37515	10	38719	10
江 西	24932	23	25129	22	24854	21	25356	22
山 东	43274	8	45524	7	44338	7	45270	6
河 南	31156	13	30818	14	30919	14	30194	14
湖 北	30700	14	31968	13	31656	13	31340	13
湖 南	25294	22	25259	21	24737	22	25167	23
广 东	38507	9	39571	9	38398	9	40298	9
广 西	22243	26	22172	26	21481	26	22275	26
海 南	21180	27	20344	27	20202	27	21058	27
重 庆	27467	18	28680	18	28508	18	28254	18
四 川	22534	25	22848	25	22535	25	22854	24
贵 州	14403	31	14190	31	13987	31	14703	31
云 南	17330	29	17745	28	17444	28	17822	28
西 藏	16335	30	16071	30	15950	30	16252	30
陕 西	28560	17	29970	16	28689	17	29592	15
甘 肃	17708	28	17688	29	17298	29	17561	29
青 海	25832	21	24756	23	24088	23	26887	20
宁 夏	29119	15	29974	15	29005	15	29559	16
新 疆	27427	20	28101	20	27850	19	27893	19

从排名来看,各省区市人均 GDP 用 CPD 法、CPRD、CPD-W 和 SCPD 法 PPP 调整后,与原排名相差较小,多数省区市排名仅仅相差 1-2 个位次。这说明,在数据完整的前提下,CPD 法对基本类 PPP 的计算结果较为稳定。对于 CPD-W 来说,本书对产品重要性做的主观赋权有一定可靠性。对于 SCPD 来说,在不同空间权重条件下得到的 PPP 对人均 GDP 数值的影响较小,原因尚需进一步研究。

二、应用领域 2:真实消费水平及比较

(一)名义消费水平

居民消费水平是指按常住人口平均计算的居民消费支出,反映的是人民生活水平和享有的社会福利水平。如表 9-25 所示,用 PPP 计算年度各地区城镇居民家庭平均每人全年消费性支出来度量居民消费水平。

表 9-25　城镇居民家庭平均每人全年消费性支出　　(单位:元)

地区	居民消费水平	排名	地区	居民消费水平	排名
北京	19934	2	湖北	11451	18
天津	16562	5	湖南	11825	13
河北	10318	25	广东	18490	3
山西	9793	29	广西	11490	17
内蒙古	13995	8	海南	10927	21
辽宁	13280	10	重庆	13335	9
吉林	11679	15	四川	12105	12
黑龙江	10684	23	贵州	10058	27
上海	23200	1	云南	11074	20
江苏	14357	7	西藏	9686	30
浙江	17858	4	陕西	11822	14
安徽	11513	16	甘肃	9895	28
福建	14750	6	青海	9614	31
江西	10619	24	宁夏	11334	19
山东	13118	11	新疆	10197	26
河南	10838	22			

（二）真实消费水平

居民消费水平与各地区的价格水平息息相关，本部分利用 PPP 调整各地区居民消费水平，考察各地区居民消费水平的真实差异程度。经 CPD、CPRD、CPD-W、SCPD 调整后的真实消费水平数据见表 9-26。

表 9-26 经 CPD 法 PPP 调整后的各地区居民消费水平表 （单位：元）

地区	原始 CPD 法		CPRD 法		CPD-W 法		SCPD 法	
	消费水平	排名	消费水平	排名	消费水平	排名	消费水平	排名
北京	19934	2	19934	2	19934	2	19934	2
天津	17136	3	17795	3	17830	3	17615	3
河北	11785	23	11849	23	11765	23	11678	23
山西	10874	27	11146	26	10965	26	11078	26
内蒙古	12970	12	13212	12	13007	12	13321	12
辽宁	14699	6	14818	6	14440	6	14912	6
吉林	12571	16	12804	17	12508	17	12727	16
黑龙江	10848	28	11195	25	10979	25	10447	29
上海	20857	1	20897	1	20674	1	21625	1
江苏	13275	11	14030	9	13543	11	13687	10
浙江	15622	5	16618	4	16121	4	15942	5
安徽	12770	13	13110	14	12873	14	12595	18
福建	14155	7	14168	8	13866	8	14311	8
江西	12499	17	12598	19	12460	18	12712	17
山东	13895	8	14618	7	14237	7	14536	7
河南	13752	9	13603	11	13648	10	13328	11
湖北	12611	15	13132	13	13004	13	12874	15
湖南	12253	21	12236	22	11983	21	12191	22
广东	16156	4	16602	5	16111	5	16908	4
广西	12311	20	12272	21	11890	22	12329	21
海南	9742	30	9357	30	9292	30	9685	30
重庆	13333	10	13922	10	13838	9	13715	9

续表

地区	原始 CPD 法		CPRD 法		CPD-W 法		SCPD 法	
	消费水平	排名	消费水平	排名	消费水平	排名	消费水平	排名
四　川	12769	14	12947	16	12770	15	12950	13
贵　州	10951	25	10789	28	10635	27	11179	25
云　南	12225	22	12518	20	12306	20	12573	19
西　藏	9385	31	9233	31	9164	31	9337	31
陕　西	12457	18	13072	15	12513	16	12907	14
甘　肃	10886	26	10873	27	10633	28	10795	27
青　海	10354	29	9923	29	9655	29	10777	28
宁　夏	12364	19	12727	18	12316	19	12551	20
新　疆	11238	24	11514	24	11412	24	11429	24

综合来看，各地区居民消费水平在用 PPP 调整前后有一定差异。调整前居民消费水平最高的三个地区分别为上海、北京、广东，最低的分别为青海、西藏和山西；以 SCPD 法得到结果为例，调整后居民消费水平最高的三个分别为上海、北京、天津，最低的分别为西藏、海南、黑龙江。居民消费水平最高值为上海（23200 元），最低值为青海（9614 元）；调整后分别为上海（21625 元）和西藏（9337 元）。调整前的变异系数为 0.255，四种方法调整后的变异系数分别为 0.196，0.201，0.204，0.203，可知通过价格水平的调整，缩小了中国地区间消费支出的差距，其中又以原始 CPD 法得到的结果差异最小。

河南省的居民消费水平调整前后差异较大。河南省相对于北京市的购买力平价为 0.813，价格水平低于全国平均水平，居民消费水平调整前为 10838 元，在所有省份中处中下水平，经 PPP 调整为 13328 元，变为中上水平。说明河南省的居民消费水平若不经 PPP 调整会被大大低估，经 PPP 调整后更能反映真实的居民消费水平。在地区间居民消费水平中考虑地区价格水平是很有必要的。

三、应用领域3:真实收入水平及比较

(一)名义收入水平

地区价格水平与居民收入水平有密不可分的联系。居民收入水平高的地区,一般来说价格水平相对较高;居民收入水平低的地区,一般来说价格水平相对较低。唐翔(2010)已经证明了"国内宾大效应"的存在。可以利用各地区购买力平价缩减居民收入水平,从而剔除价格因素的影响,比较各地真实收入水平。本书以PPP计算年度各地区城镇居民人均可支配收入代表居民收入水平,见表9-27。

表9-27 PPP计算年度各省区市人均可支配收入 (单位:元)

地 区	可支配收入	排 名	地 区	可支配收入	排 名
北 京	29073	2	湖 北	16058	16
天 津	24293	4	湖 南	16566	13
河 北	16263	14	广 东	23898	5
山 西	15648	20	广 西	17064	12
内蒙古	17698	10	海 南	15581	21
辽 宁	17713	9	重 庆	17532	11
吉 林	15411	24	四 川	15461	23
黑龙江	13857	28	贵 州	14143	27
上 海	31838	1	云 南	16065	15
江 苏	22944	6	西 藏	14980	26
浙 江	27359	3	陕 西	15695	19
安 徽	15788	18	甘 肃	13189	31
福 建	21781	7	青 海	13855	29
江 西	15481	22	宁 夏	15344	25
山 东	19946	8	新 疆	13644	30
河 南	15930	17			

(二)真实收入水平

将各地区城镇居民人均可支配收入利用CPD、CPRD、CPD-W、SCPD

法 PPP 调整后,其结果值见表 9-28。中国城镇居民人均可支配收入最高的中上海,为 31838 元,最低的是甘肃,为 13189 元,前者为后者的 2.414 倍;经 SCPD 法得到 PPP 调整后的人均可支配收入最高的仍为上海,为 29676 元,最低的变为黑龙江,为 13549 元,前者为后者的 2.190 倍。经过计算变异系数,调整前的人均可支配收入的 CV 为 0.260,调整后的变异系数为 0.212,说明人均可支配收入经 PPP 调整后差异有所减小。可支配收入高的地区,由于价格水平高,经过购买力平价调整后,可支配收入变低;可支配收入低的地区,由于价格水平低,经过购买力平价调整后,可支配收入有所提高。

表 9-28　经 CPD 法 PPP 调整的各省区市人均可支配收入（单位:元）

地区	原始 CPD 法		CPRD 法		CPD-W 法		SCPD 法	
	消可支配收入	排名	可支配收入	排名	可支配收入	排名	可支配收入	排名
北　京	29073	1	29073	1	29073	1	29073	2
天　津	25135	3	26101	3	26153	3	25838	3
河　北	18575	11	18676	11	18544	11	18407	12
山　西	17375	18	17810	18	17520	18	17702	17
内蒙古	16402	23	16708	23	16448	23	16846	22
辽　宁	19605	10	19764	10	19260	10	19889	9
吉　林	16589	21	16897	22	16505	22	16794	23
黑龙江	14069	30	14519	27	14239	27	13549	31
上　海	28622	2	28677	2	28372	2	29676	1
江　苏	21214	5	22421	5	21643	6	21873	6
浙　江	23934	4	25459	4	24698	4	24424	4
安　徽	17513	17	17979	17	17653	17	17272	18
福　建	20902	7	20923	8	20476	8	21133	8
江　西	18222	13	18366	13	18165	14	18532	11
山　东	21128	6	22227	6	21647	5	22102	5
河　南	20214	9	19995	9	20060	9	19590	10
湖　北	17685	15	18416	12	18236	12	18053	15
湖　南	17165	19	17141	21	16787	19	17079	20
广　东	20882	8	21458	7	20822	7	21853	7

续表

地区	原始CPD法		CPRD法		CPD-W法		SCPD法	
	消可支配收入	排名	可支配收入	排名	可支配收入	排名	可支配收入	排名
广　西	18283	12	18225	15	17658	16	18310	13
海　南	13891	31	13342	31	13250	31	13811	30
重　庆	17530	16	18304	14	18194	13	18032	16
四　川	16310	24	16537	24	16310	24	16541	24
贵　州	15399	25	15171	26	14953	26	15720	25
云　南	17735	14	18160	16	17852	15	18238	14
西　藏	14515	28	14280	30	14173	28	14441	28
陕　西	16538	22	17355	19	16613	21	17136	19
甘　肃	14509	29	14493	28	14173	29	14388	29
青　海	14921	27	14300	29	13914	30	15530	26
宁　夏	16739	20	17231	20	16674	20	16992	21
新　疆	15037	26	15407	25	15269	25	15292	27

图9-3从区域划分角度，显示了可支配收入名义值与真实值的关系。从东、中、西部地区的区域差异来看，中国可支配收入呈现东高西低的趋势。东部与中西部差异较大，而中部略高于西部，但差距不大。剔除价格因素的影响后，各地区人均可支配收入差距减小。其中东部调整后低于调整前的值，而中、西部情况相反，调整后的值大于调整前的值，反映了东部价格水平高于中西部。按调整后人均可支配收入，经计算高于全国平均水平120%的地区为上海市、北京市、天津市、浙江省，属于中国的高收入地区；低于全国平均水平80%的有黑龙江省、海南省、甘肃省、西藏，属于中国低收入地区。

四、应用领域4：真实贫困线及比较

（一）名义贫困线

消除贫困是当今世界面临的最大全球性挑战。40年来中国贫困人口累计减少7.4亿人，创造了世界减贫史上的中国奇迹。2018年年底，

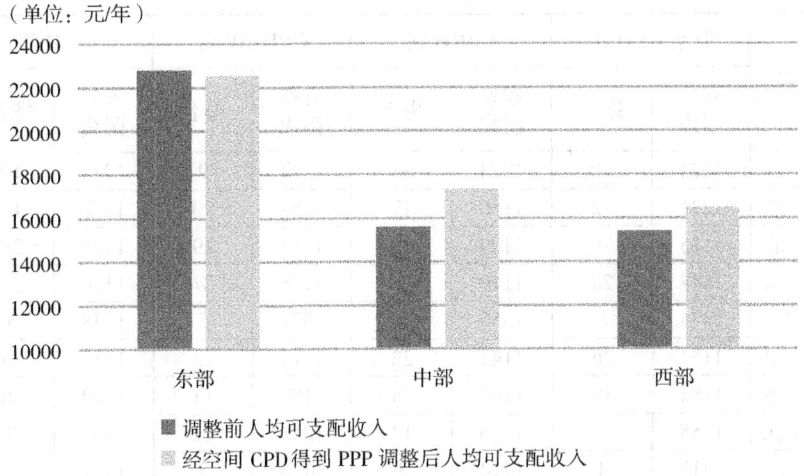

图 9-3　调整前后城镇居民人均可支配收入区域对比图

中国农村贫困人口仍有 1660 万人，距离 2020 年的全面脱贫目标还有一定的距离。贫困问题依然是当前工作中的重中之重。目前，中国各省区市均采用同一贫困线，这里使用 PPP 计算基准年份的贫困线 1274 元。

（二）真实贫困线

地区贫困线的确定需要根据当地的实际情况确定，但现在的情况是，中国各地区采用的是同一条贫困线。由于中国各地区贫富程度不一，物价水平也有很大差距，采用统一的贫困线来度量各地的贫困程度不能反映每个地区的真实贫困水平。国家各地区的贫困线标准不能一刀切，必须根据各省区市的实际情况及城镇、农村的差异制定不同的贫困线。

PPP 计算年份的全国贫困线 1274 元，使用 CPD、CPRD、CPD-W、SCPD 法 PPP 进行调整，即省贫困线=国家贫困线×不同方法下各省区市 PPP，得到的各地真实贫困线（见表 9-29）。经调整的各省区市贫困线具有明显的差异，说明如果在各省区市采用同样的贫困线，必定会高估贫困线较低的省区市的贫困情况，也会低估贫困线较高的省区市的贫困状况。调整前的各省区市贫困线均为 1274 元，调整后将各省的价格水平考虑在内，价格水平高的地区贫困线高，价格水平低的地区贫困线低，一般来说，东部地区的贫困线应高于全国贫困线，而中西部地区的贫困线应低于全国贫困线。

表 9-29　经 CPD 法 PPP 调整后各省贫困线表　（单位：元/年）

地区	原始 CPD 法		CPRD 法		CPD-W 法		SCPD 法	
	省贫困线	排名	省贫困线	排名	省贫困线	排名	省贫困线	排名
北　京	1274	10	1274	9	1274	9	1274	10
天　津	1231	12	1186	17	1183	20	1198	13
河　北	1115	29	1109	29	1117	29	1126	28
山　西	1147	28	1119	26	1138	27	1126	27
内蒙古	1375	6	1350	5	1371	5	1338	5
辽　宁	1151	26	1142	22	1172	23	1135	25
吉　林	1184	18	1162	18	1190	18	1169	16
黑龙江	1255	11	1216	13	1240	12	1303	9
上　海	1417	4	1414	3	1430	3	1367	4
江　苏	1378	5	1304	8	1351	7	1336	6
浙　江	1456	2	1369	4	1411	4	1427	2
安　徽	1149	27	1119	27	1139	25	1165	19
福　建	1328	7	1326	7	1355	6	1313	8
江　西	1082	30	1074	30	1086	30	1064	30
山　东	1203	16	1143	21	1174	21	1150	21
河　南	1004	31	1015	31	1012	31	1036	31
湖　北	1157	23	1111	28	1122	28	1133	26
湖　南	1230	13	1231	11	1257	11	1236	12
广　东	1458	1	1419	2	1462	2	1393	3
广　西	1189	17	1193	14	1231	13	1187	15
海　南	1429	3	1488	1	1498	1	1437	1
重　庆	1274	9	1220	12	1228	14	1239	11
四　川	1208	15	1191	15	1208	15	1191	14
贵　州	1170	20	1188	16	1205	16	1146	22
云　南	1154	25	1127	25	1146	24	1122	29
西　藏	1315	8	1336	6	1347	8	1322	7
陕　西	1209	14	1152	20	1204	17	1167	18
甘　肃	1158	22	1159	19	1186	19	1168	17
青　海	1183	19	1234	10	1269	10	1137	24
宁　夏	1168	21	1135	23	1172	22	1150	20
新　疆	1156	24	1128	24	1138	26	1137	23

第十章　最优路径法中国试算与应用分析

最优路径法最大的优势是在所有参与比较的国家中，将最为相似的国家遴选出来进行比较，更能反映各国真实情况。最优路径法包含的最小间隔树和最短距离法都是利用基本类 PPP 和支出权重进行结果计算，二者非常相似，利用同样的基本类 PPP、同样的支出权重、同样的汇总方法，唯一区别在于最优路径的选择不同。有鉴于此，将两种方法结合在一起进行实证分析。在最优路径确定时进行对比分析，之后对结果进行对比分析。

第一节　数据说明与基本类购买力平价

最优路径法的计算需要基本类 PPP 和基本类及以上层级的权重数据，具体涉及价格数据、权重数据和基准地区的选择，这里分别进行说明。与 GEKS 法、CPD 法相比，这里对权重数据做了新的尝试。另外，本节说明了基本类 PPP 的计算及结果。

一、本书的数据来源及说明

（一）价格数据

最短距离法用于汇总 PPP 的计算，需要使用基本类 PPP 数据和支出权重数据。在最优路径识别过程中需要使用产品价格数据和支出权重数据。因此，最短距离法使用的数据可以视为产品价格数据和支出权重数据两类。这里使用的产品价格数据与第八章 GEKS 法试算使用的数据相同，但权重数据不同。

（二）权重数据

如前文所述，进行国内购买力平价测度时，各基本类在居民消费性支出中占比不同，对总指数的影响程度有所差别，不能将各基本类的购买力平价进行简单平均来得到最终结果，需要考虑不同基本类的支出权重。因此，如何科学、合理地设立各商品类别的权重来真实地反映居民消费结构，对于国内购买力平价指数的编制具有极其重要的意义。

考虑到居民消费价格指数与国内购买力平价在编制过程中有相似之处，均需要确定各基本类的支出权重，故借鉴居民消费价格指数的调整权数。居民消费价格指数所需权重是根据每一类商品或者服务项目在居民消费总支出中所占的比重进行计算，用来反映各基本类价格变动对总指数的影响程度，该指数的权重一般五年调整一次。

旨在反映等额货币在不同地区购买力上的差异，若使用全国权重，则不能反映各地区真实的消费情况，计算结果将失去意义。现有研究中，多数学者在测度国内购买力平价时采用国家公布的 CPI 支出权重，或仅考虑城镇居民消费支出结构，这忽略了农村支出结构对总指数的影响，这两种做法较大程度上会影响最终结果的准确性。因此，借鉴相关研究中指标选取与权重测算的经验和不足，以统计年鉴公布的各地区城镇与农村平均每人生活消费现金支出为基础，确定用于计算国内购买力平价指数的各基本类指标权重。

对比居民消费价格指数和城镇与农村平均每人生活消费现金支出结构，发现二者的分类方法大致相同，均分为八大类。二者差别在于 CPI 的商品篮子中将“食品”和“烟酒”列为两大类，而在城乡人均生活消费现金支出的分类中，将“烟酒”合并到“食品”类，且另外添加“其他商品及服务”一类。在权重设定中，由于“其他商品及服务”类无明确说明，无法获取该类产品的价格。考虑各区域居民消费支出权重的设定问题，将预先设定的八大基本类进行调整，更改为“食品及烟酒”“衣着”“家庭设备用品及维修服务”“医疗保健”“交通通信”“教育文化娱乐服务”“居住”共七大类。

由于官方数据公布的各省区市家庭人均消费现金支出结构分为城镇

和农村两个类别，对此，部分文献仅将研究对象局限于城镇家庭。就部分城镇人口小于50%的省区市而言，这种做法有失偏颇。故将综合考虑各省区市城镇和农村的消费结构对总指数的影响，利用城镇人口占比对城镇和农村的各类别商品的消费比重进行加权，得到最终权重结果，结果见表10-1。

表10-1　最短距离法PPP使用的基本类支出权重数据表　（单位:%）

城市	食品及烟酒	衣着	居住	家庭设备用品及维修服务	医疗保健	交通通信	教育文化娱乐
北　京	33.43	10.47	10.27	6.93	7.73	16.84	14.34
天　津	38.51	9.39	11.89	6.59	8.38	14.22	11.02
河　北	34.87	9.22	18.37	6.34	10.98	10.66	9.57
山　西	35.44	10.68	15.26	5.62	9.13	12.89	10.99
内蒙古	34.66	12.47	13.44	5.79	10.80	11.22	11.63
辽　宁	37.63	10.96	12.88	5.45	9.17	13.01	10.90
吉　林	35.57	11.08	15.10	5.38	9.85	11.75	11.28
黑龙江	35.87	12.84	14.17	5.09	9.82	12.22	9.99
上　海	35.68	7.87	11.08	7.86	5.70	17.58	14.23
江　苏	38.33	8.41	12.91	6.44	8.57	14.07	11.27
浙　江	35.16	8.70	14.48	5.04	8.92	15.59	12.10
安　徽	40.64	8.13	17.33	5.99	7.77	10.55	9.59
福　建	43.77	7.50	13.55	6.19	7.86	12.25	8.88
江　西	44.36	7.50	16.08	6.69	7.05	9.66	8.67
山　东	35.68	10.08	14.39	7.04	10.38	12.86	9.57
河　南	36.67	9.84	17.05	7.56	10.34	9.39	9.14
湖　北	42.23	9.04	15.75	7.20	7.40	9.02	9.37
湖　南	44.37	7.72	14.10	6.73	7.56	10.15	9.38
广　东	41.91	5.88	13.54	5.93	7.61	14.51	10.62
广　西	45.26	5.29	16.40	6.47	7.72	10.34	8.52
海　南	48.71	4.73	14.29	4.91	7.39	13.21	6.77
重　庆	43.61	9.97	12.44	7.85	7.91	8.86	9.37
四　川	45.94	7.91	13.67	6.78	7.92	9.22	8.56

续表

城市	食品及烟酒	衣着	居住	家庭设备用品及维修服务	医疗保健	交通通信	教育文化娱乐
贵　州	45.20	6.86	18.15	5.47	7.39	8.59	8.34
云　南	45.95	6.91	14.99	4.90	8.59	10.71	7.95
西　藏	51.51	12.60	12.31	6.33	9.37	4.57	3.30
陕　西	36.51	9.11	16.95	6.31	8.68	10.61	11.84
甘　肃	43.13	8.78	15.71	5.50	8.81	9.31	8.76
青　海	39.69	9.42	18.76	5.96	9.00	8.23	8.94
宁　夏	37.21	10.28	15.60	5.67	9.86	10.14	11.25
新　疆	39.77	11.59	15.93	5.19	9.64	8.18	9.71

（三）基准地区选取的说明

应用最小间隔树法和最短距离来测算国内购买力平价，由此方法得到的结果满足基国不变性，即在多边比较中，无论最终选择哪一个国家或地区作为基准，所得到的比较结果将唯一确定，且不影响排序。基于希望大于1和小于1的省区市各占一半的考虑，以此更为直观地观察各地区购买力水平的高低，笔者通过对现实各省区市经济发展水平的判断，选取山东作为基准地区，但该选择将不影响最终结果。

二、基本类PPP的计算结果及分析

（一）基本类PPP的计算结果

在对各基本类购买力平价进行测度时，仍选择山东作为基准地区，即各基本类的购买力平价均为1。之后选择使用原始GEKS法进行基本类PPP的计算，鉴于价格数据的完整性，使用原始CPD法计算基本类PPP也会得到一致的结果。

可以发现，各地区不同基本类的价格水平存在显著差异，且地区的经济发达程度与价格水平并非决定性关系，某些经济发展欠发达省区市却在某些基本类中有着极高的物价水平，测算结果见表10-2。

表 10-2　各地区基本类购买力平价结果

基本类 地区	食品及烟酒	衣着	居住	家庭设备用品及维修服务	医疗保健	交通通信	教育文化娱乐服务
北　京	1.096	1.056	1.027	1.101	0.712	1.139	1.080
天　津	1.043	0.628	1.051	1.365	0.908	0.957	1.256
河　北	0.989	0.949	0.930	0.994	0.735	0.886	0.841
山　西	1.029	0.822	0.824	0.901	0.908	1.036	0.969
内蒙古	1.080	1.597	0.772	0.896	0.868	1.026	1.080
辽　宁	1.038	1.112	0.824	0.996	0.831	0.998	0.674
吉　林	1.079	1.019	0.851	1.060	0.826	1.015	0.878
黑龙江	1.087	1.450	0.864	1.097	0.838	0.952	0.859
上　海	1.217	0.686	1.049	1.044	1.371	0.989	1.507
江　苏	1.157	1.546	0.970	1.008	1.019	1.074	1.184
浙　江	1.198	1.829	0.972	1.126	0.791	1.076	1.361
安　徽	1.022	1.007	0.853	0.912	0.664	0.991	0.975
福　建	1.201	0.755	1.143	1.063	0.982	1.021	1.173
江　西	1.007	0.712	0.884	0.889	1.021	0.965	0.590
山　东	1	1	1	1	1	1	1
河　南	0.877	0.629	0.893	0.947	0.619	1.006	0.608
湖　北	0.984	0.938	0.927	0.848	1.001	0.900	1.061
湖　南	1.115	0.819	0.843	0.758	0.937	1.058	1.251
广　东	1.166	0.864	1.173	0.828	1.190	1.163	1.593
广　西	1.070	1.147	1.096	0.863	0.692	0.929	0.787
海　南	1.306	1.554	0.934	1.049	0.828	1.195	0.874
重　庆	1.079	1.048	1.077	1.074	1.103	1.064	0.923
四　川	1.096	1.077	0.858	0.830	0.991	1.034	0.852
贵　州	1.115	0.644	1.011	0.851	1.011	0.960	0.854
云　南	1.024	0.744	0.895	0.962	0.913	1.009	1.003
西　藏	1.195	1.760	0.837	1.020	0.697	0.773	0.701
陕　西	1.069	1.094	0.888	1.013	1.038	0.753	0.987
甘　肃	1.090	1.212	0.661	1.004	0.851	0.819	0.754
青　海	1.190	0.906	0.733	0.906	1.088	0.914	0.524
宁　夏	0.993	1.490	0.687	0.920	0.824	1.015	0.725
新　疆	0.993	1.205	0.824	0.816	0.832	0.822	1.061

(二)基本类 PPP 的总体趋势

通过表 10-2 中的结果,发现各地区由于受居民消费偏好、收入与消费水平、商品和服务的可贸易性等因素的影响,使其价格水平存在显著差异,故本节从基本类的角度,全面剖析各区域间的居民消费价格水平的真实差距。各地区不同基本类购买力平价的描述性统计见表 10-3,其中平均值是对不同地区的基本类购买力平价进行几何平均而得到。

总体来看,我国“食品及烟酒”“衣着”的平均购买力平价最高,而其他五大类的购买力平价相差不大。从 ICP 数据来看,发展中国家的机械设备、交通通信等可贸易商品或服务的购买力平价要高于医疗、教育等不可贸易项目。而中国作为最大的发展中国家,必然有此特点,所得各基本类的购买力平价与国际比较项目所得结论较为贴合,即“食品及烟酒”“衣着”“交通通信”“家庭设备用品及维修服务”可贸易品的购买力平价高于“教育文化娱乐服务”“居住”和“医疗保健”不可贸易品的购买力平价。

表 10-3 基本类 PPP 的描述性统计表

	食品及烟酒	衣着	居住	家庭设备用品及维修服务	医疗保健	交通和通信	教育文化娱乐服务
均值	1.080	1.025	0.906	0.965	0.892	0.980	0.935
中位数	1.079	1.019	0.893	0.994	0.908	1.000	0.969
极值比	1.489	2.914	1.773	1.802	2.216	1.586	3.039
标准差	0.089	0.339	0.125	0.121	0.164	0.103	0.256
变异系数	0.082	0.316	0.137	0.124	0.181	0.105	0.265
熵值	0.027	0.386	0.076	0.060	0.129	0.045	0.277
与人均 GDP 相关系数	0.222	-0.023	0.438	0.560	0.265	0.362	0.635

从价格分布离散程度来看,依据箱线图,发现在居民消费的类别中,“衣着”与“教育文化娱乐服务”两基本类的价格在全国的离散程度最大,即地区间的价格差异最为显著。为了更清晰地反映不同地区在各基本类

上的价格水平差异程度并方便进行比较,引入变异系数和熵值两个指标来量化离散程度,并通过折线图予以直观展示。

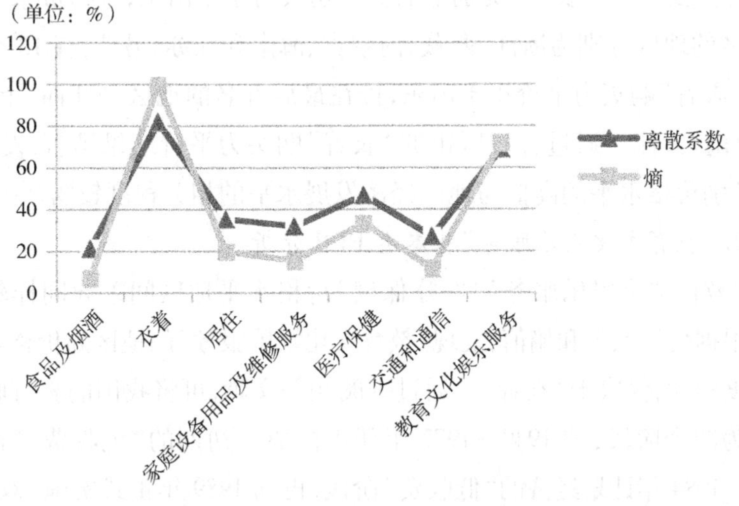

图 10-1　各基本类购买力平价的变异系数与熵值对比图

如图 10-1 和表 10-3 所示,发现两指标呈现出大致相同的走势,“衣着”物价水平差异的离散程度在各区域间最大,其变异系数和熵值分别为 0.316 和 0.386,“教育文化娱乐服务”类别的地区价格差异同样非常显著,仅次于衣着,其变异系数和熵值分别为 0.265 和 0.277。其他类别的离散程度从大到小排序,表示为“医疗保健>居住>家庭设备用品及维修服务>交通和通信>食品及烟酒”,该结论与国家统计局“我国地区价差指数方法和应用研究”课题组中基本类价格在全国离散程度排序相一致。其中“食品及烟酒”类别的物价水平在全国各地差异最小,医疗保健、居住、家庭设备用品及维修服务、交通和通信类别的各地物价差距相近,依据变异系数和熵值的显示,其范围分别为[0.105,0.316]和[0.045,0.129]。

(三)单个基本类 PPP 趋势分析

1.“衣着”基本类 PPP 分析

从各基本类的购买力平价结果来看(见表 10-2),“衣着”地区间物价水平差距最大,等额货币的购买力存在较大差异,其变动范围界定在

[0.628,1.829]之间。其中基准地区山东的衣着物价水平排在第18名，处于中等偏下的位置，共有17个省区市的“衣着”基本类购买力平价大于1，这些地区在“衣着”类别上的货币购买力小于山东，且物价水平排在前五名的地区分别为浙江、西藏、内蒙古、海南和江苏；另外，有13个省区市的“衣着”购买力平价小于山东，排在最后五名的地区是江西、上海、贵州、河南、天津。通过各省区市的“衣着”购买力平价结果排名，发现“衣着”类别价格水平的高低与地区经济发展水平的相关程度较弱。

2.“教育文化娱乐服务”基本类PPP分析

“教育文化娱乐服务”“医疗保健”价格水平地区间差异同样较为明显。根据变异系数和熵值，发现“教育文化娱乐服务”的地区间价格水平离散程度较大，仅次于“衣着”。通过查阅相关文献，可将我国的教育收费情况分为四个阶段，即1949—1977年新中国成立初期的“免收费”阶段，到1978—1984年计划经济的“低收费”阶段，再到1989年正式实施“双轨制”教育的收费模式(公费自费并行)，即开始了社会主义市场经济的“正式收费”阶段，再到当今的“高收费”阶段，我国的教育收费已逐渐趋于稳定。

目前，我国教育部、发展改革委、物价局、财政厅(局)等多个部门对高校收费的标准是，要综合考虑当地的经济发展水平、居民经济承受能力等方面，这也是各地价格水平差异如此之大的原因。为了探究各地区在教育文化娱乐方面的价格水平差距，在该基本类的产品选取上，笔者尽量全面地涵盖各阶段的教育费用，分别对“托儿保育费、普通小学学费、普通初中学杂费、高中学费、普通职业高中学费、专科大学学费、普通大学学费”共七种产品进行采价，所得结果更具说服力。

教育文化娱乐服务这一基本类的国内购买力平价位于[0.524,1.593]区间范围内，说明各地区的价格水平差距较大，而作为基准地区的山东省，在教育类别上的物价水平排在第13名，且价格水平最高的五个省区市分别为广东、上海、浙江、天津、湖南；而在购买力平价小于山东的18个省区市中，西藏、辽宁、河南、江西、青海这五个省区市的教育价格水平位于全国最后五名，说明其等额货币的购买力小于其他26个地区。另外，通过对各地区购买力平价结果进行观察，发现排名靠前的地区多为经济发达省区市，故根据结果可推测教育方面的物价水平与各地经济发展有着较为紧密的联系。

为验证该猜想，对“教育文化娱乐服务”的购买力平价与2010年人均GDP的Pearson相关系数进行测算，计算结果为0.635，且P值显著小于0.01，该数值表明在10%的显著性水平下，地区的经济发展水平与“教育文化”类别的价格水平呈显著正相关，这与教育部、发展改革委等部门的初衷相一致，从侧面证实了模型与结果的准确性。

3.“医疗保健”基本类PPP分析

“医疗保健”地区间价格水平差距同样较为显著，仅次于“教育文化娱乐服务”。分析其原因，是因为基于各地方经济发达程度的差异，各地医疗机构所能提供的服务会受到人才资源、技术资源、医疗设备的先进程度等方面的限制，而我国在医疗服务上的定价方式不一，尚未形成统一体系，一般由各地区相关部门对当地医疗服务水平、居民消费水平等方面衡量后进行定价，这导致了各地区的物价水平在医疗方面的差距如此之大。从各省排名来看，购买力平价排在前五名的是上海、广东、重庆、青海、陕西，排在后五名的是北京、西藏、广西、安徽和河南，而作为基准地区的山东排在第十名，排名相对靠前。相比“教育文化娱乐服务”，医疗服务的物价水平与各地发达程度的相关性较弱。

4.“居住”基本类PPP分析

在所有基本类中，“居住”类别的地区间价格差距大小处排第四名。需要注意的是，所搜集的产品为各种租金、住宿费，以及物业管理费等生活费用，并非房价，这也是该基本类在地区间价格水平差距程度与我们预期不符的原因，若将房价列入该基本中，则地区间差异将会被显著拉大。相比房价，地域间房租价格水平差异较小，但是在经济最为发达的城市，房租价格仍明显高于其他地区，其中较为典型的为：北京、上海、广东，故房租在一定程度上与城市的发达程度有着较高的相关性。在该基本类中，笔者还采集了管道煤气费、民用采暖费用等生活费用，虽然各地对该项目有不同的定价机制，但由于国家参与宏观调控，并给出了一定的定价区间，而各地价格均需要在该范围内，所以物价水平相差不大。

综合来看,“居住”这一基本类的价格水平的地区差异程度在所有基本类中处于中间水平是较为合理的。从各地区的购买力平价结果排名来看,作为基准地区的山东排在第九名,仅有8个地区的“居住”价格水平高于山东,分别为广东、福建、广西、重庆、天津、上海、北京、贵州,这些地区的货币购买力均低于山东。通过观察,排名靠前的地区多为经济发达区域,其中最为典型的北京、上海和广东分别居全国第七、第六和第一名。排名最后的五名分别为山西、内蒙古、青海、宁夏和甘肃,发现多为经济欠发达地区,也证明了居住的价格水平与地区经济发达程度有着较强的相关性。

5.“家庭设备用品及维修服务”基本类PPP分析

在“家庭设备用品及维修服务”基本类的产品选取上,笔者对最为常见的几种生活用品进行采价,包括液晶彩电、洗衣机、空调等七种产品。虽然因时间等方面的限制,使得最终收集到的产品种类并不多,但以上七种产品的代表性较强,其结果可以反映一定的现实问题。从所得购买力平价结果来看,家庭设备产品的地区间价格差异相对较小,且其离散程度小于“居住”类,排名第五。这是由于在当今这个互联网共享时代,销售渠道也随之多样化,大多数品牌的家用设备均采取“线上线下”同步销售,而这就使得产品的信息更加透明化。在信息化、网络化的背景下,部分家庭设备商品甚至形成了全国统一价格,减小了地区间价格水平的差异,使“一价定律”效用更为显著。

从该基本类购买力平价结果来看,山东省居全国第14位,处于中间位置,其中在价格水平高于山东的13个省区市中,天津、浙江、北京、黑龙江和重庆的货币购买力最低,在价格水平低于山东的17个省区市中,湖北、四川、广东、新疆和海南货币购买力最高。

6.“交通和通信”基本类PPP分析

“交通和通信”类别属于国家垄断行业,不具流动性,其所属商品或服务的价格将由国家或政府相关部门进行统一制定的价格,这也是其价格水平在各地区相差不大的主要原因。该类商品或服务的相对价格水平高于山东的仅有15个地区,其中价格水平最高的五个省区市分别为海南、广东、北京、浙江和江苏，而相对价格水平最低的五个省区为河北、新疆、甘肃、西藏和陕西。

7.“食品及烟酒”基本类PPP分析

“食品及烟酒”类别的物价水平在全国各地差异最小，地区间的价格具有一定的趋同性。这主要是在当今较为激烈的竞争市场的背景下，食品作为典型的可贸易品，在地域间的流动性较强，故其价格差异可逐渐通过套利活动消除。另外，信息化时代，通过网络等途径的传播，商品价格的涨跌将很快从局部扩展至全国，且速度极快，使得“一价定律”的效用越来越显著。

山东作为基准地区，其物价水平在全国排第26名，即仅有五个地区的食品基本类的购买力平价小于1，包括新疆、宁夏、河北、湖北和河南，说明全国多数地区的价格水平高于山东。物价水平最高的五个省区分别为海南、上海、福建、浙江、西藏。在排名前五名地区中，海南为一个独立的岛屿，商品种类受限，需要与内陆地区有较为频繁的运输往来，而该成本将加在食品价格上，另外，该省份作为中国旅游城市的代表，其价格水平自然要高；上海、福建、浙江作为我国的发达城市，故食品物价相对偏高；西藏由于自然条件的限制，农业生产较为落后，使得运输费用成本较高，故食品价格水平高于全国平均水平。所得结果较符合预期。

第二节　最优路径分析

基于前文所介绍的最小间隔树法和最短距离法在测度地区购买力平价上具有较多优势，所得结果的可靠性较强，故利用该方法对31个省区市的货币购买力情况进行测度，将山东省作为基准地区（PPP=1）。

一、基于最小间隔树法的最优路径分析

（一）最小间隔树法最优路径的计算结果

根据前文最小间隔树法测算国内购买力平价的步骤，利用已掌握的产品价格及基本类消费支出权重数据，分别以PLS、WLQ和WAQ作为衡

量地区间相异度指标，生成由 31 个省区市组成的最小间隔树。所得结果见图 10-2 和图 10-3。

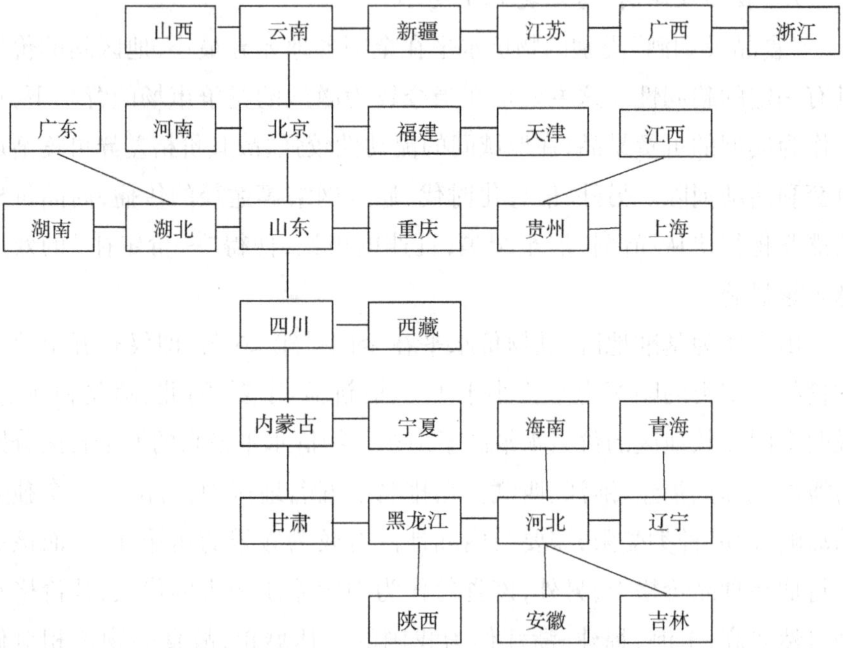

图 10-2　利用 PLS 指标生成的最小间隔树

（二）最小间隔树法最优路径分析

通过计算发现，由 WLQ 和 WAQ 指标所得到的构成最小间隔树边的权重仅有极少数顺序互调，而最终所生成的最小间隔树则完全一致。由世界银行发行的 2011 年轮国际比较项目（ICP）官方手册——《衡量世界的真实规模》得到了相同的结果。

将两图进行对比，发现由 PLS 指标和 WLQ（WAQ）指标所生成的最小间隔树具有显著差异性，30 条边中仅有 6 条公共边，其中包括山东—湖北、山东—重庆、江西—贵州、福建—天津、江西—贵州、江苏—新疆、黑龙江—甘肃，说明这些地区在物价水平、消费结构等方面存在较强的相似性，发现其聚集效应与实际较为贴合。因此，使用不同的相异度（相似度）指标来度量两地区的物价水平的相似程度，将会得到不同的结果，而当比较地区的发展水平差距较大时，结果差异可能会更大。

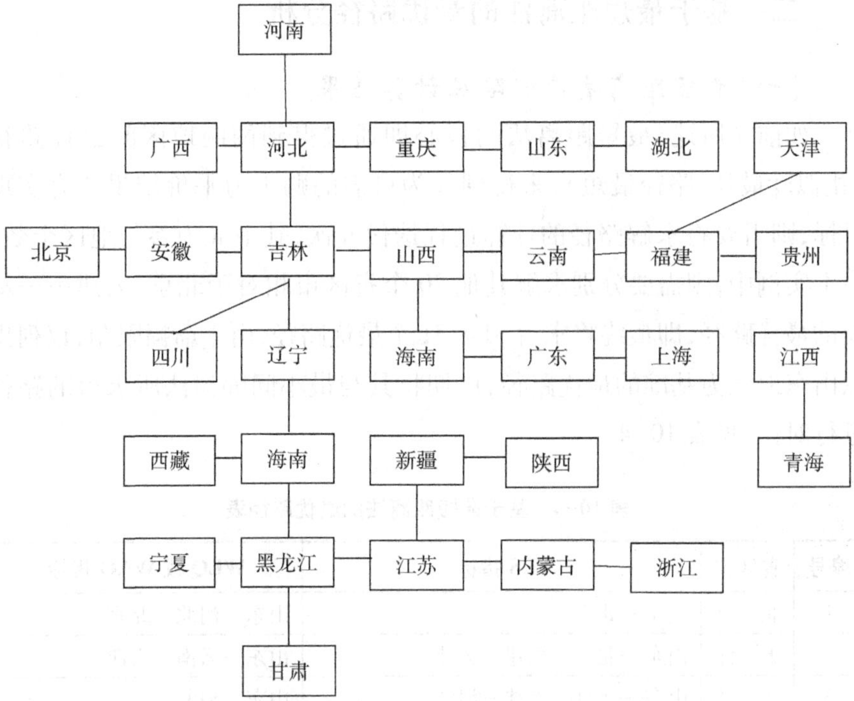

图 10-3　利用 WLQ(WAQ)指标生成的最小间隔树

相比 WLQ(WAQ)指标,由 PLS 指标所生成的最小间隔树常存在许多有悖现实的关联路径,例如贵州与上海、北京与河南、广西与浙江,这些地区直接相连,双方的相似性本应最强,但该结构却与人们的感受和预期出现分歧。现在将视角转向图 10-3,发现基于 WLQ 或 WAQ 所生成的最小间隔树,其链接更加直观,且树中的相邻地区与实际情况更相符,例如吉林与辽宁,广东与上海,河北与河南等。而最小间隔树方法的实质是将消费结构最为相似的国家或地区进行对比,以此来提高双边比较的特征性,得到更加可靠并贴近现实的结果。鉴于此,我们得到一条重要结论,当利用最小间隔树法来计算中国的地区购买力时,相比 PLS 指标而言,使用 WLQ 或 WAQ 指标来度量各地区间的相似程度则更加合理。

二、基于最短距离法的最优路径分析

（一）最短距离法最优路径计算结果

如前文所述，最短距离法的核心即通过得到两两地区间最优路径（相似度最佳、路径最短），来得到较为可靠的购买力平价结果。为实现目标，则需要将求解路径的计算过程迭代 n 次，其中 n 为参与地区个数。在本实例中，则需要分别求解其他 30 个省区市相对于北京、天津……新疆的最优路径，即最终将求得 31 × 31 个最优路径，由于篇幅限制，仅列出以山东地区为基准的最优路径，以期将其与最小间隔树法所求得的路径进行对比，见表 10-4。

表 10-4　基于最短距离法的最优路径表

编号	省区市	PLS 指标	WLQ 或 WAQ 指标
1	北　京	山东—北京	山东—河北—北京
2	天　津	山东—北京—福建—天津	山东—云南—天津
3	河　北	山东—北京—吉林—河北	山东—河北
4	山　西	山东—北京—云南—山西	山东—山西
5	内蒙古	山东—四川—内蒙古	山东—江苏—内蒙古
6	辽　宁	山东—北京—吉林—河北—辽宁	山东—重庆—辽宁
7	吉　林	山东—北京—吉林	山东—吉林
8	黑龙江	山东—北京—吉林—河北—黑龙江	山东—江苏—黑龙江
9	上　海	山东—重庆—贵州—上海	山东—云南—上海
10	江　苏	山东—北京—云南—新疆—江苏	山东—江苏
11	浙　江	山东—北京—云南—新疆—江苏—广西—浙江	山东—江苏—浙江
12	安　徽	山东—北京—安徽	山东—河北—安徽
13	福　建	山东—北京—福建	山东—云南—福建
14	江　西	山东—重庆—江西	山东—重庆—江西
15	河　南	山东—北京—河南	山东—重庆—河南
16	湖　北	山东—湖北	山东—湖北
17	湖　南	山东—湖北—湖南	山东—湖北—湖南
18	广　东	山东—湖北—广东	山东—湖北—广东

续表

编号	省区市	PLS 指标	WLQ 或 WAQ 指标
19	广 西	山东—北京—云南—新疆—江苏—广西	山东—河北—广西
20	海 南	山东—北京—吉林—河北—海南	山东—吉林—海南
21	重 庆	山东—重庆	山东—重庆
22	四 川	山东—四川	山东—四川
23	贵 州	山东—重庆—贵州	山东—云南—贵州
24	云 南	山东—北京—云南	山东—云南
25	西 藏	山东—四川—西藏	山东—吉林—海南—西藏
26	陕 西	山东—北京—云南—新疆—江苏—陕西	山东—湖北—陕西
27	甘 肃	山东—四川—内蒙古—甘肃	山东—吉林—甘肃
28	青 海	山东—北京—吉林—河北—辽宁—青海	山东—重庆—江西—青海
29	宁 夏	山东—四川—内蒙古—甘肃—宁夏	山东—江苏—内蒙古—宁夏
30	新 疆	山东—北京—云南—新疆	山东—湖北—新疆

（二）最短距离法最优路径分析

通过表 10-4 中由两指标所生成的比较路径的对比，发现在 30 条路径中仅有 6 条相同路径，其中包括“山东—重庆—江西”“山东—湖北”“山东—湖北—湖南”“山东—湖北—广东”“山东—重庆”“山东—四川”。因此，当应用最短距离法来测度地区购买力平价时，使用不同的指标来衡量地区间经济水平的相似程度，往往会存在较大差异，从而影响最终的购买力平价结果。

另外，观察两指标所生成的路径，发现利用 PLS 指标得到的结果包含的“桥梁地区”较多，链接路径较长，说明该指标所链接的相邻地区的经济情况差异较大，且由表 10-4 所示，发现的确有部分有悖实际情况的链接路径，例如山东—重庆—贵州—上海、山东—北京—河南等，故其比较结果的可靠性较低。而相对 PLS 指标而言，应用 WLQ 或 WAQ 指标所得到的最优路径更短，链接中的双边比较地区的消费支出模式更为相似，这可以大幅提高比较的特征性，且通过该指标所生成的最优路径更加贴合实际情况。鉴于此，当利用最短距离法来测度中国的地区购买力平价时，以WLQ或WAQ作为衡量地区间居民消费支出结构相似程度的指标则显得更加合理。这一结论和前文最小间隔树法的所得结论相同，故综合来看，WLQ或WLQ指标更适合应用于中国地区间购买力平价的测度。

三、两种方法最优路径对比分析

最短距离法作为最小间隔树法的改进方法，二者的核心思想具有一定的相似之处，均基于地区间的相似度矩阵，致力于将消费结构、物价水平最为相似的地区进行直接比较，使得双边比较指数的可靠性达到最大，进而链接成为多边比较。鉴于此，以基准地区作为起点所形成的链接路径越短，说明相邻地区间的相似程度越高，则所得结果越为理想。故根据该思想对比最小间隔树法和最短距离法所形成的最优路径，判断方法的优劣性，且由于前文所述，本节中所对比的路径均是基于WLQ或WAQ指标生成。

表10-5　MST和MD法最优路径对比表

省区市	MST最优路径	MD最优路径	MST距离值	MD距离值	距离之差
北　京	山东—重庆—河北—吉林—安徽—北京	山东—河北—北京	0.024	0.015	0.008
天　津	山东—重庆—河北—吉林—山西—云南—福建—天津	山东—云南—天津	0.043	0.024	0.018
河　北	山东—重庆—河北	山东—河北	0.011	0.009	0.002
山　西	山东—重庆—河北—吉林—山西	山东—山西	0.024	0.009	0.015
内蒙古	山东—重庆—河北—吉林—辽宁—海南—黑龙江—江苏—内蒙古	山东—江苏—内蒙古	0.051	0.020	0.031
辽　宁	山东—重庆—河北—吉林—辽宁	山东—重庆—辽宁	0.023	0.017	0.005
吉　林	山东—重庆—河北—吉林	山东—吉林	0.015	0.011	0.004
黑龙江	山东—重庆—河北—吉林—辽宁—海南—黑龙江	山东—江苏—黑龙江	0.038	0.024	0.014
上　海	山东—重庆—河北—吉林—山西—湖南—广东—上海	山东—云南—上海	0.058	0.029	0.029

续表

省区市	MST 最优路径	MD 最优路径	MST 距离值	MD 距离值	距离之差
江　苏	山东—重庆—河北—吉林—辽宁—海南—黑龙江—江苏	山东—江苏	0.046	0.015	0.031
浙　江	山东—重庆—河北—吉林—辽宁—海南—黑龙江—江苏—内蒙古—浙江	山东—江苏—浙江	0.060	0.026	0.035
安　徽	山东—重庆—河北—吉林—安徽	山东—河北—安徽	0.021	0.015	0.006
福　建	山东—重庆—河北—吉林—山西—云南—福建	山东—云南—福建	0.031	0.009	0.022
江　西	山东—重庆—河北—吉林—山西—云南—福建—贵州—江西	山东—重庆—江西	0.050	0.019	0.031
河　南	山东—重庆—河北—河南	山东—重庆—河南	0.032	0.027	0.005
湖　北	山东—湖北	山东—湖北	0.003	0.003	0.000
湖　南	山东—重庆—河北—吉林—山西—湖南	山东—湖北—湖南	0.032	0.017	0.015
广　东	山东—重庆—河北—吉林—山西—湖南—广东	山东—湖北—广东	0.043	0.017	0.026
广　西	山东—重庆—河北—广西	山东—河北—广西	0.019	0.017	0.002
海　南	山东—重庆—河北—吉林—辽宁—海南	山东—吉林—海南	0.030	0.024	0.007
重　庆	山东—重庆	山东—重庆	0.002	0.002	0.000
四　川	山东—重庆—河北—吉林—四川	山东—四川	0.022	0.012	0.010
贵　州	山东—重庆—河北—吉林—山西—云南—福建—贵州	山东—云南—贵州	0.038	0.019	0.019
云　南	山东—重庆—河北—吉林—山西—云南	山东—云南	0.026	0.009	0.017
西　藏	山东—重庆—河北—吉林—辽宁—海南—西藏	山东—吉林—海南—西藏	0.046	0.039	0.007
陕　西	山东—重庆—河北—吉林—辽宁—海南—黑龙江—江苏—新疆—陕西	山东—湖北—陕西	0.059	0.035	0.024
甘　肃	山东—重庆—河北—吉林—辽宁—海南—黑龙江—甘肃	山东—吉林—甘肃	0.048	0.028	0.020

续表

省区市	MST 最优路径	MD 最优路径	MST 距离值	MD 距离值	距离之差
青　海	山东—重庆—河北—吉林—山西—云南—福建—贵州—江西—青海	山东—重庆—江西—青海	0.072	0.041	0.031
宁　夏	山东—重庆—河北—吉林—辽宁—海南—黑龙江—宁夏	山东—江苏—内蒙古—宁夏	0.046	0.032	0.014
新　疆	山东—重庆—河北—吉林—辽宁—海南—黑龙江—江苏—新疆	山东—湖北—新疆	0.049	0.015	0.033

通过表 10-5，可以较为直观地观察两种方法所生成的最优路径长度及途径省区市，发现除江苏和湖北两个省的路径相同外，其他地区通过最短距离法所得到的链接路径均明显短于最小间隔树法，例如，以基准地区山东作为起点，浙江作为终点，通过最小间隔树法所求得的路径较为冗长，途径重庆、河北、吉林、辽宁、海南、黑龙江、江苏、内蒙古这 8 大省区市，路径长度，即地区间相异度指标 WLQ 之和为 0.0604，而相比之下，最短距离法仅使山东经过一桥梁地区，即链接到浙江。

通过表 10-5 中所示路径，可以验证"最小间隔树法虽然可以得到整体最优路径，但却不能保证两两地区间的路径最短"这一理论的正确性，且链接路径最长，桥梁地区间的相似度也就越低，双边比较指数的特征性也就随之降低，导致所得购买力平价结果与实际有所偏差。而通过最短距离法却可以保证这一点，该方法所生成的链接路径明显短于最小间隔树法，表明路径中的地区更为相似，所得结果更为可靠。综上所述，认为最短距离法在购买力平价测度方面要优于最小间隔树法，故下文仅对最短距离法测得的购买力平价结果进行分析及应用。

第三节　汇总购买力平价计算与分析

鉴于最短距离法的较优特性，使用该方法生成的以 31 个省区市最优链接路径进行汇总层级 PPP 计算，并进行结果分析。

一、汇总 PPP 的计算结果及概况

(一)汇总 PPP 的计算结果

通过对链接路径的比较,发现 WLQ 或 WAQ 指标所得路径更符合预期,由此进行汇总 PPP 的计算,在汇总相似地区时,使用原始 GEKS 法。具体计算结果见表 10-6。

表 10-6 MD 法汇总 PPP 表

排名	地区	PPP_{GEKS}	排名	地区	PPP_{GEKS}
1	浙江	1.1553	17	陕西	0.9853
2	广东	1.1475	18	吉林	0.9804
3	海南	1.1405	19	广西	0.9795
4	上海	1.1253	20	湖北	0.9582
5	江苏	1.1251	21	云南	0.9569
6	福建	1.0938	22	山西	0.9496
7	重庆	1.0528	23	青海	0.9437
8	北京	1.0462	24	新疆	0.9431
9	内蒙古	1.0276	25	安徽	0.9411
10	西藏	1.0187	26	辽宁	0.9394
11	黑龙江	1.0162	27	甘肃	0.9280
12	天津	1.0073	28	宁夏	0.9244
13	湖南	1.0040	29	河北	0.9231
14	山东	1	30	江西	0.8993
15	四川	0.9973	31	河南	0.7714
16	贵州	0.9871			

(二)汇总 PPP 概况

根据表 10-6 所得结果,整体来看,各省区市的购买力平价存在显著差异,说明等额的货币所能购买到的商品或服务项目将迥然不同。

具体来看,各省区市的购买力平价值介于[0.7714,1.1553]之间,且最高值是最低值的 1.498 倍,其中价格水平最高的为浙江省,最低的是河南省。地区购买力平价最高的五名分别为浙江、广东、海南、上海、江苏;最低的五名分别为甘肃、宁夏、河北、江西、河南。通过计算 31 个省区市

的购买力平价指数的简单几何平均,来求得我国平均的价格水平,计算结果为0.9955,基本和山东的价格水平持平,由此可证明选择山东省作为基准地区的正确性。另外,根据表中的数据结果,发现购买力平价大于1的地区共有13个,说明这些地区的物价水平均高于山东,且高于全国平均水平,但等金额的货币购买力却小于山东。通过观察,发现购买力平价指数高于山东的地区大多为经济发展水平较为发达的省区市,且以沿海区域为主,较具代表性的为浙江、广东、上海、江苏、北京等,但也包含经济水平欠发达的地区,比如西藏、内蒙古,这些地区由于自然条件的限制或较高的运输成本,使其物价水平挤入一线行列;另外,小于1的地区共有17个,这些地区的物价水平均低于山东省,且均低于全国平均水平,而等金额的货币购买力高于山东省和国家平均水平。并且,这些地区多为经济欠发达省份,较具代表性的包括新疆、甘肃、宁夏、青海、河南。该现象说明某个地区的经济发展情况的确影响着该地的物价水平,但并非决定性因素,资源禀赋、地理位置等均成为影响因素。

由于所用方法、产品价格及权重的采集及设定、截面数据的选择等多方面的影响,各位研究者测算的结果各不相同。通过对比,发现国家统计局"我国地区价差指数方法和应用研究"课题组与在数据选取及方法上较为相近,故结果具有可比性。该课题组旨在探究中国地区间价格水平差异,并通过将CPD法和GEKS法相结合的方法对2011年的31个省区市的购买力平价进行测算,其数据则来自国家统计局国家统计数据库,结果较反映真实情况,可靠性较高。对比发现,结论与该课题组所得结论较为贴近。其中,测得的地区间价格水平差异较大,最高地区(浙江)的价格水平是最低地区(河南)价格水平的1.498倍;而该课题组所测结果为最高地区(上海)的价格水平是最低地区(宁夏)价格水平的1.29倍。在地区价格水平的排名上二者同样比较接近,该课题组所测得的水平最高的五名地区分别为上海、北京、广东、浙江、西藏,与所得结论相比,西藏虽未列为前五名,但同样处于价格水平较高的位置,即排于第九名;课题组所测得的价格水平最低的五个省区分别为河北、青海、甘肃、内蒙古、宁夏,仅在青海和内蒙古两省区上与结论有所不同。通过上述结果的对比,发现与国家统计局课题组所得结论相差较小，即侧面验证了所用模型与结果的准确性。

二、区域视角的分析

（一）区域 PPP 的分布

从区域角度来看，各区域价格水平差距较为显著。为了更加深入且直观地了解不同区域的价格水平特点，绘制出购买力平价空间分布图，并对各区域的价格水平特征予以汇总，绘制箱线图，汇总结果见表 10-7。值得注意的是，在区域划分方法的选择上，摒弃了传统的划分方法，而国务院发展研究中心也曾发表报告指出，中国所沿袭的“东—中—西”划分方法已不合时宜。故将按照国家统计局经济区域划分方法，将中国划分为四大板块，并进一步将其划分为八大综合经济区。

按照国家统计局经济区域划分方法，将中国划分为八大区域。其中，东北经济区包括辽宁、吉林、黑龙江；北部沿海经济区包括北京、天津、河北、山东；东部沿海综合经济区上海、江苏、浙江；南部沿海经济区包括福建、广东、海南；黄河中游经济区包括陕西、山西、河南、内蒙古；长江中游经济区包括湖北、湖南、江西、安徽；大西南经济区包括云南、贵州、四川、重庆、广西；大西北经济区包括甘肃、青海、宁夏、西藏、新疆。

表 10-7　区域 PPP 描述统计表

地区		均　值	最大值	最小值	极值比	标准差	变异系数
	全国	0.9955	1.1553	0.7714	1.4976	0.0841	0.0845
八大经济区	东部沿海	1.1352	1.1553	1.1251	1.0269	0.0174	0.0153
	北部沿海	0.9931	1.0462	0.9231	1.1333	0.0515	0.0519
	南部沿海	1.1270	1.1475	1.0938	1.0491	0.0292	0.0259
	黄河中游	0.9280	1.0276	0.7714	1.3320	0.1126	0.1214
	长江中游	0.9499	1.0040	0.8993	1.1163	0.0433	0.0456
	大西南	0.9942	1.0528	0.9569	1.1002	0.0357	0.0359
	大西北	0.9510	1.0187	0.9244	1.1019	0.0385	0.0405
	东北	0.9782	1.0162	0.9394	1.0818	0.0384	0.0393

总体来看,各区域的购买力平价结果呈现"东部沿海经济区>南部沿海经济区>北部沿海经济区>大西南经济区>东北经济区>黄河中游经济区>长江中游经济区>大西北经济区"分布格局,即价格水平在空间上具有呈现东高西低,依次递减的态势,其中价格水平排于前十名的地区中,有70%是东部地区,价格水平排于后十名的地区中,有80%是中西部地区。其中,沿海区域的平均购买力平价普遍高于其他区域,这三个经济区共同构成了传统划分方式的"东部区域",是中国三大经济圈"长江三角洲""珠江三角洲"以及"环渤海经济圈"的所在区域,是中国经济最为发达的地区,故价格水平相对较高,较符合预期。

(二)区域PPP的离散程度

在这三个经济区中,东部沿海、南部沿海经济区的平均物价水平最高,且远高于中国的其他经济区,离散程度相对较低,说明这两个区域省区市的价格水平普遍较高。除了沿海区域外,其他经济区的购买力平价较为相近,大约处于0.95左右。具体来看,其他区域各省区市的国内购买力平价普遍较低,且除了内蒙古、湖南、重庆、西藏、黑龙江,其他省区市的平均价格水平均低于山东。从离散角度来看,北部沿海经济区、黄河中游、长江中游区域内部省区市的价格水平差距较大,其中黄河中游区域最为明显,其变异系数为0.1214,是导致中国各地区间差距如此之大的主要原因。在该区域中,内蒙古的购买力平价最高,值为1.0276,位于第9名,而等额货币所具有的购买力最高的省为河南,购买力平价仅为0.7714,是中国价格水平最低的省。鉴于此,政府相关部门应给予重点关注,对各地区的物价水平予以宏观调控,从而降低中国区域间整体差距。

第四节 最优路径法购买力平价应用分析

本章基于最小间隔树法和最短距离法对国内购买力平价进行测度,并对地区间的经济指标进行调整,衡量地区真实差距。

一、应用领域1:真实经济规模及比较

(一)名义 GDP

在名义指标的选择上,通过地区 GDP 反映各地的经济实力。基于数据可得性,以及测算结果的实际意义等方面的考虑,以 2010 年为基期,利用 GDP 平减指数调整名义 GDP,得到以 2010 年价格水平表示的 2016 年的指标值,再通过购买力平价剔除价格因素的影响,最终得到真实经济规模,调整结果见表 10-8。

表 10-8　最短距离法 PPP 调整 GDP 和人均可支配收入表

	PPP	调整前		调整后	
		GDP(亿元)	人均可支配收入(元)	GDP(亿元)	人均可支配收入(元)
北　京	1.05	21679.19	34358.39	20721.03	32839.84
天　津	1.01	18031.27	28549.56	17901.24	28343.68
河　北	0.92	32698.89	18921.25	35421.35	20496.60
山　西	0.95	14088.75	17993.59	14835.86	18947.76
内蒙古	1.03	20180.04	20670.72	19638.51	20116.02
辽　宁	0.94	26189.76	20551.49	27879.57	21877.51
吉　林	0.98	14479.29	18022.45	14768.26	18382.13
黑龙江	1.02	16382.14	16104.73	16120.58	15847.60
上　海	1.13	26294.15	38227.99	23365.62	33970.31
江　苏	1.13	70545.03	26963.29	62701.43	23965.36
浙　江	1.16	44152.49	31805.74	38216.46	27529.65
安　徽	0.94	22399.96	18298.78	23801.50	19443.72
福　建	1.09	26573.82	25396.76	24295.28	23219.15
江　西	0.90	16951.59	18157.43	18848.76	20189.55
山　东	1.00	66033.25	23009.04	66033.25	23009.04
河　南	0.81	39536.14	18663.10	51249.69	24192.50
湖　北	0.96	28755.76	19015.72	30010.30	19845.33
湖　南	1.00	28445.16	19238.56	28333.07	19162.75
广　东	1.15	74367.26	28165.70	64808.08	24545.27

续表

	PPP	调整前		调整后	
		GDP（亿元）	人均可支配收入（元）	GDP（亿元）	人均可支配收入（元）
广　西	0.98	16588.87	20067.35	16936.59	20487.98
海　南	1.14	3485.88	18646.59	3056.35	16348.93
重　庆	1.06	16037.78	20421.77	15234.15	19398.46
四　川	1.00	30893.03	18026.91	30976.26	18075.48
贵　州	0.98	9167.27	16539.27	9286.85	16755.00
云　南	0.96	13289.78	18897.88	13888.13	19748.72
西　藏	1.03	970.56	18144.89	952.78	17812.44
陕　西	0.99	18403.94	18259.84	18678.20	18531.95
甘　肃	0.93	7326.10	15555.07	7894.58	16762.08
青　海	0.94	2433.67	16907.68	2578.83	17916.17
宁　夏	0.93	2923.83	17988.62	3162.78	19458.76
新　疆	0.94	9749.67	16229.49	10337.64	17208.23

（二）真实 GDP

在国际比较项目中，往往以 GDP 作为衡量各国总体经济水平的重要标准。则借鉴该做法，通过 GDP 指标来测度地区间经济实力，并从各地价格水平与 GDP 的相关关系着手，图 10-4 是 31 个省区市的地区购买力平价与地区名义 GDP 的散点图，其中购买力平价是以山东省为基准而计算的。通过该图，发现两指标存在一定正相关的关系，但趋势并不显著。为进一步探究二者是否存在相关性，计算了两指标的皮尔逊（Pearon）相关系数，结果仅为 0.327，说明二者相关性并不高。

1. 总量分析

相比 GDP 名义指标值，通过购买力平价调整后的真实 GDP 及排名则有着较大的变化，调整前后的 GDP 变化见图 10-5。该现象说明价格因素的确在衡量地区间的经济实力时起到较大的干扰作用，使名义 GDP 不能真实地反映各地经济发达程度，故有必要将价格因素剔除。对比调整前后结果，发现购买力平价小于 1 的 17 个省区市经调整后的 GDP 均

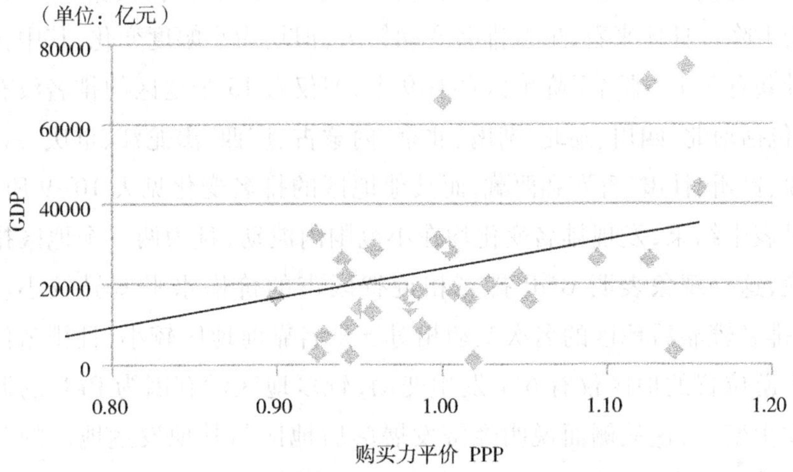

图 10-4　购买力平价与名义 GDP 散点图

有所上升，且多为经济相对落后区域，而购买力平价大于 1 的 13 个省区市经调整后的 GDP 均有所下降，且多为经济相对发达区域。

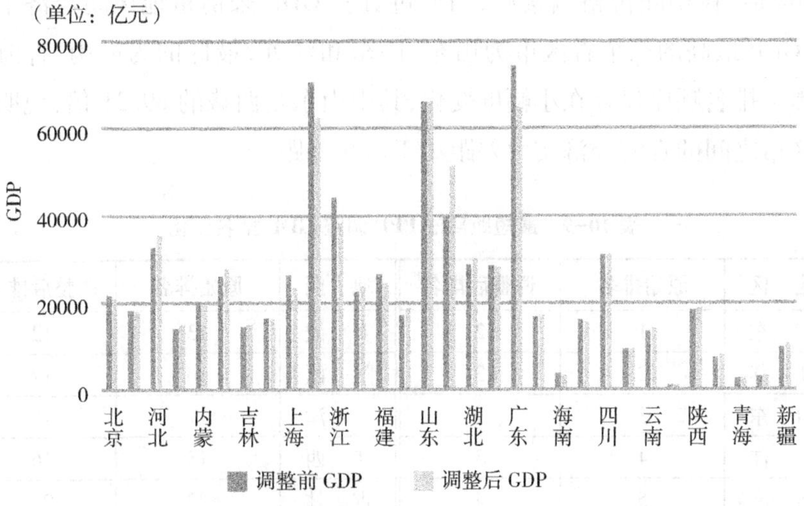

图 10-5　调整前后各地区 GDP 总量值对比

2. 排名分析

除了总量的变化，调整后的各地区 GDP 排名同样有了较大变动，变动方向取决于购买力平价排名与地区名义 GDP 排名的关系，若前者大于后者,则真实 GDP 排名将会上升;而当后者大于前者时,真实 GDP 排名将会下降。具体来看,虽然排名变动较大,但均为小幅度变化,其中排名上升共有 7 个,排名下降地区共有 9 个,即仅有 15 个地区的排名没有变化,包括河北、四川、湖北、湖南、北京、内蒙古、广西、黑龙江、重庆、云南、新疆、贵州、甘肃、青海和西藏,而其他地区的排名变化见表 10-9 所示。通过表中结果,发现排名变化均在小范围内波动,且为两三个地区排名互换,这一现象表明 GDP 排名相近省区市的价格水平差异较小。另外,排名较靠后地区的名次变动相对于排名靠前地区较小,且排名位于中下游位置的地区仅有 6 个发生变动,较多地区没有因为 PPP 的调整而发生变动,这从侧面说明经济发展落后地区与其他发达地区的总量水平差异较大,虽然经 PPP 调整后,GDP 值有所升高,但仍没有改变其总量排名。

当用名义 GDP 来衡量地区间真实经济实力时,GDP 最高的三个省区市为广东、江苏和山东,最低的为宁夏、青海和西藏,且广东是新疆的 76.62 倍;在剔除价格因素后,当通过真实 GDP 来衡量地区间经济水平时,GDP 最高的三个省区市为山东、广东和江苏,最低的为海南、青海和新疆。排名顺序仅存在小幅度变化,其中山东是西藏的 69.31 倍,说明各省区市之间的真实经济实力差距小于名义差距。

表 10-9　最短距离法 PPP 调整 GDP 排名变化

地　区	原始排名	调整后排名	地　区	原始排名	调整后排名
广　东	1	2	安　徽	13	12
江　苏	2	3	陕　西	16	17
山　东	3	1	天　津	17	18
浙　江	4	5	江　西	18	16
河　南	5	4	吉　林	22	23
福　建	10	11	山　西	23	22
上　海	11	13	海　南	28	29
辽　宁	12	10	宁　夏	29	28

二、应用领域2:真实收入水平及比较

一般情况下,国内各地区的价格水平将与实际收入存在较密切的关系,通常呈正比关系,该现象被称为国内宾大效应。从各地价格水平与居民实际收入的相关关系着手,以论证剔除价格因素在衡量地区间真实经济规模的实际意义。

(一)名义收入水平

居民的生活水平是由当地的物价水平和收入共同决定的。目前不少文献在衡量不同地区居民生活水平差异时往往忽略了价格水平的影响,仅用名义收入指标来进行评估,这是有失偏颇的。例如,对于像北京、广东、上海等具有"双高"特点的地区,即价格水平高、名义收入高,由于等额货币所具有的购买力较低,故其实际收入并非像名义收入所表现的那样高。

在名义指标的选择上,通过城镇人均可支配收入反映各地居民收入水平。基于数据可得性,以及测算结果实际意义等方面的考虑,以2010年为基期,利用CPI指数对名义人均可支配收入指标进行平减处理,得到以2010年价格水平表示的2016年的指标值,再通过购买力平价剔除价格因素的影响,最终得到相应的真实值,修正结果见表10-8。

图10-6是各地购买力平价与人均可支配收入的散点图,发现二者存在较为显著的正相关关系,且两者之间的Pearson相关系数值是0.63,且在1%的显著性水平异于0。该现象说明价格水平越高,居民的收入也趋向于更高的水平,国内宾大效应较为显著,这从侧面表明了剔除价格因素对于衡量地区间居民实际收入差距具有重要的现实意义。

(二)真实收入水平

1.总量分析

购买力平价实际反映的是名义收入与实际收入的差异程度,购买力平价越高的省区市,二者差异越大。以山东省作为基准地区,在所研究的31个省区市中,有13个地区的实际收入值小于名义收入值,这些地区多为经济发达地区,以浙江、广东、海南、江苏、上海最为显著;其中有17个

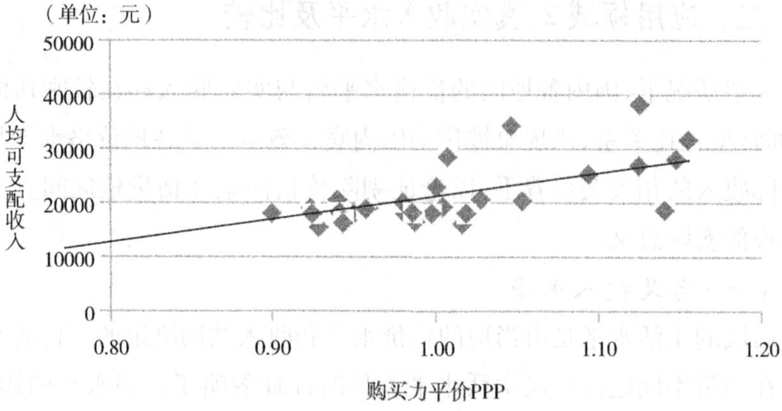

图 10-6　购买力平价与人均可支配收入散点图

地区的实际收入值大于名义收入值，这些地区的经济发展水平一般较低，以宁夏、甘肃、河北、江西、河南最为显著，经购买力平价调整后的各省区市人均可支配收入变化情况见图 10-7。

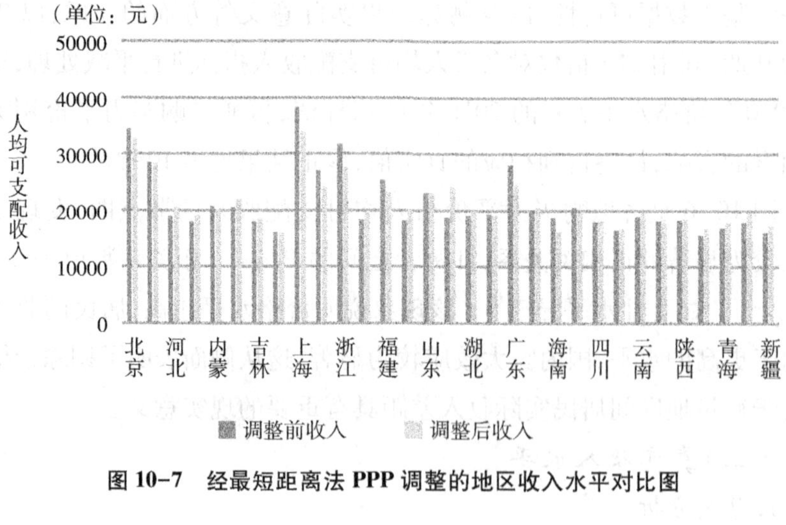

图 10-7　经最短距离法 PPP 调整的地区收入水平对比图

2. 排名分析

相比调整前后 GDP 的排名变动，收入排名相比之前有了较大变动。在 31 个省区市中，有 6 个省区市的排名没有变动，且排名上升或下降的省区市分别有 25 个，排名变动情况见表 10-10。

表 10-10 经最短距离法 PPP 调整的收入排名变化表

地 区	名义排名	调整后排名	地 区	名义排名	调整后排名
浙 江	3	4	陕 西	20	22
天 津	4	3	江 西	21	13
江 苏	6	7	西 藏	22	26
福 建	7	8	四 川	23	24
山 东	8	9	吉 林	24	23
内蒙古	9	14	山 西	25	21
重 庆	11	19	宁 夏	26	17
湖 南	13	20	青 海	27	25
湖 北	14	15	贵 州	28	29
河 北	15	11	新 疆	29	27
河 南	17	6	黑龙江	30	31
海 南	18	30	甘 肃	31	28
安 徽	19	18			

与 GDP 的排名变动相比，各地区的实际收入和名义收入水平排名变化更大，且排名上升、下降幅度也相对较大，这主要是因为各地价格水平与居民名义收入水平呈现较为显著的正相关性，某些地区由于较高的名义人均收入值而名列前茅，但剔除价格水平的影响之后，其实际收入的排名也会随之产生较大变化。其中在排名上升的 11 个地区中，河南、宁夏、江西的排名变化最为明显，这些地区均为中国次发达省份，虽然名义收入的总体排名并不高，但由于当地的价格水平较低，使其排名有了较多的提升，这三个省区市的排名分别上升了 11、9、8 名，且其幅度分别提高了 35.5%、29%和 25.8%。

在排名下降的地区中，海南、重庆、湖南的排名变化较为显著，其中海南省变化浮动最大，从第 18 名下降到第 30 名，共下降了 12 名，这可能与该城市的产业背景有关。参考表 10-6 发现，作为中国旅游城市的代表，海南的物价水平远高于其他省区市，排于第 3 名，甚至赶超北京、上海等一线城市，故将价格因素排除后，海南的实际收入将大幅下降，且下降幅度达到38.7%。除此之外，重庆、湖南的排名分别下降8、7名，相比其他省区市，下降幅度同样较大；通过对名义收入和实际收入排名的对比，发现有6个地区的排名没有发生变化，其中6个排于前10名，为上海、北京、广东、辽宁、广西和云南，说明这些地区的居民收入的确处于较高水平，且名义收入和实际收入水平具有一致性。

总体来看，由于地理位置的差异，地区间人才、科技等资源分配不平衡，各地区扶持政策的差异等原因，我国地区间收入差距仍较为显著，且呈现出“东高西低”依次递减的分布格局，且高收入群体大多集中于沿海地区，中西部收入则相对较低。按人均名义收入值对31个省区市进行排名时，收入最高和最低的地区分别为上海（38227.99元）和甘肃（15555.07元），其相差2.46倍；当按照人均实际收入值进行排名时，收入最高和最低的地区分别为上海（33970.31元）和黑龙江（15847.60元），其相差2.14倍，故可以得出中国地区间居民实际收入差距小于名义收入差距的结论。

三、应用领域3：真实贫困线及比较

这里直接对2019年贫困线3747元进行转换，仅做方法讨论参考（具体结果见表10-11）。一般情况下，转换使用的PPP与贫困线需是同一年份。

表10-11 经最短距离法PPP调整的贫困线表

地区	PPP	贫困线（元/年）	地区	PPP	贫困线（元/年）
浙江	1.155	4329	陕西	0.985	3692
广东	1.148	4300	吉林	0.980	3674
海南	1.141	4273	广西	0.980	3670
上海	1.125	4216	湖北	0.958	3590
江苏	1.125	4216	云南	0.957	3586
福建	1.094	4098	山西	0.950	3558
重庆	1.053	3945	青海	0.944	3536
北京	1.046	3920	新疆	0.943	3534

续表

地区	PPP	贫困线(元/年)	地区	PPP	贫困线(元/年)
内蒙古	1.028	3850	安　徽	0.941	3526
西　藏	1.019	3817	辽　宁	0.939	3520
黑龙江	1.016	3808	甘　肃	0.928	3477
天　津	1.007	3774	宁　夏	0.924	3464
湖　南	1.004	3762	河　北	0.923	3459
山　东	1.000	3747	江　西	0.899	3370
四　川	0.997	3737	河　南	0.771	2890
贵　州	0.987	3699			

由表10-11可以看出,各省区市的贫困线在经过购买力平价因子调整后,已产生了较大差异。与GEKS法的结果(见表8-18)相比,各省区市贫困的绝对数据和排位情况差异不大。前三位的都是浙江、广东、海南,最后三位的都是河北、江西、河南。

第十一章　国家平均价格中国试算与分析

国家平均价格是计算 PPP 的重要基础数据之一,一般以简单平均、加权平均的方式进行计算。前者是多数国家使用的方法,后者是理论更优的方法。目前欧盟和世界银行采用了不同的国家平均价格计算方法,本节将使用这些方法进行中国试算,并尝试将空间统计技术引入,以使得国家平均价格更接近国家真实。

第一节　基于欧盟方法的试算

欧盟测算方法是间接计算国家平均价格的方法,需要先依据基本类 PPP 计算空间调整因子,再进行国家平均价格推算。

一、数据与说明

国家平均价格计算涉及的数据包括产品价格和权重数据,其中欧盟测算中使用的权重数据是指计算空间调整因子的基本类 PPP 对应的支出权重数据。

(一)价格数据

使用的产品信息与第八章的一样,皆为 31 省区市 69 种产品价格,在基本类划分上略有差异,按照 ICP 核心产品列表重新做了划分,为 10 个基本类:食品类,烟草和酒精性饮料类,衣着类,居住类,家庭设备类,卫生类,交通类,通信类,娱乐类,教育类。

(二)权重数据

基本类空间调整因子由国家加权平均价格和地区平均价格的比值的

不加权几何平均数得到。国家平均价格要考虑到各地区间的价格差异，为了衡量各地区的价格在全国范围内的比重，本书选择城镇居民个人消费支出作为消费权重计算加权国家平均价格，以此作为计算地区空间调整指数的基础。

权重数据由国家统计局年鉴数据推算得到。年鉴上各地区城镇居民家庭平均每人全年消费性支出是就主要产品给出的，和 ICP 产品核心列表存在差异，需先对这些产品进行分类，将和产品核心列表较为一致的产品按照基本类寻找归属，之后按照基本类进行消费支出小计。最后将小计的消费支出除以相应地区总消费支出，得到各地区各基本类消费支出权重。结果数据见表 11-1 所示。

表 11-1　基本类消费支出权重数据表　（单位:%）

地区	食品类	烟草和酒精性饮料类	衣着类	居住类	家庭设备类	卫生类	交通类	通信类	娱乐类	教育类
全　国	0.33	0.04	0.11	0.10	0.07	0.07	0.10	0.06	0.07	0.05
北　京	0.30	0.04	0.11	0.08	0.07	0.07	0.12	0.05	0.10	0.05
天　津	0.34	0.04	0.10	0.10	0.07	0.08	0.10	0.05	0.07	0.05
河　北	0.30	0.03	0.12	0.14	0.07	0.09	0.09	0.05	0.06	0.04
山　西	0.29	0.04	0.13	0.13	0.06	0.08	0.08	0.06	0.07	0.06
内蒙古	0.27	0.05	0.17	0.10	0.07	0.08	0.09	0.04	0.07	0.05
辽　宁	0.33	0.04	0.13	0.10	0.06	0.09	0.09	0.05	0.06	0.06
吉　林	0.31	0.03	0.14	0.12	0.06	0.10	0.07	0.05	0.05	0.06
黑龙江	0.34	0.03	0.16	0.11	0.06	0.09	0.06	0.06	0.05	0.05
上　海	0.32	0.04	0.08	0.10	0.08	0.05	0.13	0.05	0.10	0.05
江　苏	0.34	0.04	0.11	0.09	0.07	0.06	0.09	0.05	0.09	0.06
浙　江	0.31	0.04	0.10	0.08	0.05	0.06	0.14	0.05	0.08	0.07
安　徽	0.33	0.06	0.11	0.11	0.06	0.07	0.07	0.06	0.07	0.06
福　建	0.38	0.03	0.09	0.11	0.07	0.04	0.09	0.06	0.08	0.04
江　西	0.37	0.03	0.11	0.11	0.08	0.05	0.07	0.05	0.07	0.05
山　东	0.30	0.03	0.14	0.11	0.07	0.07	0.12	0.05	0.06	0.05
河　南	0.31	0.04	0.14	0.10	0.08	0.09	0.08	0.05	0.07	0.04

续表

地区	食品类	烟草和酒精性饮料类	衣着类	居住类	家庭设备类	卫生类	交通类	通信类	娱乐类	教育类
湖　北	0.36	0.04	0.13	0.11	0.08	0.06	0.06	0.05	0.06	0.05
湖　南	0.34	0.04	0.11	0.10	0.08	0.07	0.08	0.06	0.07	0.05
广　东	0.36	0.02	0.07	0.11	0.07	0.05	0.13	0.07	0.09	0.05
广　西	0.37	0.02	0.08	0.10	0.08	0.06	0.12	0.06	0.07	0.04
海　南	0.43	0.03	0.06	0.10	0.06	0.05	0.11	0.06	0.05	0.05
重　庆	0.36	0.03	0.13	0.10	0.08	0.08	0.05	0.06	0.07	0.04
四　川	0.37	0.04	0.11	0.10	0.08	0.06	0.08	0.06	0.07	0.04
贵　州	0.37	0.05	0.11	0.09	0.07	0.06	0.06	0.07	0.08	0.05
云　南	0.37	0.05	0.11	0.08	0.05	0.06	0.13	0.06	0.06	0.03
西　藏	0.45	0.08	0.13	0.08	0.04	0.04	0.06	0.07	0.03	0.02
陕　西	0.34	0.04	0.13	0.10	0.06	0.08	0.05	0.05	0.07	0.07
甘　肃	0.34	0.04	0.13	0.10	0.06	0.09	0.05	0.06	0.07	0.05
青　海	0.36	0.04	0.13	0.10	0.07	0.08	0.07	0.05	0.06	0.04
宁　夏	0.31	0.04	0.13	0.11	0.07	0.08	0.10	0.05	0.07	0.04
新　疆	0.35	0.03	0.16	0.09	0.07	0.07	0.08	0.05	0.06	0.04

二、空间调整因子的计算与分析

空间调整因子根据基本类 PPP 和对应支出权重计算得到，先计算每个基本类的空间调整因子，之后根据各地区各基本类的支出权重，计算各地区的空间调整因子。

（一）基本类空间调整因子

计算全国各省区市的产品综合调整因子前，首先进行地区基本类购买力平价的测算，以食品类产品为例，进行地区间食品类购买力平价的测算，将地区基本类购买力平价取倒数即得到地区基本类空间调整因子，具体数值见表 11-2。

表 11-2　各地区食品类 PPP 及空间调整因子表

东部地区	PPP	空间调整因子	西部地区	PPP	空间调整因子	中部地区	PPP	空间调整因子
北　京	1.0009	0.9991	重　庆	0.9774	1.0231	山　西	0.9008	1.1101
天　津	0.9248	1.0813	四　川	0.9698	1.0311	内蒙古	0.9807	1.0197
河　北	0.8802	1.1361	贵　州	0.99	1.0101	吉　林	0.9756	1.025
辽　宁	0.9435	1.0599	云　南	0.8974	1.1143	黑龙江	0.9714	1.0295
上　海	1.1643	0.8589	西　藏	1.0814	0.9248	安　徽	0.8756	1.1421
江　苏	1.0116	0.9885	陕　西	0.942	1.0615	江　西	0.8577	1.166
浙　江	1.0812	0.9249	甘　肃	0.9649	1.0364	河　南	0.7775	1.2862
福　建	1.1026	0.9069	青　海	1.0787	0.9271	湖　北	0.8646	1.1566
山　东	0.8843	1.1308	宁　夏	0.8789	1.1378	湖　南	1.0165	0.9838
广　东	1.11	0.9009	新　疆	0.8798	1.1366			
广　西	0.9892	1.0109						
海　南	1.2233	0.8174						

由表 11-2 可以看出各区域空间调整因子的情况。东部地区各省区市的食品类空间调整因子中，北京、上海、江苏、浙江、福建、广东、海南的空间调整因子分别为 0.9991、0.8589、0.9885、0.9249、0.9069、0.9009 和 0.8174，这几个省区市的空间调整因子都小于 1，说明这几个省区市的价格被高估，需要使用空间调整因子对地区平均价格进行调整。而天津、河北、辽宁、山东和广西的空间调整因子则大于 1，地区平均价格被低估。并且在东部地区海南的食品类产品价格水平最高，而河北最低。

中部地区各省区市食品类空间调整因子的计算结果，中部地区中只有湖南的空间调整因子小于 1，说明中部地区各省份的食品类产品是严重低估的，如果不加以调整，直接对各省价格的简单算术平均数作为全国平均价格，中部地区的食品价格是低于实际价格的。如果对各地的价格水平不加以考虑，会影响比较结果，因此需要使用空间调整因子调整各地区的产品价格。

西部地区各省区市的空间调整因子的计算结果，只有西藏和青海的空间调整因子小于 1，而四川、贵州、云南、陕西、甘肃、宁夏、新疆的空间调整因子都大于1,说明西部地区的食品类价格水平整体偏低。基于原始数据价格测算的国家平均价格会低估我国的食品类的价格水平,运用食品类空间调整因子进行调整才是可取的。

和食品基本类方法一样,可以获得其他基本类的空间调整因子,结合权重数据,可以计算各地区总的调整因子。

(二)地区空间调整因子

各地区总的调整因子采用GEKS法计算得到,以保证结果的可传递性。基本思路是首先计算拉氏指数和帕氏指数,然后对拉氏指数和帕氏指数求几何平均得到费雪指数,将得到的费雪指数矩阵代入GEKS公式,即得到定义国家平均价格为1的情况下各省区市PPP,最后对各地区PPP取倒数可得到地区空间调整因子。各地产品空间调整因子测算结果(按照空间调整因子降序排列)见表11-3。

表11-3 地区PPP与调整因子表

地区	PPP	空间调整因子	地区	PPP	空间调整因子
河南	0.8674	1.1528	广西	1.0331	0.968
江西	0.9381	1.066	湖南	1.0346	0.9665
河北	0.9635	1.0379	吉林	1.0365	0.9648
新疆	0.9727	1.028	四川	1.0438	0.958
湖北	0.9828	1.0176	黑龙江	1.0748	0.9304
安徽	0.9859	1.0143	西藏	1.0805	0.9255
山西	0.9868	1.0134	北京	1.0984	0.9104
云南	0.9916	1.0085	重庆	1.0998	0.9093
甘肃	0.9932	1.0069	福建	1.1047	0.9052
贵州	1.0044	0.9956	内蒙古	1.1058	0.9043
辽宁	1.0074	0.9926	上海	1.1375	0.8791
宁夏	1.0116	0.9886	江苏	1.1675	0.8565
陕西	1.012	0.9882	广东	1.1782	0.8488
青海	1.0144	0.9858	浙江	1.1988	0.8342
天津	1.024	0.9766	海南	1.2298	0.8131
山东	1.0292	0.9717			

从表 11-3 可知,河南的空间调整因子最大,价格水平最低,被严重低估;海南的空间调整因子最小,价格水平最高,被严重高估。中国 31 个省级行政区中 22 个行政区的空间调整因子小于 1,说明相对于北京来说,中国大部分地区的价格水平是偏高的,价格被高估。若是以原始地区价格数据计算全国平均价格,得到的全国平均价格高于真实价格水平,需要用空间调整因子进行调整。

(三)区域间价格水平差异

价格有时候会出现区域集聚的现象,为了研究这一问题,需要进行区域间价格水平比较。这需要计算全国的价格水平,该数值通过各区域链接因子将各区域情况汇总得到。

地区间价格水平表现出了一定程度的空间聚集现象。为了分析区域间价格差异,本书将 31 个省区市按照地理和经济特点划分为三个区域东部、中部、西部,为了比较食品类,烟草和酒精性饮料类,住房、水电和其他燃料类,家用电器类,卫生类,交通类,通信类,娱乐类,教育类等基本类在不同地区间的价格水平存在差异,借鉴亚太地区链接至全球比较的方法,得到东、中、西各基本类的链接因子。

1. 区域链接方法

假设有三个区域:1、2、3,亚太地区的区域链接步骤见图 11-1。(1)分别以区域 1 中的经济体 A、区域 2 中的经济体 D 以及区域 3 中的经济体 G 为基准经济体计算得出各区域基本类的 PPP。对于区域 1 而言,经济体 B 的 PPP 为 30.00,经济体 C 为 5.00。(2)利用区域 PPP 数据将所有 10 个经济体的价格数据转换为以各自基准经济体表示的数据。假设基本类中包含 20 种商品,将商品的价格转换为以各区域基准经济体货币表示的数据。(3)对三个区域的虚拟变量和 3 个区域 10 个经济体中 20 个产品项目的价格数据运行 CPD。假定经济体 A 为基准经济体,由 CPD 回归分析可知,各区域链接系数可由区域虚拟变量得到区域链接系数:区域 1 为 1.00、区域 2 为 10.79、区域 3 为 2.67。(4)将区域链接系数和区域内的经济体 PPP 相乘即可得以区域 1 中的经济体 A 基准货币表示的 10 个经济体的基本类 PPP。

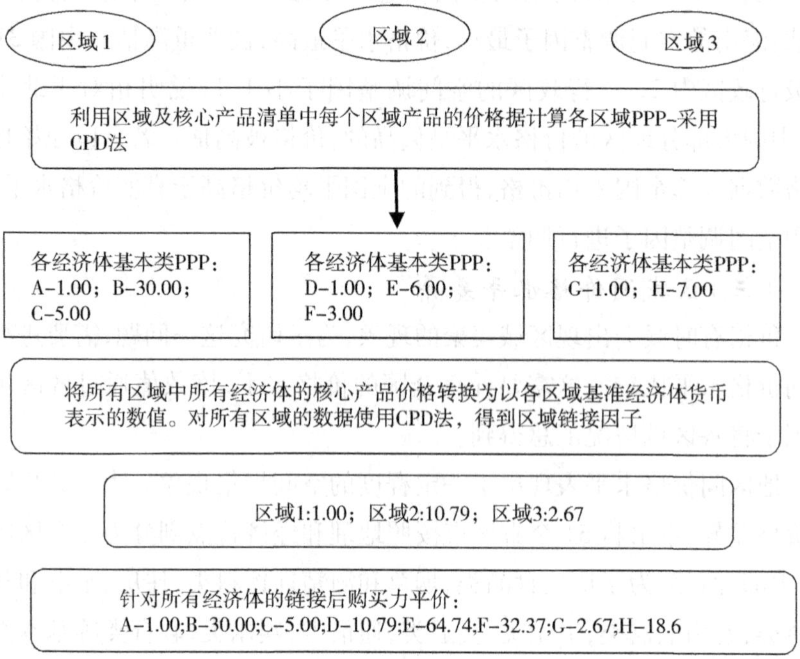

图 11-1　区域链接因子计算示例图

对基本类以上的计算过程需要反复进行上述步骤，得到全部基本类调整因子后，再利用 GEKS 法进行地区调整因子的计算。首先计算基本类链接因子地区拉氏价格指数和地区帕氏价格指数，分别对各地区的拉氏价格指数和帕氏价格指数求几何平均得到费雪指数矩阵，如公式（11-1）所示：

$$\begin{pmatrix} P_{fisher}^{1,1} & P_{fisher}^{1,2} & \cdots & P_{fisher}^{1,n} \\ P_{fisher}^{2,1} & P_{fisher}^{2,2} & \cdots & P_{fisher}^{2,n} \\ \cdots & \cdots & \cdots & \cdots \\ P_{fisher}^{n,1} & P_{fisher}^{n,2} & \cdots & P_{fisher}^{n,n} \end{pmatrix} \tag{11-1}$$

然后使用 GEKS 基本公式将费雪指数调整为具有传递性的价格指数（见公式 11-2），对其取倒数，可得到地区平均价格空间调整因子。

$$PPP_{EKS}^{j,k} = \left\{ \prod_{l=1}^{C} \frac{P_{fisher}^{j,l}}{P_{fisher}^{k,l}} \right\}^{\frac{1}{C}} \tag{11-2}$$

2. 区域链接因子结果及分析

区域基本类链接因子结果见表11-4。可以发现，食品基本类、住房、水电和燃料基本类、卫生基本类和教育基本类，在中部和西部的链接因子都小于1，在东部的链接因子大于1。说明东部价格水平高于全国加权平均水平，中部和西部价格水平小于全国加权平均水平，并且这些基本类产品的价格水平低于东部。服装基本类在中部和西部的区域链接因子大于1，在东部小于1，中西部价格水平高于东部。烟草和酒基本类、家用电器基本类、交通基本类、通信基本类、娱乐基本类，总体上东中西区域价格水平差不多，其中烟草和酒类基本类三个区域的价格水平高于全国加权平均价格，其他基本类价格水平大致低于全国加权平均价格水平。

表11-4　区域基本类链接因子结果

基本类	食　品	烟草和酒	服装	住房、水电和燃料	家用电器
东　部	1.0414	1.0555	0.9473	1.0179	0.9534
中　部	0.9201	1.0164	1.0327	0.9117	0.9278
西　部	0.95	1.1123	1.0216	0.6684	0.8088
基本类	**卫　生**	**交　通**	**通　信**	**娱　乐**	**教　育**
东　部	1.1591	0.9717	0.8725	0.8602	1.0297
中　部	0.7928	0.9838	0.8565	0.9395	0.794
西　部	0.7873	0.8147	0.6051	0.9276	0.7045

三、产品价格差异分析

（一）基本类产品价格差异比较

为了比较地区间基本类价格差异的大小，由不加权GEKS法得到各基本类的PPP，PPP就是用来地区间的价格差异的价格指数。从各省区市的基本类PPP中提取最高值和最低值，分别计算高低值的比值，计算结果见表11-5。

表 11-5 各省区市基本类 PPP 最值表

	食品		烟酒		服装		住房、水电和燃料	
	城市	PPP	城市	PPP	城市	PPP	城市	PPP
最高值	海　南	1.2233	江　苏	1.1794	浙　江	1.6961	广　东	1.2028
最低值	河　南	0.7775	上　海	0.8355	河　南	0.5821	甘　肃	0.6782
最高/最低		1.5735		1.4116		2.9138		1.7735
	家电		卫生		交通			
	城市	PPP	城市	PPP	城市	PPP		
最高值	天　津	1.3544	上海	1.3893	广　东	1.3067		
最低值	湖　南	0.7515	河　南	0.6268	陕　西	0.6517		
最高/最低		1.8023		2.2165		2.005		
	通信		娱乐		教育			
	城市	PPP	城市	PPP	城市	PPP		
最高值	河南	1.3294	海南	1.5484	广东	1.5314		
最低值	西藏	0.5506	新疆	0.6996	青海	0.5039		
最高/最低		2.4147		2.2133		3.0392		

第一,可贸易产品地区间价格差异一般相对较小。食品类和烟酒类产品的价格差异最小,分别为 1.5357 和 1.4116。由于可贸易产品流动性较强,市场化程度较高,地区间价格趋同效应明显。服装也属于可贸易品,可能由于服装产品种类较少,产生偏差,导致地区间价格差异较大。

第二,不可贸易品地区间价格差异相对较大。不可贸易品如医疗、教育等的价格差异相对较大。教育价格指数比值最大,高达 3.0392。不可贸易品由于市场化程度较低,流动性较弱,导致地区间价格背离程度较大。

(二)肉类产品国家平均价格分析

由于地区间经济发展水平、文化背景和消费习惯的差异,各地区的价格水平存在地区差异。全国 22 个省级行政区的空间调整因子小于 1,9 个省级行政区的空间调整因子大于 1,说明全国大多数地区的价格水平偏高，价格被高估。因此有必要用空间调整因子对原始价格数据进行调整，运用调整后的产品价格计算全国平均价格。并对引入空间调整因子前后的全国平均价格进行比较和分析。

首先根据31个省区市空间调整因子，将69种产品的地区平均价格转换为以全国为基准计量的全国平均价格，然后对其取算术平均数取得产品全国平均价格。肉类产品调整前后全国平均价格的计算结果见表11-6。

表11-6　肉类国家平均价格调整结果表　（单位：元）

	肉　类			
	鲜猪肉	活　鸡	鲜羊肉	鸡　肉
调整前价格	10.5418	9.4204	17.8236	8.3648
调整后价格	10.1281	8.9955	17.0558	7.9881

根据调整前后的肉类产品的全国平均价格的计算结果，鲜猪肉调整前的全国平均价格为10.5418，调整后的全国平均价格为10.1281，调整后的价格小于调整前的价格，说明调整前的全国平均价格偏高。另外三种肉类也出现这种情况：活鸡调整前价格为9.4204，调整后价格8.9955；鲜羊肉调整前价格17.8236，调整后价格17.0558；鸡肉调整前价格8.3648，调整后价格7.9881。肉类产品调整前后的价格对比表明空间调整因子调整地区平均价格后，得到的全国平均价格低于调整前的价格水平。

（三）蔬菜类产品国家平均价格分析

蔬菜类产品调整前后的全国平均价格的计算结果见表11-7。可以发现，芹菜调整前的全国平均价格为2.6599，调整后的全国平均价格为2.5043，调整后的价格小于调整前的价格，同样印证了经过空间调整因子调整后得到的全国平均价格低于未调整得到的全国平均价格。其他蔬菜类产品全国平均价格也表现出这个特点：地区价格经空间调整因子调整后得到全国平均价格低于将原地区价格直接计算得到的全国平均价格。

表 11-7　蔬菜类国家产品平均价格调整结果表　（单位：元）

	蔬菜类					
	芹　菜	油　菜	黄　瓜	萝　卜	茄　子	土　豆
调整前价格	2. 6599	2. 0677	2. 4797	1. 3595	2. 6663	1. 955
调整后价格	2. 5043	1. 9592	2. 3521	1. 2856	2. 5309	1. 852

第二节　基于世界银行方法的试算

世界银行推荐了两种方法用于计算产品的国家平均价格，分别是简单平均法和加权平均法，两种方法都在多个国家使用，意味着各国在计算国家平均价格时使用了不同的方法。如果两种方法都能得到较为真实的平均价格，或无可厚非，但目前尚未就此进行广泛论证。本节将对两种方法进行讨论，并尝试将空间统计方法引入其中。

一、自加权与权重问题

世界银行在推荐简单平均法时，认为如果采价点带有自加权效果，则该方法相当于加权平均方法，可以反映一国的真实情况。在推荐加权平均法时，认为最理想的权重是销售量或消费量，但这两个指标很难获得，所以需要各国根据自身情况进行权重选择。

（一）自加权问题

中国地区间差异很大，国际比较产品的采价点分布于各个省区市，一定程度上反映了中国的情况，中国采用简单平均法计算产品的国家平均价格。目前急需检验的是采价点是否具有自加权效果，否则无法判断国家平均价格是否反映了中国的真实情况。

如何体现自加权效果是主要难点。较为直观的是依据人口密度进行采价点设置，人口密度高的地方设置更多的采价点。接下来的问题演变为设置标准的确定，即人口密度值与采价点个数之间的对应关系如何确定。以人口密度指标为采价点设置依据存在的问题是，忽略了经济发展程度、版图大小、地理环境等因素的影响。经济发达程度与人口密度不完全是正相关关系，人口密度受政治版图的影响，地理环境对人口密度也有较大影响。综上，采价点自加权效果的判断及体现，都需要进一步的验证或研究。

直接将各省级行政区产品的地区平均价格进行简单算术平均作为全国平均价格是不合理的，如果直接计算全国平均价格，应确保每个区域收集的价格数量能够反映每个区域在国家支出中的重要性。在每个位置，选择多个网点收集给定产品的价格，利用简单的加权算术平均方法进行平均。这个平均值通常是自加权的，在这个意义上，人口密集的地方往往有更多的网点，因此这些地区的采样数目比较大。对于更高的层次，经济体利用销售量、支出、人口密度或这些指标的结合计算权重价格。

（二）权重问题

世界银行推荐加权平均法时，首要的考虑因素就是权重的选择。权重选择不仅是产品层级重点关注的问题，也是更高层级，如小类、中类、大类，汇总使用的重要数据。对于产品权重，首选消费量或者消费额作为权重，消费量和消费额最能反映一个地区内产品的消费情况。但是由于统计难度，各地区各产品的消费量和消费额数据较难获得，只能选择其他权重指标来代替，世界银行并未进行具体指标推荐，这里讨论几种潜在的指标。

一般情况下，人口越多，产品消费量越多，价格水平也相对较高。加权平均法计算国家平均价格，考虑各地区的特点为地区价格赋予权重，常住人口或是一个备选。在微观经济学中，个人收入水平与消费水平正相关。当个人可支配收入增加时，产品消费支出也会增加，因此城镇居民可支配收入可以作为消费权重的一个选择。城镇居民个人消费支出包括购买产品支出以及享受文化服务和生活服务等非产品支出，因此当地区产品消费量和消费额不可得时，可以采用城镇居民个人消费支出代替。另外，人均 GDP 反映了一个地区的经济发展水平。一定的经济发展水平，与一定的恩格尔系数，以及一定的服务性消费支出有相关性。当经济发展水平处于一定高度时，人们消费支出的比重就会加大，所以计算全国平均价格时,各地的权重采用人均 GDP。

二、简单平均法与加权平均法计算结果分析

这里以肉类产品和蔬菜类产品为例,进行简单平均法和加权平均法国家平均价格的计算结果比较。

(一)肉类产品的全国平均价格

各地区肉类价格分别以各地区人口、城镇居民可支配收入、城镇居民个人消费支出和人均 GDP 进行加权,得到全国平均价格,测算结果见表11-8。

表 11-8　肉类产品加权前后测算结果表　（单位:元）

权重指标	鲜猪肉	活　鸡	鲜羊肉	鸡　肉
常住人口	10.2541	9.2849	17.734	8.2984
城镇居民可支配收入	10.6096	9.5350	17.9328	8.4012
城镇居民个人消费支出	10.5938	9.5670	17.9383	8.4094
人均 GDP	10.3153	9.3554	17.8960	8.3225
简单算术平均值	10.5418	9.4204	17.8236	8.3648

鲜猪肉常住人口加权的价格为 10.2541,人均 GDP 加权的全国平均价格为 10.3153,城镇居民可支配收入加权的全国平均价格为 10.6096,城镇居民个人消费支出加权的全国平均价格 10.5938,各地区鲜猪肉价格的简单算术平均值为 10.5418,由此可见,常住人口加权和人均 GDP 加权的全国平均价格都比不加权的全国平均价格小,而城镇居民可支配收入和城镇居民个人消费支出加权的全国平均价格大于简单算术平均的全国平均价格,并且城镇居民可支配收入加权与城镇居民个人消费支出加权得到的全国平均价格相近。而常住人口加权的鲜猪肉价格小于人均 GDP 加权的全国平均价格。除了鲜羊肉人均 GDP 加权的全国平均价格大于简单算术平均价格,活鸡和鸡肉的加权平均价格符合鲜猪肉的加权平均价格的特点。所以对于肉类产品来说,选择不同加权指标会对计算得到的全国平均价格有一定的影响。

(二)蔬菜类产品的全国平均价格

各地区蔬菜类价格分别以各地区人口、城镇居民可支配收入、城镇居民个人消费支出和人均 GDP 进行加权,得到全国平均价格,测算结果见表 11-9。

表 11-9　蔬菜类产品加权前后测算结果表　(单位:元)

权重指标	芹　菜	油　菜	黄　瓜	萝　卜	茄　子	土　豆
常住人口	2.7014	1.9769	2.3647	1.3279	2.5496	1.9796
城镇居民可支配收入	2.7319	2.0772	2.4739	1.4042	2.6971	2.0074
城镇居民个人消费支出	2.7268	2.0822	2.4728	1.4044	2.6959	2.0044
人均 GDP	2.8041	2.0251	2.4415	1.4131	2.6713	2.0777
简单算术平均	2.6495	2.0534	2.4598	1.3563	2.6526	1.9419

比较蔬菜类产品采用不同加权指标得到的全国平均价格的大小,发现常住人口和人均 GDP 加权的全国平均价格,与收入加权和支出加权的全国平均价格相比较小,收入加权与支出加权得到的全国平均价格基本一致,这也符合肉类产品的加权的一般特征。

第三节　引入空间统计技术的国家平均价格试算

一、重要性加权的空间调整因子

根据第七章第三节重要性加权 GEKS 法模型,可以计算得到各地区 PPP 和空间调整因子,见表 11-10(按空间调整因子降序排列)。可见,重要性加权 GEKS 法得到的各省的空间调整因子小于 1 的个数为 18,普通加权 GEKS 法测算结果中空间调整因子小于 1 的有 22 个省份。加入重要性权重以后,与普通加权 GEKS 法相比,各省份空间调整因子排名和数值发生了重大变化。加入重要性权重以后,西部地区如新疆、甘肃、云南等省份的 PPP 均排在末位,PPP 值小于 0.9,实际上,西部的价格水平普遍较低;PPP 值大于 0.9,小于 1.01 的省份大部分位于中部地区。东部地区价格水平相对比较高,PPP 值也相对较大。

表 11-10　GEKS 法与加权 GEKS 法下的空间调整因子表

GEKS 法			加权 GEKS 法(重要性权重)		
地　区	PPP	空间调整因子	地　区	PPP	空间调整因子
河　南	0.8674	1.1528	新　疆	0.8291	1.2061
江　西	0.9381	1.066	甘　肃	0.8457	1.1825
河　北	0.9635	1.0379	云　南	0.8493	1.1774
新　疆	0.9727	1.028	贵　州	0.8594	1.1636
湖　北	0.9828	1.0176	宁　夏	0.864	1.1574
安　徽	0.9859	1.0143	陕　西	0.8645	1.1567
山　西	0.9868	1.0134	青　海	0.8669	1.1536
云　南	0.9916	1.0085	广　东	0.8798	1.1366
甘　肃	0.9932	1.0069	四　川	0.8957	1.1164
贵　州	1.0044	0.9956	西　藏	0.9296	1.0757
辽　宁	1.0074	0.9926	重　庆	0.9437	1.0596
宁　夏	1.0116	0.9886	湖　南	0.9603	1.0414
陕　西	1.012	0.9882	河　北	0.9618	1.0397
青　海	1.0144	0.9858	湖　北	1.0058	0.9942
天　津	1.024	0.9766	山　西	1.0077	0.9924
山　东	1.0292	0.9717	广　西	1.0079	0.9921
广　西	1.0331	0.968	福　建	1.0103	0.9898
湖　南	1.0346	0.9665	天　津	1.0258	0.9748
吉　林	1.0365	0.9648	上　海	1.0286	0.9722
四　川	1.0438	0.958	浙　江	1.0291	0.9717
黑龙江	1.0748	0.9304	山　东	1.0593	0.944
西　藏	1.0805	0.9255	海　南	1.0637	0.9402
北　京	1.0984	0.9104	北　京	1.0984	0.9104
重　庆	1.0998	0.9093	河　南	1.1013	0.908
福　建	1.1047	0.9052	黑龙江	1.1052	0.9048
内蒙古	1.1058	0.9043	江　西	1.143	0.8749
上　海	1.1375	0.8791	内蒙古	1.1445	0.8737
江　苏	1.1675	0.8565	辽　宁	1.1728	0.8527
广　东	1.1782	0.8488	江　苏	1.19	0.8404
浙　江	1.1988	0.8342	吉　林	1.2024	0.8316
海　南	1.2298	0.8131	安　徽	1.2469	0.802

表 11-11 三种空间效应权重加权的空间调整因子结果表

地 区	地理距离 W1	地 区	经济距离 W2	地区	地理经济距离 W3
新 疆	1.2082	新 疆	1.2074	新 疆	1.208
甘 肃	1.1865	云 南	1.1835	甘 肃	1.1851
云 南	1.1772	甘 肃	1.1791	云 南	1.1793
贵 州	1.1633	贵 州	1.1658	贵 州	1.1639
宁 夏	1.1624	宁 夏	1.161	宁 夏	1.1619
陕 西	1.1592	陕 西	1.1605	陕 西	1.16
青 海	1.1578	青 海	1.1571	青 海	1.1578
广 东	1.1368	广 东	1.1398	广 东	1.1376
四 川	1.119	四 川	1.1171	四 川	1.1181
西 藏	1.0768	西 藏	1.0767	西 藏	1.0771
重 庆	1.0605	重 庆	1.0618	重 庆	1.061
湖 南	1.0441	湖 南	1.0479	湖 南	1.0459
河 北	1.0407	河 北	1.0387	河 北	1.0404
湖 北	0.9954	湖 北	0.9972	湖 北	0.9961
广 西	0.9944	广 西	0.9963	广 西	0.9953
山 西	0.9926	山 西	0.9921	山 西	0.9926
福 建	0.9904	福 建	0.9915	福 建	0.9909
天 津	0.9758	天 津	0.977	天 津	0.9759
上 海	0.9742	上 海	0.9745	上 海	0.9744
浙 江	0.9711	浙 江	0.9734	浙 江	0.9714
山 东	0.9466	山 东	0.9453	山 东	0.9466
海 南	0.9426	海 南	0.9433	海 南	0.9434
北 京	0.9104	北 京	0.9104	北 京	0.9104
河 南	0.9085	黑龙江	0.9046	河 南	0.907
黑龙江	0.9054	河 南	0.9029	黑龙江	0.9049
江 西	0.8769	江 西	0.88	江 西	0.8785
内蒙古	0.8735	内蒙古	0.873	内蒙古	0.8735
辽 宁	0.8537	辽 宁	0.8511	辽 宁	0.8534
江 苏	0.8384	江 苏	0.8407	江 苏	0.8386
吉 林	0.8322	吉 林	0.8321	吉 林	0.8322
安 徽	0.8039	安 徽	0.8007	安 徽	0.8034

二、空间效应加权的空间调整因子

根据第七章第三节的内容，空间效应权重分为地理距离权重（W1）、经济距离权重（W2）、地理经济距离空间权重（W3），分别带入加权 GEKS 模型，得到空间调整因子，测算结果见表 11-11。可以看出，W1、W2、W3 加权的 GEKS 法得到的各省区市空间调整因子数值大致相同，与上节重要性加权 GEKS 法得到的结果进行对比发现，这四种加权方式得到的各省份的空间调整因子排序几乎一致。

三、国家平均价格计算结果及分析

将 W1、W2、W3 加权 GEKS 法得到的各省区市空间调整因子调整各省区市地区平均价格，然后取简单算术平均数得到各种加权得到的国家平均价格，肉类和蔬菜类产品国家平均价格测算结果见表 11-12 和表 11-13。可知，三种空间权重加权得到的肉类和蔬菜类产品全国平均价格大致不变，并且空间加权得到的产品价格大于重要性加权的产品价格。W2 加权和 W3 加权得到的国家平均价格大于 W1 加权所得的价格。

表 11-12　肉类产品国家平均价格结果表　（单位：元）

	肉　类			
	鲜猪肉	活　鸡	鲜羊肉	鸡　肉
重要性加权	10.6501	9.549	18.0222	8.5023
W1 加权	10.6644	9.562	18.0458	8.5137
W2 加权	10.6658	9.565	18.0509	8.5165
W3 加权	10.6666	9.5645	18.0503	8.516

表 11-13　蔬菜类产品国家平均价格结果表　　　（单位:元）

	蔬菜类					
	芹　菜	油　菜	黄　瓜	萝　卜	茄　子	土　豆
重要性加权 GEKS	2.6565	2.0650	2.4764	1.3577	2.6629	1.9524
W1 加权	2.6599	2.0677	2.4797	1.3595	2.6663	1.9550
W2 加权	2.6614	2.0683	2.4799	1.3599	2.6667	1.9555
W3 加权	2.6608	2.0682	2.4801	1.3598	2.6668	1.9554

第四节　综合分析

一、结果对比

综上,使用空间调整因子调整地区价格后计算得到的全国平均价格低于简单算术平均得到的全国平均价格。肉类和蔬菜类产品加权国家平均价格进行对比分析,发现四种加权方式得到的价格在简单算术平均值上下浮动,并且城镇居民可支配收入和城镇居民个人消费支出加权得到的价格相近,常住人口和人均 GDP 加权得到的价格相对于收入和支出加权得到的价格较低。

根据肉类价格测算结果,重要性加权 GEKS 法得到的空间调整因子测算的平均价格都高于简单算术平均得到的全国平均价格,与城镇居民个人消费支出加权的全国平均价格数值相近。GEKS 法下得到的鲜猪肉价格为 10.1281,而加权 GEKS 法下得到的价格为 10.6501,加权 GEKS 法下得到的价格高于 GEKS 法下得到的价格,其他肉类如活鸡、鲜羊肉和鸡肉的加权 GEKS 法下测算的价格都高于 GEKS 法下测算的价格。

表 11-14　简单平均、加权平均、空间加权平均结果表　（单位：元）

	鲜猪肉	活　鸡	鲜羊肉	鸡　肉
简单算术平均	10.5418	9.4204	17.8236	8.3648
城镇居民个人消费支出加权	10.6096	9.535	17.9328	8.4012
GEKS 法调整	10.1281	8.9955	17.0558	7.9881
重要性加权 GEKS 法	10.6501	9.549	18.0222	8.5023

二、研究结论

本章首先对欧盟产品国家平均价格测算方法进行论述，并且用空间调整因子对地区平均价格进行调整，得到国家平均价格；然后按照世界银行建议的加权平均法计算国家平均价格，选用不同权重进行结果对比；最后将不同空间效应的权重引入加权 GEKS 模型，修正地区间价格水平，测算了新的空间调整因子，调整了地区价格水平。但是当前国际比较中对于国家平均价格测算方法存在局限和不足，尤其低层级数据的不可得性，使得中国测算国家平均价格倾向于采用算术平均法，导致了分析结果的不准确性。借鉴欧盟和世界银行测算中国国家平均价格，以期找到适合中国国情的计算方法。在研究过程中，形成以下几点结论。

（一）欧盟空间调整因子法调整的国家平均价格偏低

基于中国地区间的价格差异性，计算中国国家平均价格时与欧盟的空间调整因子相结合，首先测算中国地区基本类空间调整因子，然后汇总得到地区基本类以上的空间调整因子，进而使用空间调整因子调整地区价格，将所有地区产品都调整到同一价格水平，消除地区价格差异。

根据 GEKS 法测算中国各省区市的空间调整因子，发现 31 个省区市中 22 个省区市的空间调整因子小于 1，全国大部分地区价格水平偏高，存在明显高估的现象，如果不使用空间调整因子加以调整，国家平均价格水平将会高于实际值。验证了食品类和蔬菜类的商品国家平均价格，发现经空间调整因子调整后得到的国家平均价格小于简单算术平均得到的国家平均价格；对地区基本类价格水平差异进行分析时发现，可贸易商品的地区间价格差异相对较小，比如食品、烟酒，不可贸易商品地区间价格差异相对较大，如卫生、教育。

（二）世界银行加权平均法权重选择带来国家平均价格变化

当前对于国家平均价格的计算方法是采用简单算术平均，这种方法忽略了由于人口密度和经济活动不同造成的地区间价格的不平等性，因此世界银行鼓励经济体应根据地区间的差异提供不同类别的权重，这些类别包括国家、地区（国家以下一级）、城市/农村、位置/商店类型。为了展现各省区市在国家平均价格测算时的重要程度，选择常住人口、城镇居民可支配收入、城镇居民消费支出和人均 GDP 进行加权。根据肉类、蔬菜类商品平均价格测算结果，表明城镇居民可支配收入和城镇居民个人消费支出加权得到的价格相近，常住人口和人均 GDP 加权得到的价格低于城镇居民可支配收入和城镇居民消费支出加权得到的价格。

（三）加权 GEKS 法的全新尝试

由于中国各地产品价格表现出了一定程度的空间聚集现象和空间溢出效应，根据普若萨达提出的加权 GEKS 模型，考虑地区价格的空间效应，对双边比较进行修正，得出符合地区特点的空间调整因子。根据比较省份所处区域赋予重要性权重，并且分别依据地理距离，经济水平以及两者综合考虑制定空间权重矩阵，代入加权 GEKS 模型，对原有空间调整因子进行调整。根据重要性加权 GEKS 法和空间加权 GEKS 法得到结果，发现加权 GEKS 法得到的价格高于简单算术平均的价格，并且更加接近城镇居民个人消费支出加权的国家平均价格；空间加权得到的商品价格大于重要性加权的商品价格。W2 加权和 W3 加权得到的国家平均价格大于 W1 加权所得的价格。

三、研究展望

（一）完善数据收集工作

国家平均价格的计算方法并不复杂，这项统计工作的难点在于数据的收集。首先是消费品各基本类商品价格的收集，一些中小城市的统计能力薄弱，调查能力有限，基层数据缺失严重，收集的数据并不那么准确。

其次采价点的选择不统一,各地采价点统一与否直接影响产品的可比性,比如白菜在超市和菜市场的价格是有很大出入的。最后是权重的选择,加权平均法中的权数要能够反映各地的重要程度,得出反映真实水平的国家平均价格,一般情况下,销售额或者销售量是首选权重,但由于数据不可得,经常选取其他指标进行代替。

为了得到更有使用价值的PPP,得出更加准确的国家平均价格,应该对数据收集工作设置更多标准。首先应该将居民生活日常消费进行记录,尤其是基层数据的收集,利用网络爬取技术和扫描数据,将每日居民消费情况进行收集,保证价格的连续性和准确性,有利于平均价格的计算。其次要将采价点在全国范围内进行规定,保证收集价格数据的可比性。

(二)考虑地区产品价格的时间效应

空间调整因子和加权平均法计算国家平均价格都仅考虑了地区价格间的空间效应,在测算国家平均价格时,应将时间效应考虑在内。全球ICP活动一般是以非连续进行的方式进行,周期一般为5到6年,因此在收集全国地区价格数据时,如果以当期价格为准,则容易受当年通货膨胀率以及经济环境的影响,应该综合考虑几年间的价格数据。ICP中PPP属于空间价格指数,而CPI则属于时间价格指数,将ICP与CPI综合考虑,会更加客观。这就要求:第一,ICP的代表产品目录和CPI的代表产品目录进行整合,使之具有可比性;第二,尽量使CPI和ICP同时进行,消除时间效应的影响;第三,按国际标准对代表产品目录进行细化和定义。

(三)扩展全国平均价格的测算范围

受精力、数据获取的困难性、研究时间的限制,仅针对部分基本类商品进行测算,ICP还包括机械设备、建筑品。相关学者可以结合提出的测算方法,提出更加适合中国的国家平均价格的计算方法,完善当前国际比较项目测算方法。

主要参考文献

1.George J.Gilboy、钟宁桦:《度量中国经济:购买力平价的适当应用》,《经济研究》2010 年第 1 期。

2.陈梦根、宋苗苗:《地区食品价格比较:中国哪儿吃的贵?》,《北京社会科学》2018 年第 7 期。

3.戴艳娟、泉宏志:《中日韩购买力平价的推算及中日韩比较》,《经济学(季刊)》2016 年第 1 期。

4.高敏雪、李静萍、许健:《国民经济核算原理与中国实践》(第三版),中国人民大学出版社 2013 年版。

5.胡雪梅:《地区购买力平价计算方法的比较与评价》,《统计与决策》2017 年第 20 期。

6.黄健辉:《区域价格差异与地区经济差距测算》,暨南大学 2010 年硕士学位论文。

7.黄晓波、文晓娟:《地区购买力平价指数及其编制方法》,《统计与决策》2013 年第 7 期。

8.黄雪成:《ICP 汇总方法的演进分析与启示》,《经济统计学(季刊)》2017 年第 1 期。

9.联合国、欧盟委员会、经济合作与发展组织等:《2008 国民账户体系》,中国统计出版社 2012 年版。

10.马晓君、刘晓燕、魏晓雪:《基于购买力平价法和汇率法比较的 ICP 实证研究——以中国为例》,《经济统计学(季刊)》2016 年第 1 期。

11.毛琳:《基于购买力平价下的区域贫困程度研究》,重庆工商大学 2012 年硕士学位论文。

12.彭鑫、管卫华、陆玉麒:《基于购买力平价的江苏省区域经济分异》,《经济地理》2015 年第 1 期。

13.任若恩、李洁、郑海涛、柏满迎:《关于中日经济规模的国际比较》,《世界经济》2006 年第 8 期。

14.任若恩、郑海涛、柏满迎:《关于中美经济规模的国际比较研究》,《经济学(季刊)》2007年第1期。

15.石婷、范超:《国际比较项目(ICP)对中国统计改革的启示》,《调研世界》2011年第1期。

16.唐翔:《一个关于地区间与国际间价格水平差异的一般理论》,《经济科学》2010年第4期。

17.王康、李智:《我国食品类空间价格指数实证研究——基于空间CPD模型的测算》,《价格理论与实践》2014年第11期。

18.王磊、周晶:《对中国省级地区相对价格水平的估计——基于一般化空间CPD模型的研究》,《统计与信息论坛》2012年第8期。

19.王磊:《购买力平价(PPP)测算方法研究评述与展望》,《统计研究》2012年第6期。

20.王岩:《国际比较中多边指数方法研究综述》,《经济统计学(季刊)》2015年第2期。

21.王岩:《国际经济发展水平的比较研究——基于世界银行新近公布国际比较项目的数据分析》,《价格理论与实践》2014年第7期。

22."我国地区价差指数方法和应用研究"课题组:《我国地区间价格水平差异比较研究》,《统计研究》2014年第4期。

23.吴娟娟:《论我国全面参与国际比较项目的利弊》,《东方企业文化》2010年第18期。

24.吴骏、赵娜、张丽:《基于2005年ICP数据分析人民币汇率长期走势》,《合肥工业大学学报(社会科学版)》2009年第6期。

25.谢长、常坤:《关于世界银行更新中国购买力平价结果的研究》,《东北财经大学学报》2015年第5期。

26.谢长:《一种新的购买力平价汇总方法》,《统计研究》2017年第12期。

27.闫梅、樊杰:《基于购买力平价的我国地区间收入差距》,《经济地理》2016年第6期。

28.杨鹏、刘伟香:《关于我国高等教育成本及定价政策的思考》,《价格月刊》2016年第6期。

29.杨仲山、黄雪成:《滚动基期的2017年轮国际比较方案研究》,《统计研究》2018年第5期。

30.杨仲山、王岩:《现代国际比较理论的演进与发展》,《财经问题研究》2015年第10期。

31.姚双花:《基于购买力平价理论的区际收入差距分析》,北京工商大学2013年硕士学位论文。

32.余芳东、任若恩:《关于中国与 OECD 国家购买力平价比较研究结果及其评价》,《经济学(季刊)》2005 年第 2 期。

33.余芳东:《对我国参加国际比较项目的评估及建议》,《统计研究》2017 年第 2 期。

34.余芳东:《国际上非基准年购买力平价推算方法评价》,《统计研究》2013 年第 3 期。

35.余芳东:《我国"两岸四地"价格水平差距的比较研究——基于世界银行 2011 年国际比较项目(ICP)结果的分析》,《世界经济研究》2015 年第 5 期。

36.余芳东:《中国购买力平价(PPP)数据的合理性论证》,《统计研究》2013 年第 11 期。

37.余芳东:《世界银行 2011 年国际比较项目方法、结果及局限》,《统计研究》2015 年第 1 期。

38.袁卫、邱东、任若恩、李善同、许召、何新华:《专家诠释 ICP》,《统计研究》2008 年第 6 期。

39.张迎春:《中国距离全面参与国际比较项目还有多远》,东北财经大学 2007 年博士学位论文。

40.曾五一:《关于中国 GDP 的国际比较》,《厦门大学学报(哲学社会科学版)》1999 年第 2 期。

41.郑海涛、任若恩、柏满迎:《中国经济总量和人均水平的国际地位差异》,《北京航空航天大学学报(社会科学版)》2016 年第 3 期。

42.郑建华:《中国地区间的购买力平价比较研究及运用》,重庆工商大学 2012 年硕士学位论文。

43.Alex Waschka, William Milne, Jonathon Khoo, Tim Quirey, Shiji Zhao, "Comparing Living Costs in Australian Capital Cities", *32nd Australian Conference of Economists*, 2003.

44.Bettina Aten, Eric Figueroa, "Real Personal Income and Regional Price Parities", Ⅱ *International Conferences on Sub-national PPPs, and Real GDP and Living Condition Comparisons*, 2016.

45.Biggeri, Lucs, "Estimation of Regional Price Parities for Household Consumption in Italy by using Expenditure Survey Data" Ⅱ *International Conferences on Sub-national PPPs, and Real GDP and Living Condition Comparisons*, 2016.

46.Chen S.Ravallion M., "How Did the World's Poor Fare in the 1990s?" *Review of Income and Wealth*, Vol. 56, No. 3, 2001.

47.Chen, S.and M.Ravallion, "The Developing World is Poorer than We Thought, but No Less Successful in the Fight Against Poverty" *forthcoming*, *Quarterly Journal of Economics*, Vol. 125, No. 4, 2008.

48.Chotikapanich D., Griffiths W E, Rao D S P, et al., "Global Income Distributions and Inequality, 1993 and 2000: Incorporating Country-level Inequality Modelled with Beta Distributions", *Review of Economics & Statistics*, Vol. 94, No. 1, 2010.

49.Clark C., "The Conditions of Economic Progress", *London: Macmilan*, 1940.

50.Cuthbert J.Cuthbert M., "On Aggregation Methods of Purchasing Power Parities", *General Information*, 1988.

51.Deaton A., Aten B., "Trying to Understand the PPPs in ICP 2011: Why are the Results so Different", *Nber Working Papers*, Vol. 9, No. 1, 2014.

52.Diewert, "Similarity Indexes and Criteria for Spatial Linking", *Washington DC: 2nd Technical Advisory Group Meeting*, 2010.

53.Dikhanov Y., "Trends in Global Income Distribution, 1970–2000, and Scenarios for 2015", 2005.

54.Elteto O, Koves P, "On an index Computation Problem in International Comparisons (in Hungarian)", *Statiztikai Szemle*, No. 42, 1964.

55. Erwin Diewert, "Approaches to Linking the Regions", *Washington DC: 2nd Technical Advisory Group Meeting*, 2010.

56.Geary R.C., "A Note on the Comparison of Exchange-rates and Purchasing Power between Countries", *Journal of the Royal Statistical Society*, Vol. 121, No. 1, 1958.

57.György Budaházy, Tamás Dusek, "Regional Price Differences in Hungary", *Paper presented to the 48th Congress of the European Regional Science Association Liverpool, UK*, 2008.

58.Hamadeh N., Mouyelo-Katoula M, Konijn P, et al., "Purchasing Power Parities of Currencies and Real Expenditures from the International Comparison Program: Recent Results and Uses", *Social Indicators Research*, Vol. 131, No. 1, 2016.

59.Hill R. J., "Comparing Price Levels Across Countries Using Minimum-Spanning Trees", *Review of Economics & Statistics*, Vol. 81, No. 1, 2006.

60. Hill R. J., "International Comparisons using Spanning Trees", *International Comparisons Using Spanning Trees.National Bureau of Economic Research, Inc*, 1999.

61.I. B., Kravis, H. Alan and R. Summers, "Real GDP per Capita for more than one Hundred Countries", *The Economic Journal* 88, June 1978.

62.I. B, Kravis, H. Alan and Robert Summers, "World Product and Income, Internationl Comparisons Real Gross Product", *the Johns Hopkins University Press, Baltimore and London*, 1978.

63.I. B, Kravis, R. Summers and H. Alan, "World product and Income: International Comparision of Real Gross Product", *Johns Hopkins University Press, Baltimore and*

London,1982.

64. Kakwani N., Son H. H., "Global Poverty Estimates Based on 2011 Purchasing Power Parity: Where Should the New Poverty line be Drawn?", *Journal of Economic Inequality*, Vol. 14, No. 2, 2016.

65. Khamis S. H., "A New System of Index Numbers for National and International Purposes", *Journal of the Royal Statistical Society*, Vol. 135, No. 1, 1972.

66. Khamis S. H., "On Aggragation Methods for International Comparison", *Review of Income & Wealth*, Vol. 30, No. 2, 2010.

67. Khamis S. H., "Properties and Conditions for the Existence of a New Type of Index Numbers", *Sankhya: The Indian Journal of Statistics, Series B* (1960 - 2002), Vol. 32, No. 1/2, 1970.

68. M. Gilbert and Associates, "Comparative National Products and Price Levels: A Study of Western Europe and the United States", *OEEC. Paris*, 1958.

69. M. Gilbert and I. Kravis, "An International Comparison of National Products and the Purshasing Power of Currencies: A study of the United States, the United Kingdom, France, Germany and Italy", *OEEC. Paris*, 1954.

70. Milanovic B., "An even Higher Global Inequality than Previously Thought", *Ssrn Electronic Journal*, No. 35, 2007.

71. Milanovic B., "Global Inequality Recalculated: The Effect of New 2005 PPP Estimates on Global Inequality", *Policy Research Working Paper*, Vol. 10, No. 1, 2010.

72. OEEC, "A Standardised System of National Accounts", 1952.

73. Ram R., "International Income Inequality, 2005–2011: What a Difference 6 Years can Make", *Applied Economics*, Vol. 47, No. 56, 2015.

74. Ram R., "PPP GDP Per Capita for Countries of the World: A Comparison of the New ICP Results with World Bank Data", *Social Indicators Research*, Vol. 127, No. 3, 2016.

75. Rao D. S. P., Shanker S., "Hajarghasht G. A Minimum Distance and the Generalised EKS Approaches to Multilateral Comparisons of Prices and Real Incomes", *Journal of Allergy & Clinical Immuology*, No. 1, 2010.

76. Rao D. S. P., "Timmer M P. Purchasing Power Parities for Industry Comparisons Using Weighted Elteto - Koves - Szulc (EKS) Methods", 2003.

77. Rao D. S. P., "The Country-Product-Dummy Method: A Stochastic Approach to the Computation of Purchasing Power Parities in the ICP", *University of Queensland, School of Economics*, 2004.

78. Robert J. Hill, "Linking the Regions in the International Comparisons Program at Basic Heading Level & at Higher Levels of Aggregation", *Washington DC: 5th Technical*

Advisory Group Meeting, 2011.

79. Sergeev S., "Equi-representativity and Some Modification of the EKS Method at the Basic Heading Level, Paper Presented at the Joint Consultation on the European Comparison Programme", *ECE*, *Geneva*, 2003.

80. Summers R., "International Price Comparisons based upon Incomplete Data", *Review of Income & Wealth*, Vol. 19, No. 1, 2010.

81. Suzanne Wong Sook Han, "Purchasing Power Parity and the 2005 International Comparison Program", *Statistics Singapore Newsletter*, 2008.

82. Szulc, B., "Criterion for Adequate Linking Paths in Chain Indices", *In Improving the quality of price indices, ed. L. Biggeri. Luxembourg: Eurostat*, 1996.

83. The World Bank, "Measuring the Real Size of the World Economy", 2013.

84. United Nations, "Measurement of National Income and the Construction of Social Accounts, Studies and Reports on Statistical Method", 1947.

85. Warner D., Rao P., Griffiths W. E., et al., "Global Inequality: Levels and Trends, 1993-2005", *Discussion Papers*, 2011, 60(Supplement S2).

86. Yuri Dikhanov, Chellam Palanyandy, Eileen Capilit, "Analysis of Price Levels Across Regions in Philippines: The PPP Approach", *Asian Development Bank*, 2011.

策划编辑:郑海燕
责任编辑:郑海燕　李甜甜
封面设计:林芝玉
责任校对:白　玥

图书在版编目(CIP)数据

世界经济真实规模测度方法/张迎春 著. —北京:人民出版社,2019.9
ISBN 978-7-01-021109-1

Ⅰ.①世…　Ⅱ.①张…　Ⅲ.①世界经济-经济发展-研究　Ⅳ.①F113.4

中国版本图书馆 CIP 数据核字(2019)第 165748 号

世界经济真实规模测度方法
SHIJIE JINGJI ZHENSHI GUIMO CEDU FANGFA

张迎春　著

人民出版社 出版发行
(100706　北京市东城区隆福寺街 99 号)

北京虎彩文化传播有限公司印刷　新华书店经销

2019 年 9 月第 1 版　2019 年 9 月北京第 1 次印刷
开本:710 毫米×1000 毫米 1/16　印张:19.75
字数:293 千字

ISBN 978-7-01-021109-1　定价:80.00 元

邮购地址 100706　北京市东城区隆福寺街 99 号
人民东方图书销售中心　电话 (010)65250042　65289539